길에서 만난 **사람**들

길에서 만난 사람들 하종강이 만난 진짜 노동자

1판 1쇄 | 2007년 7월 9일
1판 5쇄 | 2016년 10월 9일

지은이 | 하종강

펴낸이 | 정민용
편집장 | 안중철
편집 | 윤상훈, 이진실, 최미정

펴낸 곳 | 후마니타스(주)
등록 | 2002년 2월 19일 제300-2003-108호
주소 | 서울 마포구 양화로 6길 19(서교동) 3층
전화 | 편집_02.739.9929/9930 영업_02.722.9960 팩스_0505.333.9960

홈페이지 | www.humanitasbook.co.kr
페이스북 | facebook.com/humanitasbook
트위터 | @humanitasbook
이메일 | humanitasbooks@gmail.com

인쇄·제본 | 한영문화사_031.903.1101

값 12,000원

ISBN 978-89-90106-42-1 03330

이 도서의 국립중앙도서관 출판예정도서목록(CIP)은 서지정보유통지원시스템 홈페이지(seoji.nl.go.kr)와
국가자료공동목록시스템(www.nl.go.kr/kolisnet)에서 이용하실 수 있습니다(CIP제어번호: CIP2007001914).

길에서 만난 사람들

●●하종강이 만난 진짜 노동자

하종강 지음

후마니타스

차례

3

4

들어가는 글

남의 이야기를 잘 듣는 것이 얼마나 중요한 일인지 비교적 어린 나이에 깨달았다. 20대 후반의 '새파랗게 젊은 놈'이 노동법 몇 줄 읽었다고 공단 입구에 상담소를 차리고 앉아, 온갖 풍상을 다 겪고 찾아오는 사람들에게 도움을 주겠다고 건방을 떨었던 일은, 지금 생각해 보면 참 부끄러운 짓이었지만, 남의 이야기를 잘 듣는 것만으로도 뭔가 도움이 된다는 것을 그때 깨쳤다.

시골에서 새벽 기차를 타고 아무도 몰래 올라온 이야기까지 모두 다 털어놓은 노동자들은, 해 준 말도 별로 없는 나에게 "고맙습니다." 꾸벅 인사하며 일어서 나가곤 했다.

나이가 나보다 훨씬 많은 노동자가 몸을 다친 뒤 찾아올 때면 곤혹스러웠다. 아버님뻘 되는 사람이 "이제 불구자가 됐으니 자식들 볼 면목이 없소. 산에 올라가 목 맬 나뭇가지 찾다가 내려오는 길이오."라고 울음 섞인 넋두리를 늘어놓을 때 '새파랗게 젊은 놈'은 차마 할 말이 없어서, 차라리 '일찍이 같은 고통을 당해 보았더라면…….' 싶었다.

예나 이제나 다른 사람의 이야기를 들을 때면, 그의 훌륭한 삶을 담기에는 내 인생의 그릇이 너무 작다는 자격지심에 시달렸다. 『한겨레21』의 부탁으로 2년 8개월 동안 사람들을 만나 인터뷰하면서도 그랬다. 나중에 그 이야기들을 원고로 정리할 때면, 그 사람의 진솔한 삶을 표현하기에 나의 '필력'이 부족해 원망스러웠다.

많은 사람들이 올라섰다가 내려선 길에 아직도 서 있는 사람들이 있다. 나 역시 일찍이 그 길에서 내려섰으나 내가 만나는 사람들은 대부분 아직도 그 길 위에 있는 사람들이고, 그 만남에서 나는 거의 매번 감당할 수 없는 소중한 느낌을 받는다. 그렇게 길 위에서 열심히 일하는 사람들에게 물 한 잔 떠다 주는 일이라도 성의껏 하며 살자는 것, 그래서 최소한 '길을 막는 사람'이 되지는 말자는 것, 그것이 길가에라도 남아 있기 위한 나의 다짐이다.

사람들을 가르친다는, 참으로 부끄럽고 건방진 생각을 했던 때가 있었다. 지금 생각해 보면 그 아픔에 동참하는 것만으로도 벅찬 일이었다. 함께 아파하는 것, 우선 그것만이라도 제대로 하는 사람이 되어야겠다는 생각을 한다. 이 기록들조차 다른 많은 매체에 넘치는 기사들처럼 "우리는 이렇게 행복하게 산다우." 따위의 세련된 자랑에 지나지 않는다고 판단된다면 당장 그만두겠다는 각오로 사람들을 만나 인터뷰를 시작했다.

오랜 세월 동안 남에게 하지 않았던 어릴 적 이야기를 털어놓은 어떤 사람은 그 뒤 며칠 동안 신열이 올라 끙끙 앓았다 했고, 가슴속에 담아 두었던 이야기를 모두 끄집어냈던 어떤 사람은 반대로 마음이 감쪽같이 평온해져 마치 무덤 속에 들어앉은 것 같다고 했다. 그 숱한 사연들을 과연 내가 흠집 나지 않게 잘 정리한 것일까 의문스럽지만, 감히 이 책에 담아 세상에 내민다.

벌써 나왔어야 할 책이 늦어진 것은 순전히 못나고 게으른 나 때문이다. 거우 쉰두 해를 살았을 뿐인데 마음보다 몸이 먼저 지쳐 힘겨워하고 있을 무렵, 후마니타스는 이 책 만들기에 박차를 가하고 있었다. 사람들의 연락처를 하나하나 알아내고 근황을 확인하는 작업도 모두 편집부가 해냈다. 싫은 소리 한 번 하지 않고 수십 번 전화했을 편집자에게 미안하고 고맙다.

체력이 바닥까지 떨어져 가만히 누워 있기만 해도 힘겨운 상태에서 마지막 교정을 보고 서문을 썼다. 몸을 가까스로 추스르고 일어나 책상에 앉거나 이부자리에 엎디어서 교정을 보는 동안 시나브로 몸과 마음이 힘을 회복했다. 나보다 몇 배나 힘들게 세상과 맞서 온 사람들의 이야기가 나를 다시 뒤돌아보게 하고, 떨쳐 일어나게 했다. 그렇게 이 책이 다른 사람들에게도 힘과 용기를 줄 수 있기를 바란다.

2007년 7월
비가 걷히기 시작한 어느날 아침, 하종강

1

"철탑 위에서, 밤새도록 불 밝히고 소리를 내며 차량을 고치고 있는
모습을 내려다보고 있으면 '노동자가 사회의 기둥이고 생산의 주역이다'라는
상투적인 표현이 정말 실감 났어요. 깊은 밤에 환하게 불 밝히고 있는
공작창의 모습을 보고 있으면 '맞아, 우리가 저렇게 밤새 일하면서
세상을 이끌어 가는 거야' 그런 생각이 들었어요."

2001. 06 ~ 2001. 12

'소프트 랜딩'하고 싶다

구미유학생간첩단 사건 최후의 1인 **강용주**, 컬러 머리 의대생 되어 새로운 세상 속으로

1980년 5월, 강용주는 광주동신고등학교 3학년 학생이었다. 도청이 함락되기 하루 전 5월 26일, 저녁밥을 먹은 강용주는 교련복으로 갈아입고 어머니 조순선 여사에게 큰절을 올렸다.

"어머니, 나가 봐야겠어요."

"어디로 가려는데?"

"도청으로 가겠어요."

"가지 마라. 지금 나가면 넌 죽는다."

항쟁의 길을 허락한 어머니

시내 도처에서 콩 볶듯이 총소리가 들리는 상황이었으니 어머니는 당연히 강용주를 말릴 수밖에 없었다. 강용주는 어머니를 똑바로 바라보며 말했다.

"어머니마저 저를 말리시면 민주주의는 누가 지킵니까? 그렇게 모두 나가지 않으면 광주는 누가 지킵니까?"

그러자 어머니는 용주의 교련복 품에 담배 한 갑을 넣어 주시며 말했다.

"그럼, 가거라."

이건 아무나 할 수 있는 일이 아니다. 죽을 것이 뻔한 길에 "그럼, 가거라." 하고 아들을 보내는 것은 아무나 할 수 있는 일이 아니다.

그로부터 20년도 지나서 강용주(40)의 어머니 조순선(76) 여사를 만나 물어보았다.

"그 말 한마디에 아들을 죽으라고 내보내셨어요?"

어머니가 예사롭게 편한 얼굴로 답하신다.

"그때 용주 얼굴을 보니까 더 이상 말릴 수 있는 상황이 아니었어요. 말려야 소용없다는 판단이 들더라고……. 그리고 나는 여태껏 그런 일에 아이들을 말린 적은 없어요."

1985년 전남대 의예과에 재학하며 학생운동을 주도하던 강용주는 구미유학생간첩단사건에 휘말려 무기징역을 선고받았다. 검찰이 주범으로 구속시켰던 사람들은 조금씩 풀려 나갔지만 그는 준법 서약서를 쓰지 않아 사면 대상에서 제외됐다. 매년 특사를 앞두고 있을 때마다 강용주를 걱정하는 수많은 선후배와 친구들이 "준법 서약 까짓것 한 장 갈겨 주고 제발 나오라." 하고 신신당부했지만 강용주는 한 번도 흔들린 적이 없었다.

"전향과 준법 서약은 인간이 자신의 양심을 지킬 수 있는 최소한의 자유를 침해하는 제도다. 나는 그 제도에 반대하는 것"이라면서 주장을 굽히지 않았고 사람들은 결국 "용주의 생각이 옳은 것인지도 몰라."라고 생각을 바꿀 수밖에 없었다.

앞에 적은 1980년 5월 26일 저녁의 이야기는, 1999년 3·1절을 앞두고 강용주가 준법 서약서에 서명하지 않은 채 당당하게 석방되었을 때, 내가 사회를 맡았던 '강용주 석방 환영 토론회'에서 그가 했던 어머니에 관

한 긴 이야기의 짧은 한 토막이다.

그날 석방 환영 토론회에서 내가 강용주에게 첫 번째로 한 질문은 "감옥에 있는 동안 바깥에 나와서 제일 먼저 하고 싶은 일이 무엇이었는가?" 하는 것이었다. 강용주가 잠시 머뭇거리기에 나는 "제일 많이 먹고 싶었다던가 하는 게 있지 않겠어요?"라고 가볍게 덧붙였는데 강용주는 이렇게 답했다.

"생각해 보지 않았습니다. 그런 걸 생각하면 자꾸 나가고 싶어질까 봐……, 정말입니다. 바깥에 나가고 싶어져 전향하거나 준법 서약을 하게 될까 봐, 생각해 보지 않았어요."

대답을 듣고 있던 사람들이 숙연해지는 바람에 차마 다음 질문을 꺼내기가 멋쩍었다.

그는 지금까지 계속 말해 왔다

2001년 6월 8일, MBC〈이제는 말할 수 있다〉의 '조국이 나를 스파이라고 불렀다—구미유학생간첩단사건' 편을 보면서 나는 강용주의 인터뷰 장면을 기다렸다. 끝내 전향하지 않고 마지막까지 징역을 살았던 구미유학생간첩단사건 최후의 1인 강용주의 인터뷰가 당연히 나왔어야 했으나, 없었다. 며칠 뒤에 광주매일신문사의 박영란 기자와 그에 대한 얘기를 나눌 기회가 있었는데, 박 기자가 말했다.

"강용주 선배는 지금까지 계속 말해 왔거든요. 사람들은 '이제는 말할 수 있다'고 하지만, 강용주 선배는 감옥에 갇혀 있던 14년 세월 동안, 그리고 그 뒤로 지금까지 계속 말해 왔거든요."

사실, 강용주는 이 얘기를 빼자고 했다. "인터뷰의 초점을 그렇게 맞추는 것은 지금까지 호의적으로 양심수 문제를 다뤄 왔던 MBC 제작진에게 실례가 되는 일"이라고 했다.

그러나 나는 강용주가 다시는 나를 만나지 않을 것을 각오하면서라도 굳이 이 얘기를 하고 싶다. 사람들은 새삼스럽게 "이제는 말할 수 있다." 하고 호들갑을 떨지만, 그 세월 동안 줄기차게 말해 온 사람들이 우리 주변에 있었노라고……. 십수 년 또는 수십 년 세월 동안 감옥에서 줄기차게 자신의 양심을 지키려고 애썼던 수많은 '강용주'들이 우리 주변에 있었노라고…….

마흔의 늦깎이 학생

강용주는 전남대학교 의과대학에 복학해 나이 마흔의 늦깎이 학생이 됐다. 후배들이 교수가 되어 강용주를 가르친다.

"출옥한 뒤, 여러 갈래의 길 중에서 복학을 하기로 한 이유가 뭐냐?"라는 질문에 강용주는 세련된 영어를 섞어 답했다.

"오래 떨어져 사는 동안 세상은 너무 많이 변했고, 나는 그 익숙하지 않은 세상에 적응할 필요가 있었어요. 단절되었던 삶에 '소프트 랜딩'(soft landing)하기에는 학생이라는 신분이 좋을 거라는 생각이 들었어요. 물론, 의사라는 직업이 갖는 사회적 의미도 전혀 없지는 않았고요."

강용주의 어머니에게 물었다.

"용주가 앞으로 어떤 의사가 됐으면 좋겠어요?"

"가난한 사람들에게 특별히 관심을 가지는 의사, 아무리 늦은 밤에 환자가 와서 병원 문을 두드려도 선뜻 문을 열어 주는, 그런 의사가 되어야지."

강용주가 최근에 귀를 뚫고 머리 염색을 해서 사람들을 기절초풍하게 만들었다. "도대체 어떤 생각으로 그랬느냐?"라고 물어보지 않을 수가 없었다.

"세상의 모든 권력과 싸우는 일을 감옥 안에서 평생 하겠다던 사람이 밖에 나와 책상머리에 앉아서 책만 읽으니까, 사는 게 너무 자극이 없고 심심했어요. 하고 싶은 게 있으면 남의 눈 의식하지 않고 해 보고 싶기도 했고……. 사람이 마음결 가는 대로 살아야지요."

어머니는 "염색하니까 나는 보기 예쁘데요, 뭐."라고 넘어가신다. 하긴 14년 세월 동안 옥바라지했던 아들을 이제는 밤마다 옆에 데리고 잘 수 있으니, 그 아들이 무엇을 한들 예쁘지 않을까.

우리 용주 손목 잡고 금강산 구경일세

강용주가 징역을 사는 동안 사람들이 조촐하게 마련했던 칠순 잔치에서 어머니는 〈늙은 군인의 노래〉 가사를 다음과 같이 바꿔 불러 사람들을 눈물짓게 했다.

"내 평생 소원이 무엇이더냐~ 우리 용주 손목 잡고 금강산 구경일세~."

그때 그 노래를 들으면서 그 간절한 어머니의 소원이 이루어질 것이라고 짐작했던 사람은 아무도 없었다. 그러나 이제 용주는 석방되었고 금강산은 마음만 먹으면 갈 수 있다. 세상은 이렇게 수많은 강용주들과 그 어머니의 힘으로 진보한다. 어머니가 하루빨리 용주의 손목을 잡고 금강산에 오를 수 있는 날을 위하여, 위하여! 2001. 06. 29.

• • •

강용주 씨는 2004년에 의과대학을 졸업하고, 제68회 의사국가시험에 합격해서 현재 강릉아산병원 가정의학과 레지던트 3년차 과정을 밟으며 전문의 시험을 준비 중이다.

깊은 슬픔, 풀꽃을 피우다

풀꽃세상 대표 **정상명** 씨, 아름답고 고운 세상을 위하여 뿌리는 꽃씨

요즘처럼 각박한 세상에서 가슴 한구석에 군불을 지핀 듯 가슴이 서서히 뜨거워지는 체험을 해 보고 싶은 사람이라면 지금 당장 홍익대학교 앞 피카소 거리의 풀꽃빌딩을 찾아가 보라. 그곳에 자리한 '풀꽃세상을위한모임'(www.fulssi.or.kr) 사무실에 발을 들이미는 순간 '요즘 세상에도 이렇게 사는 사람들이 있나.' 싶은 생각이 들 정도로 때 묻지 않은 순진무구형의 사람들을 만날 수 있을 것이다.

자연의 온갖 사물에 풀꽃상을 주는 일을 3년 남짓 해 오고 있는 이 환경단체는 생명에 대한 사랑과 자연에 대한 존경심을 마치 풀씨가 바람에 퍼지는 것처럼 조용히 세상에 전파하는 활동을 하는 사람들이 모인 곳이다.

첫 번째 1,000번 회원 천초영

1번부터는 왠지 숨이 막혀서 1,000번부터 시작하는 회원 고유 번호의 영예로운 첫 번째 회원 1,000번은 고 천초영 씨다. 초영 씨는 1998년 스물

네 살의 나이에 화재로 숨진, 풀꽃세상 대표 정상명(52) 씨의 딸이다.

"초영이 방에서 갑자기 불이 났어요. 손쓸 새도 없었지요. 정신을 잃으면서도 하느님께 기도드렸습니다. 그냥 편히 갈 수 있게 빨리 데려가시라고……. 그러면서 떠오른 생각이 '남은 여생을 내가 아닌 남을 위해 살겠다'는 다짐이었어요."

불이 나는 현장에서 자식을 구하지 못한 그 어미의 심정보다 더 깊은 슬픔이 어디 있으랴. 그 뒤 어느 날 거울을 보았더니 자신의 얼굴이 환하게 빛나고 있더란다. 너무 큰 슬픔이 온 마음을 깨끗하게 정화해 준 덕분일지도 모른다고 생각한 정상명 씨는 남을 위해 사는 인생을 선택하는 것으로 그 큰 슬픔을 훌륭하게 이겨 내고 있었다.

"딸애 이름이 초영(草英)이에요. 바로 풀꽃이죠. 풀꽃은 죽어서도 다시 사는 것처럼, 초영이가 죽고 제가 다시 살아난 거죠."

"그 사건이 있기 이전과 이후의 삶에서 가장 크게 달라진 것이 뭐냐?"라는 나의 진부한 질문에 정상명 씨는 활짝 웃으며 답한다.

"저요? 정말 많이 예뻐졌어요."

자신을 예쁘게 만들어 준 사람이 바로 딸아이라는 고마움으로 정상명 씨에게는 자신의 삶 구석구석에 숨어 있다가 시도 때도 없이 얼굴을 내미는 초영이에 관한 추억이 오로지 슬픔만은 아니다.

지금도 풀꽃세상 사무실과 칸막이 하나로 구분된 정상명 씨의 작업실 한쪽에는 정말 예쁜 초영 씨의 사진이 걸려 있고 그 앞에 초 한 자루와 작은 향로 하나가 마련되어 있다. 초영 씨는 매일 엄마의 마음속에 살아나는 자기의 모습, '풀씨'(풀꽃세상에서는 회원들을 '풀씨'라고 부른다)들이 세상에 퍼져 나가는 것을 바라보고 있다.

건물을 지키는 경비 아저씨와 함께한 풀꽃세상 가족들. 뒷줄 왼쪽에서 세 번째가 정상명 씨.

시 구절 같은 풀꽃상 수상 표어

풀꽃세상이 하는 가장 큰일은 세상의 사물들에게 풀꽃상을 드리는 것이다. 정상명 씨는 고집스럽게 항상 "상을 드린다." 라고 표현한다. 그 말은 자연에 대한 최소한의 존경심을 담은 표현이고 "말을 바꾸면 생각도 바뀐다."라는 생각이 담긴 표현이기도 하다. 그 사물과 인연을 맺은 사람에게는 부상을 '드린다'.

1999년 3월 30일의 첫 번째 풀꽃상은 "비오리는 나그네새였지만 텃새가 되었습니다."라는 표어와 함께 동강의 비오리에게 드렸다. 그리고 동강의 아름다움을 감동적으로 보여 준 KBS 자연다큐멘터리팀에 부상을 드렸다.

지금까지 풀꽃상은 모두 일곱 차례 드렸는데, 마치 정성스럽게 갈고 다듬은 시 구절처럼 사람들의 가슴에 와서 박히는 짤막한 수상 표어를 여기에 소개하지 않을 수 없다.

2회-보길도의 갯돌, "보길도의 해변에는 아름다운 갯돌이 있습니다."

3회-가을 억새, "우리는 억새 한 포기보다 더 중요하지 않습니다."

4회-인사동 골목길, "골목길은 메마른 땅에 흐르는 개울과 같습니다."

5회-새만금 갯벌의 백합, "백합은 갯벌에서 우리와 함께 살아갈 권리가 있습니다."

6회-지리산의 물봉선, "지리산 계곡의 물봉선을 그대로 놔두세요."

2001년 6월 16일에는 지렁이에게 제7회 풀꽃상을 드렸다. "2억만 년 전에 이 혹성에 출현해 생태계 먹이사슬의 최하위의 지위를 굳건히 지키면서 땅 밑 어둠 속에서 흙을 부드럽고 기름지게 만들다가" "마침내 인간의 야만적인 생태계 파괴에 의해 서서히 우리 곁에서 사라져 가는 데 대한 진심 어린 사과와 뒤늦은 애정"이 선정 이유였다.

"꿈꾸는 사람들이 세상을 조금씩 바꾸는 거예요"

2001년 5월 24일, 서울 도심 한복판 명동에서 세종로까지 수경 스님과 문규현 신부님이 비 오듯 땀을 쏟으며 세 걸음에 한 번씩 절하는 새만금 갯벌을 살리기 위한 삼보일배(三步一拜) 의식을 벌였을 때, 정상명 씨는 시민사회단체 대표들과 함께 플래카드를 들고 이들을 끝까지 뒤따라갔다.

"풀꽃세상을 만들면서 내가 시위대의 맨 앞에 서게 될 거라는 상상은 하지도 못했어요. 저같이 약한 사람이 시위에 앞장서야 할 정도로 우리나라 환경 상황은 위기라고 볼 수 있는 거죠. 위기를 극복할 수 있는 힘은 시민들의 참여예요."

자연을 지키는 일은 곧 자연을 훼손하는 나쁜 사람들과의 싸움이 될 수밖에 없다는 것을 한없이 곱고 아름다운 인생을 살아가야 어울릴 법한 정상명 씨의 변화가 웅변으로 보여 준다.

인터뷰를 하는 도중, 마음속에서 갑자기 징 하나가 크게 울더니 "회원 가입 원서 하나 주세요."라는 말이 나도 모르게 튀어나왔고, 나는 곧 자랑스러운 2,908번째 풀씨가 되었다. 지갑에서 손에 집히는 대로 돈을 집어 '가입 기념 특별 회비'(풀꽃세상에 이런 회비는 없다. 내 마음대로 붙인 이름이다)를 내면서 "제가 나중에 분명히 후회하게 될 거예요. 아, 그때 내가 조금만 참았어야 했는데, 라고 후회하게 될 거예요." 했더니, 풀꽃세상 사무처장 일을 보고 있는 최성각 씨가 사무실 저쪽 건너편에서 "저런 유머를 가진 사람은 악인이 될 수 없지."라고 말한다.

'지리산의 물봉선'에게 제6회 풀꽃상을 드릴 때, 함께 드리는 부상은 실상사의 세 스님이 받았다. "일찍부터 지리산 자락에서 '중생이 아프면 나도 아프다'는 동체대비(同體大悲)의 근원적 생태 사상을 온몸으로 살고 계신 연관·수경·도법 스님에 대한 존경심과 스님들이 포함된 한국 불교가 이제 우리 환경 운동사에 끼칠 엄청난 영향력에 미리 감동하여" 그 상을 드렸는데 "귀 밝아서 일찍부터 물봉선의 신음 소리를 들으시고 함께 앓아 오신 실상사의 세 스님들"은 공교롭게도 해인사의 청동좌불 건립에 관한 비판 여론에도 동고동락하게 되어 21일의 단식 정진 기도에 들어갔다.

풀꽃세상 일꾼들은 스님들을 꼭 찾아뵈야 한다며 내려가기로 했는데, 정진 기도 중에 찾아뵈면 단식 중인 스님들을 더 힘들게 하는 일이 되지 않을까 하는 마음에, 단식 정진 기도가 시작되기 전에 만나려면 부랴부랴 짐을 꾸려야 한다고 해서 인터뷰를 서둘러 마쳤다. 정상명 씨가 자리에서 일어나면서 깔끔하게 마무리했다.

"꿈꾸는 사람들이 세상을 조금씩 바꾸는 거예요. 이다음에 우리 아이들이 살아가야 할 세상은 지금 우리가 사는 세상보다 조금이라도 나은 세상이 되어야지요. 얼마나 힘든 일인지 잘 모르지만, 꼭 해야 하는 일이에요." 2001. 07. 11.

• • •

풀꽃세상은 2006년까지 11회에 걸쳐 풀꽃상을 드렸고, 이 글이 쓰인 뒤 네 차례의 시상이 더 있었다.

8회-자전거, "자전거는 세상에 피해를 끼치지 않습니다."

9회-논, "쌀 한 톨에 우리를 살리는 이 땅과 하늘이 담겨 있습니다."

10회-간이역, "간이역은 파국을 향해 치달리는 우리 시대의 눈물입니다."

11회-비무장지대, "아픔과 상처를 품은 비무장지대는 녹색 평화의 터전이어야 합니다."

정상명 씨는 풀꽃평화연구소(www.naturepeace.net)를 열고, 웹진과 환경책 큰잔치 등의 활동을 하고 있다.

30미터 철탑에 올랐던 마음 그대로

용산역 고공 농성의 주인공 **이종선** 씨, 그의 끝나지 않은 싸움

지하철을 타고 인천에서 서울 방향으로 가다가 용산역 구내에 들어섰을 때 시선을 왼쪽으로 돌리면 높이 30미터의 철탑이 보인다. 평소에도 바람이 불면 흔들리는 허름한 철탑이다. 2000년 여름, 그 철탑 위에 두 사람의 철도 노동자가 올라가 정확하게 40일을 버티고 내려왔다. 철도 노동조합의 민주화를 요구하고 회사의 부당 징계에 항의하기 위해 이종선 씨와 김병구 씨가 행한 처절한 몸부림이었다.

〈인랑〉의 도시 게릴라? 동자승?

사람들은 흔히, 그렇게 남다른 결단을 내릴 수 있고 죽음의 바로 코앞까지 가 보는 격렬한 행동을 몸소 실천할 수 있었던 인간은 뭔가 특별히 다르게 생겼을 거라고 짐작한다. 영화에서도 그런 사람들은 대부분 격앙된 표정으로 연기하게 마련이어서 재패니메이션 〈인랑〉(人狼)에 나오는 도시 게릴라들은 모두 눈꼬리가 치켜 올라간 얼굴로 그려져 있다. 나도 그런 선입견에서 완전히 자유로울 수는 없다.

약속 장소인 백운역 광장 건너편 편의점까지 걸어가면서 내가 막연히 상상한 이종선(34) 씨의 얼굴은 〈인랑〉의 도시 게릴라 정도는 아닐지라도 굳센 의지가 느껴지는 적당히 강인한 인상이었다. 그런데 그를 처음 만났을 때 나는 "어? 동자승처럼 생겼네."라는 말이 저절로 나왔다. 둥글넓적한 얼굴의 마음씨 착해 보이는 아저씨가 비 내리는 밤거리에서 나를 기다리고 있었다. '저런 사람이 어떻게 철탑 위에 올라가 40일 동안이나 이른바 고공 농성이란 걸 벌일 수 있었을까……'

마을버스에서 내려 함께 집으로 걸어 들어가며 물어보았다.

"오늘 며칠 만에 집에 들어가시는 건가요?"

이종선 씨는 그제야 날짜를 잠시 헤아려 보다가 말했다.

"4일 만이군요."

노동단체에서 활동하다 만난 부인 박상초 씨

집에 들어서자 세 살짜리 딸 보배가 "아빠, 아빠, 아빠, 아빠……."를 계속 부르며 따라다닌다. 며칠 만에 아빠를 보는 반가움에 다른 말은 미처 할 틈이 없다.

이종선 씨의 아내 박상초(31) 씨는 "며칠 더 있다가 올 줄 알았다." 하면서 예사롭게 맞더니 얼른 주방에 가서 저녁을 준비한다. '노동자통일대'라는 노동단체에서 활동하다가 만난 부부는 역시 다르다. 이종선 씨가 활동했던 철도 노조의 '전면적직선제쟁취를위한공동투쟁본부'나 '민주철노건설과철도민영화저지를위한공동투쟁본부' 등의 활동에 대해서 얘기하는 동안, 이종선 씨보다 부인 박상초 씨가 날짜들을 더 정확하게 기억해 냈다.

이종선 씨는 인천에서 태어나 인천에서 성장해 철도 노동자가 되었다. "보기 드문 인천 토박이"라고 스스로를 표현했다. 대학을 다닐 때는 동아리연합회 사무국장도 했었다니까 그 활동력을 충분히 짐작할 만한데도 그는 "열심히 활동하는 후배들을 도와주었을 뿐"이었다고 자신을 낮춘다.

1993년은 흔히 "대한민국 운동권이 가장 어려웠던 시기"라고 표현하는 때였다. 또한 "인류 최고의 과학적 이데올로기로 70년 동안 무장했다."라고 스스로 자랑하던 소비에트가 하루아침에 해체됐고, 동구의 현실 사회주의는 몰락했으며, 우리나라에서는 진보 세력 대부분이 선택한 비판적 지지 노선이 1992년 대통령 선거에서 처절하게 패배했을 때였다.

이종선 씨가 후배들과 이야기를 하다가 '한때 각오했던 삶'을 포기하겠다는 한 후배에게 "왜 그만두냐?" 하고 가볍게 힐난을 했는데, 그 후배가 한 말이 이종선 씨의 가슴에 와 박혔다.

"형은 안 하면서, 왜 우리한테 그래?"

이종선 씨는 그때 후배들에게 답했다.

"나도 할 테니까, 너희들도 해."

그날 이후 이종선 씨의 삶은 후배들과의 약속을 지키기 위한 노력의 연장선에 있다고 해도 지나친 말이 아니다. 대학을 중퇴하고 철도검수원이 된 뒤, 이종선 씨는 중요한 고비마다 후배들과의 약속을 떠올렸다.

부인도 흔쾌히 동의했으나

나도 함께 저녁 자리에 끼어 밥을 먹으며 부인 박상초 씨에게 물었다.

"남편이 철탑에 올라갔다는 얘기 처음 들었을 때 마음이 어땠어요?"

"집에 미리 얘기하고 올라갔어요. 저도 알고 있었어요."

어라, 내가 알기에 그런 경우란 거의 없다. 보통은 잠자는 아내와 아이들의 얼굴을 몇 번씩이나 살펴본 남편이 "나는 가오."라고 쪽지 한 장 남겨 놓고 새벽에 몰래 집을 빠져나온다.

"그때 말리지 않았어요?"

박상초 씨가 단호하게 답한다.

"우리 집은 뭘 하겠다고 했을 때 말리고 그러는 구조가 아니에요."

세속 사고방식으로는 전혀 이해되지 않는 부인의 대답을 나는 계속 물고 늘어졌다.

"그래도 남편이 철탑에 올라가서 고공 농성을 한다는데, 아무런 마음의 동요가 없었어요?"

박상초 씨는 여전히 밝은 표정으로 웃으며 답했다.

"저는 그렇게 높은 곳인 줄 몰랐어요. 어디 올라간다고 해서 요따만 한 곳에 올라가는 줄 알았어요. 그런데 가서 보니까 얼굴이 잘 안 보일 정도로 가물가물 높은 거예요. 처음에 2~3일 동안은 사실 많이 울었어요."

"번개 맞아 죽어도 열사라고 할까?"

이종선 씨가 이제야 생각났다는 듯 거들었다.

"저희들은 올라갈 때만 해도 길어야 열흘이면 진압당할 줄 알았어요. 그런데 막상 올라가 보니까 진압하기에 너무 위험하고 높은 곳이더라고요. 지금 생각하면 되게 순진했어요. 처음에는 떨어져 죽는 줄 알았어요. 생각보다 너무 높고, 바람 불면 흔들리고, 천둥 치는 날이면 번개 맞아 죽을까 봐 한잠도 못 잤어요. 그때 병구 형이랑 그런 얘기도 했어요. 번개 맞아 죽으면 사람들이 뭐라고 할까? 그렇게 죽어도 사람들이 열사라고 할까? 하하……."

죽음의 문턱까지 이른 고통이었을 텐데도 지나고 생각하면 웃음이 나온다는 것은 참 신기한 일이다. 이종선 씨의 얼굴이 약간 비장해지더니 중요한 얘기를 비로소 풀기 시작했다.

"사실 그때 말이죠. 아무것도 되는 게 없고, 계속 밀리고, 어찌할 바를 모르겠고, 조합원들도 더 이상 모이지 않고……. '아 이제 우리 싸움은 졌나 보다' 그런 생각이 들 때였어요. 우리가 할 수 있는 마지막 일, 지도부라도 끝까지 싸우는 모습을 보여 주자, 그것 하나뿐이라는 생각이었어요. 진짜 아무도 안 찾아올 수도 있다, 그런 각오도 했어요. 그렇지만 조합원들이 철탑 아래까지 매일 찾아와 주고, 몸에 등벽보 하나씩 붙이고 일하는 모습을 위에서 내려다보면서 이겼다는 느낌이 들더라고요. 그런 조합원들을 두고 누가 배신할 수 있겠어요. 식사는 조합원들이 30미터 밑에서 줄에 매달아 계속 올려 줬어요. 철도공안원들도 적극적으로 음식물 공급을 막거나 하지는 않았어요. 그 사람들도 '우리도 다 잘 안다. 당신들 주장이 옳다는 거 다 안다'고 말했어요."

노동단체에서 활동하다 만난 부인 박상초 씨와 딸.

이 대목에서 나는 결국 궁금한 걸 물어보지 않을 수가 없었다.

"대소변은 어떻게 해결했어요?"

"비닐 봉투를 많이 갖고 올라갔거든요. 비닐로 여러 겹 싸서 큰 통에 계속 모아 두었어요. '다음에 진압당할 때 무기로 사용하자'고 농담하기도 했어요. 하하……. 저희들 내려온 다음에 조합원 동지들이 그 통 내리면서 정말 고생 많이 했다고 들었어요."

이제 이야기를 정리할 때가 되었다.

"요즘 그 철탑을 보면 어떤 생각이 들어요?"

이런 멍청한 질문에 대한 대답은 언제나 사람을 무색하게 한다.

"별 느낌 없어요. 우리의 싸움은 마무리된 것이 아니고 계속 이어지고 있으니까요. 철탑 농성은 저희들에게 이미 지나 버린 과거의 일이 아니에요. 철도가 죽으면 우리 국민 모두가 같이 죽는 거예요. 지금까지 신자유주의 공세를 제대로 막아 본 적이 없는데 그 돌파구를 어떻게든 마련해야지요. 그렇게 하라고 조합원들이 뽑아 준 거고요."

아직 해고 노동자 신분인 이종선 씨는 철도 노조 50년의 역사에 처음 들어선 민주 노조 집행부의 교육2국장이다. 철도 노조의 이런 활동들은 민주 노조 운동 역사에서 현재 진행형으로 계속되고 있다. 이종선 씨는 "귀밑머리가 하얗게 되도록 그 일을 하고 싶다."라고 했다. 그 동자승 같은 얼굴로 긴 어려움들을 계속 헤쳐 나갈 것이다.

못다 한 이야기

인터뷰 중에 그이가 이런 얘기도 했다.

"철탑 위에서, 밤새도록 불 밝히고 소리를 내며 차량을 고치고 있는 모습을 내려다보고 있으면 '노동자가 사회의 기둥이고 생산의 주역이다'라는 상투적인 표현이 정말 실감 났어요. 깊은 밤에 환하게 불 밝히고 있는 공작창의 모습을 보고 있으면 '맞아, 우리가 저렇게 밤새 일하면서 세상을 이끌어 가는 거야' 그런 생각이 들었어요." 2001. 07. 25.

● ● ●

2000년 철도 민주 노조 건설 투쟁으로 해고 노동자가 된 이종선 씨는 2001년 봄, 수배 1년 만에 긴급 체포로 구치소에 수감되었고, 구치소에서 53년 만의 민주 노조 건설을 맞이했다. 집행유예로 풀려나서는 철도 노조에서 꾸준히 활동했고, 2005년에 복직되어 현재 구로차량기지에서 근무 중이다.

12년 세월 뛰어넘은 '외곬의 사랑'

노동자의 건강을 위해 젊음을 바친 **김은희·조태상** 부부의 로맨스 스토리

한국전쟁 때 북에서 피난 내려온 사람들이 전쟁이 끝나면 다시 고향에 돌아가겠다고, 조금이라도 고향이 가까운 바닷가에 얼기설기 천막을 치고 머물기 시작했다가 40년이 지나는 동안 그 천막들이 그대로 판잣집으로 변하면서 동네를 이룬 곳이 인천의 한 바닷가에 있었다. 어깨를 옆으로 돌려야만 빠져나갈 수 있는 좁은 길들이 미로처럼 얽혀 있어서 처음 그 동네에 들어선 사람은 대부분 길을 잃고 헤매게 마련이었는데, 그 좁은 길옆에 나 있는 문을 열면 바로 안방이고 부엌이어서 방문을 열어 놓고 사는 한여름에는 온 동네가 한집이나 다름이 없었다. 누구네 집에 밥숟가락이 몇 개인지조차 훤히 알고 지냈다.

1981년엔가 내 친구 하나가 빈민 활동을 한다고 그 동네에 방을 얻어 들어갔는데 이사 간 지 일주일이 되도록 그 동네 공중변소를 찾지 못해 애를 먹었을 정도였다. 집집마다 변소가 있는 것이 아니라 바닷물로 자동 세척되는 커다란 공중변소가 바닷가에 자리 잡고 있었는데, 그곳까지 가는 길이 여간 복잡한 게 아니어서 열심히 걷다 보면 같은 길을 자꾸 맴돌고 있더라는 것이다. 그 친구는 하는 수 없이, 세숫대야에 일을 본

뒤에 물을 붓고 젓가락으로 휘휘 저은 다음, 작은 수챗구멍을 통해 버리
는 방법으로 급한 일을 해결하는 수밖에 없었다.

'노동과건강연구회' 해산 총회의 눈물

1983년 초, 토요일마다 그곳에 찾아와 주민과 노동자들에게 진료 봉사를
하는 사람들 틈에 섞여 서울대학교 병원의 한 아리따운 간호사가 후배들
과 함께 나타났다. 김은희(44) 씨와의 첫 만남은 그렇게 시작되었다. 그날
이후 10년이 훨씬 넘는 세월 동안 나는 노동자들의 건강을 다루는 모든
현장에서 김은희 씨를 볼 수 있었다.

1986년 우리나라 최초의 노동자 전문 병원 구로의원이 설립되었을 때
에도, 1988년 '노동과건강연구회'가 창립되었을 때에도, 열다섯 살의 나
이 어린 소년 문송면 군이 단 두 달의 온도계 제조 작업으로 수은에 중독

되어 뼛속까지 시커멓게 썩어 들어 사망했을 때에도, 원진레이온 노동자들의 죽음이 이황화탄소 중독 때문임이 밝혀지기 시작했을 때에도, 회사 정문 앞 아스팔트 도로 위에 산재 사망자의 시신이 든 관을 놓고 백 수십 일이 넘는 농성을 했을 때에도, 그 밖의 유기용제·카드뮴 중독을 비롯한 산재 노동자 사건의 모든 현장에서, 나는 유가족들을 붙들고 함께 오열하거나 사람들에게 사건의 내용을 호소하거나 두 주먹을 불끈 쥐고 노동자 건강의 적인 권력과 자본을 규탄하고 있는 김은희 씨의 모습을 쉽게 볼 수 있었다.

1998년 12월, 김은희 씨가 젊음을 바쳤다고 해도 과언이 아닌 노동과건강연구회가 더 큰 조직으로 태어나기 위해 10년의 활동을 마감하고 해산 총회를 하는 날, 사회를 맡았던 김은희 씨는 회의장 바깥 길가에서 대성통곡했다. 총회 전까지는 오히려 "더욱 큰 발전을 위해 해산이 불가피하다."라고 사람들을 설득했던 그였지만, 정작 총회 당일에는 가까스로 마음을 추스르고 총회 장소에 들어왔다가는 터지는 울음을 참을 수 없어 다시 뛰쳐나가기를 되풀이했다. 결국 그날 사회를 진행하지 못했다.

그날 밤 길모퉁이에서 오랜 시간 김은희 씨를 달래던 사람이 바로 지금의 남편 조태상(32) 씨다. 두 사람의 나이 표시가 잘못된 줄 아는 이도 있겠으나 아니다. 남편 조태상 씨는 아내 김은희 씨보다 정확하게 열두 살이 적다. 흔히 말하는 '띠 동갑'(개띠)이다. 이들 부부는 "우리는 완전히 개판이지요. 뭐……."라고 곧잘 농담을 하곤 한다.

민주노총의 산업안전보건 차장으로 일하는 조태상 씨는 또 다른 의미로 우리나라 운동권의 '정통파'다. 대학에서 관련학과(사회복지학)를 전공했고 노동운동단체가 신문에 낸 광고를 보고 찾아가 공개 채용되면서 자신의 새로운 인생을 시작했다.

사건의 단초, 송광사의 저녁 예불

초등학교 6학년 때 장티푸스를 심하게 앓으면서 '간호사가 되겠다.'라는 생각을 품은 뒤, 자라는 동안 그 꿈이 한 번도 바뀐 적이 없다가 결국 간호사가 된 김은희 씨나, 고등학교 때 일찍이 한 해에 자살하는 중·고등학생이 500명씩이나 되는 이 '썩을 놈의 제도권 교육'에 문제를 제기하고 노동 현장에서 일하다가 뒤늦게 대학에 진학한 조태상 씨가 가지는 공통점은 두 사람 모두 우리 사회를 조금이라도 더 사람 살 만한 곳으로 만드는 일에 인생을 거는 '외곬'이라는 사실이다.

이제 두 사람이 어떻게 결혼을 하게 되었는지에 대한, 지극히 세속적인 관심을 한번 풀어 보자. 솔직히 나는 두 사람의 관계를 가장 먼저 눈치 챈 주변 인물들 중 한 사람이다. 몇 해 전, 여럿이 아랫녘 남도 지방으로 노동조합 교육을 간 일이 있었는데, 올라오는 길에 두 사람이 송광사 저녁 예불을 보고 싶다고 일행에서 빠졌다. 그때는 몰랐으나 몇 년 뒤에 나도 송광사의 장엄한 예불을 보고 그 칠흑처럼 깜깜한 길을 걸어 내려오는 경험을 해 본 뒤 깨달았다. 코앞이 보이지 않는, 그야말로 '어두움이 고체의 질감으로 주변을 감싼다.'라는 표현이 실감나는 숲길을 순전히 동물적 감각과 본능에만 의지한 채 걸어 내려오는 경험을 하고 나서 깨달았다. 김은희와 조태상 두 사람이 손을 마주 잡은 채 이 길을 함께 걸어 내려갔다면 이것은 분명히 '사건'의 단초가 될 수밖에 없었으리라는 것을……. 만일 그날 저녁에 산을 내려가지 않고 장엄한 예불을 목도한 뒤 그 감격을 품고 산사에서 함께 잤다면 그것은 더 말할 나위가 없으리라는 것을……. 하여, 둘이 결혼한다는 말을 듣고 대부분의 사람이 깜짝 놀랐으나 나는 놀라지 않았다. 두 사람도 최근에 와서야 "그날 이후 둘

사이에 묘한 기류가 형성된 것은 사실"이라고 시인한다. 그러니, 이루어
지지 않는 사랑에 몸 달아 하는 많은 젊은이들은 어서 빨리 송광사의 저
녁 예불을 찾아가 볼 일이다.

대원칙, 매일 밤 만난다!

그러나 12년의 세월을 뛰어넘어야 하는 사랑이 어찌 쉬웠으랴. 조태상 씨
가 먼저 김은희 씨에게 명확하게 심경을 밝힌 뒤, 두 사람은 "한강 주변을
걸으며 함께 많이 울었다."라고 했다. 소설책 몇 권은 됨 직한 긴 얘기 중에
하나만 소개하자.

조태상 씨가 연애 당시 지켰던 원칙들 중에는 '매일 밤 김은희와 만난
다.'라는 것이 있었다. 전국을 돌아다니며 일하는 김은희 씨였지만 조태
상 씨는 어떻게 해서든 실제로 김은희 씨를 매일 밤 만났다. 그런 지극한
사랑이 맺어지지 않는다면 오히려 이상한 일이다.

김은희 씨는 서울노인복지센터의 기획홍보 일을 맡고 있다. 어찌 보면
인생의 대전환이지만 자세히 들여다보면 딱히 놀랄 만한 일도 아니다. 노
인들은 일제강점기 말, 한국전쟁, 근대화 등 우리 역사상 중요한 시기의
모든 고생을 감당한 세대다. 그들이 일흔 살쯤 되었을 때 인생을 마무리하
는 것이 아니라 새로운 인생을 설계할 수 있도록 하는 일은 우리 세대가
당연히 해야 할 도리고, 그것은 노동자 삶의 질을 개선하는 데에 인생을
걸었던 사람이 자신의 세계관을 그대로 유지한 채 할 수 있는 일이다. 하
루 5,000명의 노인이 다녀가고 2,000명에게 무료 식사를 제공하는 그곳
에서 김은희 씨는 묵묵히 자신의 길을 가고 있다.

노동자와 노인이 우리 사회에서 가지는 공통점은 모두 소외된 계층이

라는 것이다. 소외된 계층에 대한 두 사람의 관심은 일생 동안 지속될 것이다. 내가 볼 때에는 그것이야말로 12년이라는 세월을 뛰어넘는 가장 중요한 힘이다. 2001. 08. 08.

● ● ●

김은희 씨는 여전히 서울노인복지센터에서 일하면서 노인을 대상으로 재취업 훈련과 상담에 열중하고 있다. 조태상 씨는 국회의원 정책보좌관으로 3년째 일하고 있다. 송광사 예불은 아니지만 여전히 둘이서 여러 절의 예불을 찾는다고 한다.

"꼴값들 하고 있네"

동일방직 똥물 사건의 주역 '농사꾼' **안순애**, 험한 대꾸에도 그를 존경하는 이유

10여 년 전쯤이었나, 안순애가 영등포의 내 사무실에 불쑥 나타난 적이 있었다. 지하 다방에서 차 한 잔 마시고 "반가웠다. 잘 가라."라는 인사를 하고 일어서는데 안순애가 나를 흘겨보더니 불쑥 내뱉었다.

"아이구, 잘났어. 그렇게 한 점 흐트러짐 없이 잘난 척하는 꼴 계속 보일 거야?"

나는 움찔해서 도로 눌러앉았고, 그날 우리는 꽤 늦은 시간까지 고기를 몇 점 구워 먹는 과분한 저녁 식사를 했다.

이번에도 안순애에게 전화를 해서 "인터뷰를 한번 하기로 추 아무개, 김 아무개와 합의했다."라고 했더니 안순애는 대뜸 "꼴값들 하고 있네."라고 내뱉었다.

그게 바로 안순애다. 알게 된 지 20년이 넘도록 안순애로부터 좋은 말 들어 본 기억이 별로 없다. 다른 사람들도 아마 마찬가지일 것이다. 그런 데도 사람들이 안순애를 좋아하는 이유는 무엇일까.

아내가 징역 산 줄도 몰랐던 남편

안순애(46) 씨는 우리나라 노동 운동사
에 획을 그은 동일방직 출신이다. 기억
에도 생생한 나체 시위와 똥물 사건의
주역이다. 젊은 여성 노동자들이 벌거
벗은 채 싸울 수밖에 없었던 절박한 사
연, 똥물을 뒤집어쓰고 강제로 먹어야
했던 그 눈물겨운 이야기는 또 한 편의
대하소설이어서 짧은 글에서 함부로
할 수 있는 이야기가 아니다.

이번 인터뷰의 주제는, 충북 음성에
서 농사짓고 있는 '농민 안순애'다. 품
앗이를 나온 할머니들이 "70년 농사에

서늘한 미인으로 불렸던 동일방직 시절 가운데가 안순애 씨

이렇게 실한 고추는 처음 본다."라고 감탄할 만큼 농사를 제대로 짓는 알
짜배기 농사꾼 안순애의 이야기다.

안순애 씨의 화려한 경력을 남편 신한철(45) 씨는 까맣게 몰랐다고 한
다. 그러다가 친구들이 찾아와서 나누는 대화가 범상치 않고, 대학물 먹
은 이웃 농민 운동가들과 어울리는 걸 보면서 충분히 감을 잡아서, 정작
그 사실을 알았을 때에는 "뭐, 동일방직? 징역을 산 전과가 있어?"라고
했을 뿐 별로 놀라지도 않았다고 한다.

안순애 씨는 음성군여성농민회 회장을 맡고 있고 남편 신한철 씨도 2
년쯤 전에 농민회에 가입해서 활동하고 있는데, 지난 겨울 농민 시위 때
에는 시위 경험이라곤 눈곱만큼도 없었던 신한철 씨가 맨 앞에서 "방방

뛰었다". 농민 시위 대열이 경찰서 앞에 거의 도착했을 때, 경찰서 정문은 이미 굳게 닫혀 있었고 경찰서 마당에는 전경들이 방패를 들고 물 샐 틈 없이 들어차 있었는데, 남편 신한철 씨가 사람들이 미처 말릴 틈도 없이 순식간에 경찰서 정문을 타 넘었고, 경찰서 마당에 발도 딛지 못한 채 전경들에게 달랑 들려서 닭장차에 실렸다. 닭장차 경험도 그때가 처음이었다.

"아니, 왜 그렇게 혼자 방방 뛰셨어요?"라는 질문에 한철 씨가 답했다.

"내가 그렇게 넘어가면 다른 사람들도 내 뒤를 따라 넘어올 줄 알았지. 그런데 넘어가 보니 달랑 나 혼자더라구. 사실 그때 나는 얼른 넘어가서 문을 따 버리려고 했어. 사람들이 확 들어올 수 있게 하려고……."

안순애 씨가 옆에서 "경찰서 마당에 발도 못 디뎠는데, 문을 따기는, 무슨……."이라며 웃었고, 나도 한마디 보탰다.

"영화를 너무 많이 보셨군요, 하하."

신한철 씨가 그렇게 잡히고 나자 청년들이 "메뚜기 아저씨('메뚜기도 한철'이라는 속담 덕에 한철 씨는 메뚜기 아저씨라는 별명을 얻었다)를 석방하라!"라고 요구하면서 트랙터를 몰고 나왔고, 그날 결국 경찰서 정문을 트랙터로 '뽀개' 버리고 말았다고 한다.

농가 부채가 왜 생기는지 알아?

내가 우리나라 농업 문제에 대해 질문을 몇 마디 하자, 두 사람은 일사천리로 말문을 열었다.

"지난해에 충북에서만 농가 부채 때문에 여섯 명이 농약을 마시고 자살했어. 농가 부채가 왜 생기는지 알아? 퇴비 공장 하나만 봐도 그래. 환

고추 말리는 비닐하우스에서, 안순애 씨 가족.

경 친화 사업이라고 정부에서 적극 권장하고 농민들은 전 재산 털고 담보 잡혀 가면서 거금을 융자받아 투자했지. 현실성 없어서 전부 다 망했어."

"그렇게 되면 당사자는 물론이고 보증 섰던 일가친척, 동네 사람들이 모두 거대한 빚에 허덕이면서 평생을 살아야 하는 거야. 정부의 농업 정책 실패 때문에 생긴 농가 부채인데, 당연히 정부가 책임져야지."

"그 와중에 농협은 고리대금업을 하고……. 농협 이자가 12퍼센트야. 시중 이자보다 오히려 더 비싸. 이건 농민을 위한 농협이 아니라 완전히 장사꾼들을 위한 농협이야."

그것이 바로, 정작 부채가 거의 없는 신한철·안순애 씨가 군청 앞에서 거의 한 달이나 천막 농성을 하고 경찰서 정문을 넘은 이유였다. 이웃의 고통을 나 몰라라 하는 것은 예로부터 우리의 정서가 아니다.

왕가뭄에 총파업을 했다고 정부와 기업이 민주노총을 비난한 것에 대해서는 어떻게 생각하느냐고 물었다.

"그놈들이야 건수만 있으면 비난하는 놈들이고……."

생각할 가치도 없다는 투다. 그러면서도 "지난 가뭄은 정말 대단했다." 라고 혀를 둘렀다. 아무리 늦어도 5월 말까지는 끝냈어야 하는 모내기를 6월 23일에야 했다고 한다. "일조량이 워낙 부족할 테니 가을에 수확할 때 어떻게 될지 모르겠다."라고 말하는 신한철 씨 얼굴에 얼핏 어두운 그림자가 지나갔다.

농사짓는 꼬라지가 농민과 똑같아야지

요즘 부쩍 많아진 '귀농'에 대한 이야기를 꺼냈다. 귀농해서 몇 년을 고생고생하며 버티다가 결국 포기하고 다시 올라올 수밖에 없었던 후배들 얘기를 했을 때, 안순애 씨가 잘라 말했다.

"농사짓는 꼬라지가 농민들과 똑같아지는 게 쉽지 않아. 오늘도 우리는 새벽 6시에 밭에 나갔다가 12시나 되어서야 아침밥 먹었어(아하, 그래서 전화가 계속 안 되었던 거로구나!). 농민들은 지난 가뭄 때 거의 한 달 동안 밤을 꼬박 새우다시피 했어. 집에도 안 들어가고 논 옆에 비닐 막 치고 거기서 먹고 자고 했다구. 그렇게 똑같이 할 수 있으면 되는 거야. 농민들은 그만큼 절박하고 치열하게 농사에 매달려 사는데 그렇게 똑같이 안 하면 누가 쳐 주나? 그게 먹물에게 쉽지 않지. 보면, 정말 기득권 버리고 농촌에 와서 맨땅에 대가리 처박고 고생하는 사람들 있어. 그런데 그 사람들이 농민들에게 '우리와는 좀 다른 사람'으로 보이면 안 되는 거야. 농사짓는 꼬라지가 똑같으면 인정해 준다니까."

안순애 씨는 "송희 아빠가 본래 농사꾼이었으니까 나는 그게 가능했다."라고 말했지만 신한철 씨는 "저 사람이 처음에 와서 한 1년 동안 정말 고생 많이 했다."라고 두둔했고 안순애 씨도 "첫해에 나 정말 거짓말 안 보태고 봄부터 가을까지 하루도 쉬지 않고 나가서 품 팔았어."라고 말하는데 눈가에 잠시 주름이 잡힌다.

"인터넷? 팔자 좋은 년들이나"

방 한구석에 컴퓨터가 눈에 띄었다. '안순애도 인터넷을 할까?' 싶어 말을 꺼냈더니 "저거 고장 난 거야. 하드디스크가 맛이 갔대나. 수리비를 17만 원이나 달라는데 어떻게 고쳐. 인터넷, 그거 내가 보기에는 팔자 좋은 년들이나 매달려서 찧고 쌓는 거지."라고 했다.

돌아올 시간이 되어, 비닐하우스만 대충 휘둘러본 뒤, 작은 돌멩이들이 깔려 있는 마당에서 발을 몇 번 털고 차에 오르자 안순애가 말했다.

"아이구, 저 발 탁탁 털고 차에 올라타는 꼴 좀 봐라."

예나 이제나 내가 하는 모든 일은 안순애에게 '꼴'에 불과하다. 그래도 나는 농민 안순애를 존경한다. 2001. 08. 22.

● ● ●

안순애 씨는 전국여성농민회 2007년 12기 감사를 지내며, 지역에서 여성농민회 일을 하고 있다.
특히, 2006년에는 '빡시게' 활동해서 민주노동당 충북도당 부위원장에 당선되었고, 현재 이 일에
집중하고 있다고 한다. 여전히 활동적인 농사꾼의 모습이다.
2001년 당시 이 글을 읽고 한 독자가 컴퓨터를 기증하겠다고 해 안순애 씨에게는 컴퓨터가 생겼
는데, 그 컴퓨터를 잘 사용하느냐는 질문에, "영어를 잘 몰라서 인터넷 주소 찾는 데만도 한두 시
간은 걸렸다."라고 말하며 웃었다. 2년 전에는 중학교에 다니는 딸애를 위해 새 컴퓨터를 장만했다
며, 기증받았던 컴퓨터에 대해서는 "컴퓨터나 휴대폰 하면 머리에 쥐가 났지만 그 컴퓨터로 많이
익숙해졌다."라고, 또 "오래도록 기억에 남을 일"이라고 고마움을 표시했다.

거북이 아저씨, 뭍에 오르다

제주 관광의 정체성을 찾는 일에 온 힘을 쏟는 '문화관광 운동가' **강남규** 씨

우리 집 아이들은 강남규(46) 씨를 '거북이 아저씨'라고 부른다. 1978년에 일당 1,400원짜리로 '위장 취업'했던 인천 5공단의 한 회사에서 프레스에 손가락을 네 개나 잘린 그의 오른손이 마치 거북이 발처럼 뭉땅하게 생겼기 때문이다.

1993년이었나, 제주도에 내려가 그가 운영하는 '제주돌소리노동상담소'에서 노동 교육을 함께 준비하고 있었는데 초등학교에 다니는 그의 딸이 전화를 했다.

"아빠 오늘도 늦는다. 맛있는 거 뭐 사 왔는데. …… 무슨 찌개? …… 아, 맛있겠다. …… 저녁 맛있게 먹고 일찍 자. 아빠 기다리지 말고. …… 알았어. 굶지 않을게."

애틋한 부녀지간

그의 딸은 아빠한테 전화를 해서 "끼니 거르지 말고 꼭 챙겨 드시라." 하고 부탁하는 것이었다. 그날 밤 우리는 많은 이야기를 나누다가 새벽녘

이 돼서야 상담소 바닥에 전기담요를 깔고 구겨지듯 쓰러져 잠을 잤는데, 아침나절에 그의 딸이 전화를 했다.

"우리 아빠 잠 깨셨어요?"

"아니, 아직도 코 골면서 잔다."

"히, 우리 아빠 원래 그래요. 늦지 않게 일어나시라고 전화했는데…….
아저씨는 늦잠 안 자지요?"

"그럼."

"깨우셔서, 아침 꼭 드시라고 하셔요."

"알았다."

"그럼 됐어요. 끊어요."

그날 오후, 강남규 씨와 함께 다른 강사를 맞으러 공항까지 갔다 오는 길에 저녁 행사에 쓸 음식을 사느라고 구멍가게 앞에 차를 세웠는데 차에서 내리다 말고 그가 말했다.

"어, 저기 우리 딸년 있네. 어떻게 여기까지 왔지?"

딸도 멀리서 그를 보고는 단숨에 뛰어오더니 팔에 매달려 "아빠 얼굴 3일 만에 본다." 하면서 깡충깡충 뛰는 것이었다. 택시 안에 앉아서 아버지와 딸의 뜻하지 않은 만남을 바라보다가, 딸의 등을 감싸는 그의 짧은 손가락들이 서러워 목이 멨다.

1978년 9월, 강남규 씨는 시국 사건으로 수배된 뒤 안면이 있던 소설가 황석영 씨의 해남 집에 숨어들었다가 그곳에서 지금의 아내 이애란(47) 씨를 만났다. 계속 쫓겨 다니는 생활이어서 연애다운 연애 한번 해 보지 못한 채 결혼한 그의 아내는 예나 이제나 넓고 따뜻한 바다와 같은 존재다.

가끔 제주에 내려갈 때 들러 보면 강남규 씨에게는 친지들 소개로 연락하고 찾아오는 육지 손님이 끊이지 않았다. 대한민국 각종 운동단체 사

람들은 물론 그 일가친척이나 친구들이 제주도를 찾을 때마다 도맡아 안내를 하는 모양이었는데, 그렇게 치르는 무료 봉사 손님이 1년에 100팀이 넘었다. 내가 "이제 그만 좀 하라." 하면 그는 "나야 매일 겪는 일이지만 그 사람들은 평생에 한 번 하는 여행이야. 제주도 구석에 처박혀 있는 나를 기억해 주는 것만으로도 고맙지."라면서 기꺼이 채비를 해서 나가곤 했다.

"열 가지만 직접 몸으로 느끼고 가라"

"차라리 여행사를 하나 차리는 게 어떠냐." 하는 농담을 주고받다가 강남규 씨는 정말로 여행사를 차렸다. 1996년에 민주노총과 함께 새날여행사를 시작했다가 문을 닫고 지금은 '제주문화관광개발원'이라는 다소 색

다른 이름의 여행사를 운영 중이다. 생태문화관광 및 제주역사기행이 중심 상품이라는데 홈페이지에 올라 있는 여행사 광고에는 '삶의 의미' '우리 땅' '풀 한 포기 돌멩이 하나' '주체적' '생산적' '삶의 질 향상' 따위의 단어들이 눈에 띈다. 이게 무슨 생뚱맞은 소리인가 싶지만, 흡사 무슨 시민단체나 재야 연구소처럼 보이는 그의 사무실에 앉아서 그가 토해 내는 갯벌 체험, 숲 체험, 동굴 체험, 먹을거리 체험, 생태 기행, 제주 4·3 기행에 관한 열변을 듣다 보면 저절로 고개가 끄덕여진다.

"일종의 제주도 자생 풍수로 방사탑(防邪塔)이라는 게 있어. 육지 사람들의 솟대 비슷한 거지. 마을의 허한 곳에 세워 나쁜 기운이 들어오지 못하게 한다 해서 방사탑인데 원형이 점점 훼손되고 있거든. 몇 년 지난 뒤에 가면 이게 원형인지, 변형된 건지 누가 어떻게 알아보겠어. 제주도에서 태어난 나도 아직 모르는 곳이 너무 많아. 개발이 가속화되면서 몇 년 안에 모두 없어져 버릴 모습들이라고."

그가 최소한 일주일에 한 번은 답사를 나가고 어려운 살림에도 1만 7,000컷이나 되는 슬라이드와 사진 자료를 마련한 이유는 그 때문이다.

"먹을거리 체험한다고 와서 토종닭이나 토종돼지 불고기들을 먹고 가는데, 그거 웃기는 거야. 빙떡이나 보리빵에 꿩엿 발라 먹기, 그런 걸 해야 해. 1월에도 따뜻한 날에는 물에 들어갈 수 있거든. 아이들이 물에 들어갔다 나와 불 쬐면서 고구마나 감자를 석쇠에 구워 먹어 봐. 정말 소중한 경험이지."

"비자 숲 관광한다고 그냥 한 바퀴 휙 둘러보고 가잖아. 그렇게 하면 안 돼. 떨어진 비자 열매를 꺾어서 냄새 맡아 보면 말로 표현할 수 없는 향기가 나고, 손가락으로 비자나무를 누르면 쑥 들어가요. 비자나무 바둑판에 바둑돌을 놓으면 미끄러지지가 않아. 우리는 비자 숲 체험할 때 항상 맨 발로 걸어. 처음에는 아이들이 벌주는 줄 알고 겁을 내지만 나중에는 모두 깔깔거리고 웃어. 머리 아프게 억지로 외우지 말고, 열 가지만 직접 몸으로 느끼고 가라. 그거지."

생태계 교란하는 생태 관광

"요즘 허브 식물, 허브 식물 하면서 난리도 아닌데, 깻잎, 상추, 고추 이게 다 훌륭한 허브 식물이야. 약초까지 포함하면 우리나라 훌륭한 허브 식물이 얼마나 많다고. 그걸 사람들이 몰라요. 외국에서 수입하는 허브 식물이 생태계를 교란하는 거라고."

제주도에 사는 식물 이름이 줄줄이 나오기 시작하는데 나는 부지런히 받아 적기에만도 정신이 없었다.

"천지연에 자생지가 있는 담팔수, 잣과 밤 맛이 난다는 구실잣밤나무, 돈나무라고도 하는 똥낭나무, 콩을 반 쪼갠 듯하다 해서 콩짜개란, 꽃을 찧어서 그 즙을 강에 흘리면 고기들이 떼로 죽어 떠오른다고 해서 떼죽나무, 가마귀쪽나무, 배롱나무(나무백일홍), 비자나무, 그냥 지나가면 아무 냄새도 없지만 잎을 주워서 비벼 보면 정신이 버쩍 날 정도로 향긋한 냄새가 나는 상산나무……."

자칭 제주도 몽생이(망아지) 출신인 그가 흥분하자 육지 사람인 내 앞에서도 제주도 말이 튀어나오기 시작한다.

"우리 어릴 적에 산에 가면 할머니들이 '나물을 다 무지려 부민(뜯어 버리면) 되느냐, 냉겨 나둬야(남겨 둬야) 내년에 또 싹이 날 게 아니냐' 그랬잖아. 요즘 생태 관광 한다고 와서 나물 다 캐 버리고 짓밟고 가는 일이 허다해. 수백 년 걸려 만들어진 환경을 단 1~2년 만에 끝장내 버린다니까."

공장에서 노동운동을 하고 농촌에서는 농민운동 하듯이 그는 새로운 분야의 문화관광운동을 하고 있는 거라고 했다. 제주 관광의 정체성을 찾는 일에 그는 "온 힘을 쏟고 싶다."라고 했고 지금도 집보다 사무실에서 먹고 자는 날이 훨씬 더 많다고 한다. 이제 대학생이 된 그의 딸 윤희(21)가 매일 아침 엄마가 싸 주는 도시락을 들고 아빠 사무실로 온다. 윤희는 아빠의 끼니를 챙겨 주는 일을 10여 년이 넘도록 하고 있는 셈이다.

일흔네 컷짜리 제주 역사·민속·자연에 관한 그의 슬라이드 강연 명성을 익히 들은 터라 "팸플릿이라도 있으면 하나 달라." 했더니 "우리는 그런 것 안 만든다니까."라면서 한마디로 자른다. 그에게 세상의 때가 묻는 날은 언제일까……. 강남규, 이제 고생 그만하고 제발 돈 좀 벌어라.

2001. 09. 05.

●●●
지금은 생각만큼 사업 운영이 수월하지 않아 홈페이지를 운영하지 않고 있지만 계속해서 기존의 관광 프로그램을 이어 나가고 있다.

흰 가운을 던지고 들판으로!

미생물학 박사 출신 풀무학교 **정민철** 선생, 미래의 꿈은 30년 뒤에도 이 자리에 있는 것

40대 중반이 넘어선 사람들은 어릴 적 많이 보았던 고등기술학교라는 간판을 기억할 것이다. 공부하기 힘들었던 시절에 어떻게든 학생들을 공부시켜 보자고 만들어진 이 고등기술학교가 전국에 열 개 남짓 남아 있다. 충남 홍성군 홍동면에 자리 잡고 있는 풀무학교는 사람들이 흔히 대안학교의 하나로 오해하기도 하지만 사실은 바로 그 고등기술학교 중 하나고 따라서 정식 명칭은 '풀무농업고등기술학교'다. 1958년에 설립된 이 학교는 그동안 고등부 농업과 3년 과정을 운영해 오다가 2년제 전공 과정 환경농업과를 신설했다.

어? 취재원이 바뀌었네?

사실 이번에 내가 인터뷰를 하려고 했던 사람은 풀무학교 학생인 윤영희 (33) 씨였다. 명문 대학 석사 과정을 마친 그가 서울 봉천동에서 봉사 활동을 하면서 진땀을 흘린 세월을 내가 일찍이 알고 있거니와 최근에 귀농에 대해 구체적으로 고민하다가 풀무학교에 내려가 '선생'이 아니라 '학생'이

조혜진·윤영희 학생, 그리고 정민철 선생.

된 사연이 궁금했기 때문이다. 그런데 윤영희가 몇 달에 걸친 긴 요구를 극구 사양하면서 정말로 내가 꼭 만나 봐야 할 사람이 있으니 그가 바로 풀무학교 전공 과정 환경농업과의 정민철(36) 선생이라는 것이었다. 우선 윤영희에게 정민철 선생을 굳이 소개한 이유부터 들어 보는 것이 당연한 순서다.

"학교 일에 헌신적이고요, 교사와 학생이라는 수직 관계가 아니라 학생 입장에서 보려고 노력하고요, 학생들의 고민을 섬세하게 잘 이해하고요, 학생들에게 애정이 있고요, 자기 혼자 잘 살려는 모습이 절대로 아니고요……."

윤영희가 구구절절 주워섬기는데 나는 봉천동에서 활동하던 윤영희 모습이 자꾸 생각나는 것이었다. 그것이 바로 내가 알고 있는 윤영희 자신의 모습 아니었던가. 사람들은 역시 유유상종일 수밖에 없다.

처음 만난 정민철 선생은 "풀무학교를 취재하는 줄 알고 응했다."라고 당황스러워했다. 아마 자신이 취재 대상임을 알았다면 절대로 응하지 않았을 것을 예상한 윤영희의 농간(?)이었으리라.

'그냥 하는 것'이라고 말하는 사람들

정민철 선생은 경주에서 태어나 대구에서 자랐다. 아무 특별할 것이 없는 평범한 학생이었다는 것을 계속 강조했으나 중·고등학교 시절 교복의 호크(일제강점기 때부터 우리나라 학생들이 입었던 교복의 목을 조이는 장치)를 풀어 헤치거나 모자를 찢어 재봉으로 박고 다닌 적이 한 번도 없었다니까 결코 평범하지 않은 '범생이'였음이 분명하다. 경북대학교에서 미생물학을 전공했고 석사와 박사 과정까지 마쳤다. 우리 사회에서 한때 잘나갔던 이른바 'TK 출신'이다.

미생물학을 공부하는 과정에서 자연히 유기농업을 접하게 됐고, 농업 문제를 다루는 시민단체를 만나게 됐으며, 축산 폐수 처리 과정인 박테리아 미네랄워터(BMW) 개발에 참여하면서 풀무학교에 관련 시설을 설치하느라 다섯 달 정도 드나들다가 결국 눌러앉게 되었다. 풀무학교와 인연을 맺기까지 몇 년 동안의 기나긴 과정을 짧게 정리하면 그렇다. 이 과정에 영향을 끼친 사람이 홍순명(64) 교장인데, 홍순명 선생은 여기에서 감히 몇 줄로 설명하는 것이 실례가 될 만큼 훌륭한 어른이다. '이 바닥에서 알 만한 사람은 다 아는' 분이니 너절한 설명은 생략하는 게 오히려 예의다.

정민철 선생과 1999년 결혼한 배지현(30) 씨는 결혼하기 전까지 경남 산청의 간디학교에 있었다. 이 대목을 설명하면서 정민철 선생은 "이러면 우리가 마치 엄청난 교육철학이라도 가진 부부처럼 오해할 텐데……."라며 곤란해했다. "결혼한 뒤 부인 배지현 씨는 뭐 하고 계시느냐?"라는 내 질문에 "여기서 30킬로미터쯤 떨어진 외산의 어느 대안학교에 나간다."라고 답하다 말고 또다시 "정말 이렇게 되면 우리 부부가 마치 굉장한 교육철학이라도 갖고 있는 사람처럼 보일지 모르지만, 절대로 아니에요. 그냥 하는 거예요."라면서 말을 닫았다.

내가 사람들을 만나면서 놀랄 때가 바로 이런 순간이다. 남들이 보면 대단하다고 느낄 수밖에 없는 일을 하는 사람들이 한결같이 자신은 결코 대단하지도 않고 투철한 의식이 있는 것도 아니며, "그냥 살다 보니 그렇게 되었다."라고 손을 내두르는 것이다. 겸손이라는 단어는 바로 이럴 때 사용해야 한다.

"일반 학교와 비교할 때 교사 대우는 어떠냐?"라는 궁금증에 대해서도 마찬가지였다. 정민철 씨는 잠시 생각하는 눈빛이 되더니 "당연히 적지요. 그렇지만 이 학교에 온 지 3년밖에 안 된 제가, 30년씩이나 이 학교에 계신 다른 선생님들을 제쳐 두고 그것에 대해 함부로 답할 수는 없지요."라고 말을 삼갔다. 마주 앉은 사람이 열등감을 느낄 만큼 신중한 인품이다. 이런 사람을 두고 윤영희가 감히 내 인터뷰에 응할 수 없다고 생각한 것은 당연했다.

유기농업은 '순환'이 가장 중요하다

어렵게 뵌 김에 유기농업에 대해 한 수 가르침을 부탁했다.

"유기농업이란 순환이 가장 중요한 테마예요. 보통은 인풋이 있어야 아웃풋이 있는 시스템이지만 유기농업은 그런 개념이 아니에요. 순환이 이루어지는 거지요. 추운 겨울에 기름 때고 병해충에 농약 치면서 하는 게 아니라 자연의 시스템에 적응해 가면서 농사를 짓는 겁니다. 흔히 유기농업이라고 하면 무공해 농법만을 연상하기도 하는데 그건 기술적인 부분만 협소하게 보는 거예요. 정부에서 추진하는 것처럼 수억 원의 돈을 투자해서 큰 규모로 해야만 하는 것도 아닙니다. 농가에서 작게 시작해서 충분히 정착할 수 있는 것부터 해 보는 겁니다."

정민철 선생이 잠깐 자리를 비운 사이 조혜진(19) 학생과 얘기를 나눴다. 조혜진 학생은 풀무학교의 고등 과정을 마치고 전공 과정에 진학한 이 학교의 이른바 정통파다. 조혜진 학생이 풀무학교 홈페이지(www.poolmoo.net)의 '우리들의 학교 일기' 게시판에 쓴 글에서 풀무학교를 "숨통 트인다는 단어의 뜻이 무엇인지 느낄 수 있는 학교"라고 표현한 이유를 알 수 있다. 정민철 선생님에 대해서 어떻게 생각하느냐고 물었다.

"편해요. 서로 농담도 할 만큼 친하게 지내는 분을 칭찬하려니까, 오히려 이상할 정도예요. 가식이 절대로 없고요. 일은 또 얼마나 추진력 있게 잘하신다고요."

조혜진 학생은 장래 희망에 대해 "농촌의 소외된 부분에 도움이 되는 사람이 되고 싶다."라고 답했다. 그런 학생을 가르치는 정민철 선생은 행복하다.

농촌 시스템 따라간 학기 시스템

풀무학교는 일반 학교와 달리 3학기로 나뉘어 있다. 농촌의 시스템을 그대로 따라간다. 첫 학기는 3·4·5월인데 농번기와 마찬가지로 제일 바쁜 때다. 두 번째 학기는 6·7·8월로 흔히 "제초 작업을 하면 하루가 다 간다."라고 표현한다. 마지막 학기는 9·10·11월로 다른 농사와 똑같이 열심히 거두는 때다. 12·1·2월이 겨울방학이고 여름방학은 없다.

그런 풀무학교의 교육 과정 속에서 정민철 선생은 "농촌을 위한 일을 농촌에 머물면서 할 수 있는 사람"을 길러 내고 있다. "예를 들면 종자를 개발하는 일을 도시의 종자 회사에서 하지 않고 농촌에 머물면서 할 수 있는 사람"을 찾는 것이다.

정민철 선생과 같은 배경을 가진 사람이라면 흰 가운을 걸치고 연구소에서 일을 해야 어울릴 것이라는 세속적 편견을 갖고 있는 나는 "연구소에서 일하지 않고 풀무학교에 있는 것을 후회해 본 적 없었느냐?"라는 질문을 할 수밖에 없었다.

"대덕연구단지에도 있어 봤습니다. 미련 없습니다."

칼처럼 자르는 답변에 질문한 사람이 오히려 머쓱하다. 우문현답의 행진은 계속된다.

"장래 꿈은 무엇인가요? 20년이나 30년 뒤에는 자신이 어떤 모습이었으면 좋겠어요?"

정민철 선생은 잠시의 여백도 없이 거의 자동적으로 답했다.

"이 학교에 계속 있겠지요."

"지금 당장 바라는 꿈은 뭐예요?"

그 질문에는 잠시 생각하다가 답했다.

"학생들이 많이 왔으면 좋겠어요."

여러분, 풀무학교로 오세요! 2001. 10. 09.

●●●
정민철 선생은 여전히 풀무학교에서 학생들을 가르치고 있다.

'민들레'는 시들지 않는다

장기수들의 누이동생으로 '컴백'했던 **박영란**, 다시 투쟁 조끼를 입다

광주 '통일의집'에 살았던 비전향 장기수 김동기 선생을 나는 한 번도 직접 뵌 적이 없었다. 북한에서 의사 일을 한다는 나의 고모가 김동기 선생의 사촌 동생과 의과대학 동창일 거라거나, 이제 곧 북한으로 가게 되면 그 고모를 한번 찾아보겠노라거나 하는 모든 얘기들을 나는 김동기 선생과 직접 나눈 적이 한 번도 없다. 짬 날 때마다 장기수 어른들을 찾아뵙던 광주의 한 후배가 그런 얘기들을 중간에서 몇 번 전해 주었을 뿐이다. 비전향 장기수들이 북으로 떠난 2000년 겨울, 파업을 벌이고 있는 동광주병원의 노동자들을 만나러 내려갔다가 짬을 내 잠깐 만났을 때 후배는 책한 권을 내밀면서 말했다.

"하 선배가 언제든 광주에 내려오면 주라고……. 김동기 선생님이 남기고 가셨어요."

『새는 앉는 곳마다 깃을 남긴다』. 33년 동안의 감옥생활과 1년여의 짧은 사회생활에서 느낀 점들을 기록한 김동기 선생의 책이었다. 책 속표지에 있는 선생의 친필이 눈에 들어왔다. 석 줄밖에 안 되지만 "2000. 8. 2. 김동기 드림"까지 읽는 동안 나는 목이 멨다. 그렇게, 내가 한 번도 뵌

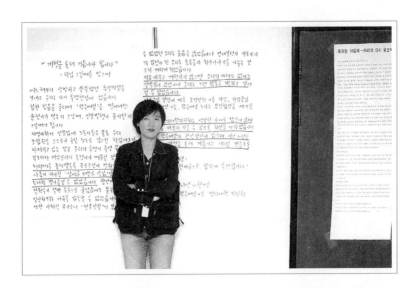

적이 없었던 사람에게 평생 빚을 지게 만든 후배가 바로 '우리들의 광주 언니 민들레' 박영란(37)이다.

1988년 겨울, 운동권을 떠난 뒤

1980년 5월, 여고 1학년 학생으로 광주민주화운동을 지켜봤던 박영란은 20대 6년가량을 운동권으로 살았다. 전남대학교 법과대학의 여학생 후배들에게 그의 이름은 '살아 있는 전설'이었다. 5·18기념재단에 근무하는 후배 강정미에 따르면 "법대의 80년대 운동권 출신 중 노동 현장까지 간 유일한 여학생"이었다. 그랬던 그가 자신의 표현대로 "88년 겨울, 패잔병이 되어 운동권을 떠났다".

우여곡절 끝에 지방 일간지 기자라는 소시민으로 변신한 이후에도 그 '젊은 날'을 후회해 본 적은 없었지만 자신의 발로 운동권 사람을 찾아가지는 않았다. '당신들이 나를 필요로 한다면 돕겠다.'라는 최소한의 다짐이 그를 지탱하는 버팀목이었다. 자칭 '얼치기 열정주의자'였던 그가 그 뒤 한동안 사람들의 눈에 띄지 않았던 이유는, 사상 투쟁 와중에서 종파주의자로 비판당하며 운동권을 떠났을 때 그의 사회적 생명은 이미 심대하게 훼손당했다고 생각했고, 그 뒤부터는 무슨무슨 근본주의자들처럼 글 한 줄 쓰려고 해도 그 '원죄'로부터 벗어날 수 없었기 때문이다. "네 꼴에 뭘 하겠다고 나서는 거냐? 그냥 얌전히 있어라." 하는 자각이 항상 그의 머리 '뒤꼭지'를 잡아끌었다.

그러나 우리의 역사는 자각하는 인간을 그렇게 내버려 두지 않는다. 후배로부터 "선배를 지금까지 종파주의자라고 생각하는 사람은 없다. 그 시절에 잘못을 저지르지 않은 사람 있으면 나와 보라고 해라. 선배가 사람들을 안 만나고 살아서 아직도 그런 생각을 하는 거다."라는 말을 듣기도 하고, 그보다 훨씬 더 험한 린치를 당했음에도 십 몇 년째 의연하게 한길을 가고 있는 친구를 보면서 "박영란! 네가 만든 감옥에 널 가두고 응석 부리고 있었구나. 자학하고 있었구나."라고 깨달으면서, 그는 과거의 상처로부터 벗어나 7년 만의 은둔을 박차고 우리 앞의 세상으로 뚜벅뚜벅 걸어 나왔다.

장기수 어른들과 피붙이처럼

앰네스티가 선정한 세계 최연소 장기수 강용주의 후원 사업에 힘을 보태면서 그는 우리 앞에 다시 나타났다. "이것저것 따지면 또 못 하게 될 테니까 단순 무식하게 내가 할 수 있는 만큼만 하자."라고 소박하게 마음먹고 시작한 일이었고 "고작 내가 한 일이라곤 면회 두어 번 가고, 그가 부탁한 책 몇 권 보내 주고, 한 달에 두어 번 편지 보내고, 강용주의 답장을 타이핑해 다른 사람들에게 알린 것밖에 없다."라고 겸손하게 말하지만 그의 그런 활동이 나를 비롯한 세상의 많은 사람들에게 순결한 영혼을 간직한 투사 강용주의 존재를 알렸던 것이다.

1999년 2월, 비전향 장기수 김동기(69), 리공순(67), 리경찬(66), 이재룡(57) 씨들을 만난 뒤부터 그는 틈나는 대로 광주 통일의집에서 그 어른들을 찾아뵈었다. 20~30대 새파란 나이에 구속돼 30~40년씩 징역을 살고 대부분 환갑을 넘긴 나이에 병든 몸으로 석방된 사람들이었다. 분단의 소용돌이에서 비극의 대가를 가장 혹독하게 치른 사람들이었다.

2000년 9월 2일 북으로 돌아가기까지 1년 6개월 동안, 그와 몇 사람이 '우리 시대의 살아 있는 상처'들을 가까이에서 지켰다. 한 달에 한 번씩 장기수 어른들을 모시고 가까운 곳으로 조촐한 여행을 다녀왔다. 그 통일 나들이는 단 한 번도 거르지 않고 계속되었고 사람들은 어느새 그 모임을 박영란의 애칭을 본떠 '민들레 모임'이라고 부르기 시작했다.

그 몇 사람의 따뜻한 마음은 장기수 어른들이 "이 사회의 실정법을 위반한 우리에게 여러분이 나누어 준 정을 죽더라도 잊지 않겠습니다. 북으로 돌아가면 내 자식들과 가족에게도 꼭 얘기하겠습니다. 70 평생 이렇게 울어 본 적이 없는데 자꾸 눈물이 납니다."라고 뺨을 떨며 울게 했다.

장기수 어른들이 북으로 떠나던 날, 민들레 모임의 회원들은 임진각으로 달려가 공동경비구역의 바리케이드를 뚫고 그들을 배웅했다. 그들은 또다시 그렇게 이산가족이 된 것이다. 민들레 모임의 회원으로 여주에서 농사를 지으며 결코 넉넉한 살림이 아니면서도 통일의집에 매달 쌀 한 가마씩을 보내곤 했던 임은주·남창현 부부는 지금 그 쌀을 민들레 모임 회원들에게 나누어 주며 허전함을 달래고 있다.

2000년 겨울 '양심수를 위한 시와 노래의 밤' 행사장 귀퉁이의 어두운 계단 한쪽에 봉투를 깔고 앉아, 박영란은 마음속에서 불어대는 시작도 끝도 알 수 없는 바람 때문에 줄줄 울었다.

햇살 쏟아지는 창가에 앉아 1년도 더 지난 그 얘기를 하면서 그는 끝내 눈물지었다. 장기수 어른들의 30년 세월과 그 뒤 1년 6개월 동안 겪었던 감동의 순간들을 자신의 한두 시간 얘기로는 차마 포장조차 할 수 없다고 했다.

박영란에게 부끄럽지 않게 살기!

그는 '한국전쟁전후민간인학살진상규명및명예회복을위한범국민위원회'와 관련을 맺고 양민 학살 사건 조사 활동에 참여하고 있다. 광주인권운동센터 진실과조사팀의 구성원으로서 담양과 장성이 그의 담당 지역이다.

"문헌 자료 조사를 한 다음 현장에 나가는데 가는 곳마다 시체가 수십 구씩 나와요. 그것도 50여 가구쯤 살았던 작은 마을에서……. 영문도 모른 채 부모를 여읜 자식들은 반 비렁뱅이가 되어 제 힘으로 자랐고, 어느덧 어른이 돼서 아이를 낳았고, 그 아이들이 다시 아이를 낳을 만큼의 세월이 지났는데……. 놀라운 건 그들이 그 억울함을 평생 동안 참고 살 수 있었다는 사실이에요. 당했으면서도 참고 살 수밖에 없었던 부모 세대의 고통을 필설로 다 헤아릴 순 없을 거예요. 피해자들은 평생 입 다물고 어둠 속에 숨어 울며 살았는데, 가해자들은 여전히 떵떵거리고 잘살고 있는 거예요. 내가 살았던 이 더러운 세상을 내 자식 세대에게 물려주지 않기 위해서라도 신발 끈을 야물게 고쳐 매야겠다, 이런 생각이 들어요."

인터뷰를 위해 그가 일하는 광주매일신문사를 찾아갔을 때, 신문사의 노동조합은 25일째 파업 중이었고 회사는 폐업을 운운하고 있었다. 그는 또다시 투쟁 조끼를 걸친 전사로 우리 앞에 선 것이다. 그가 지금 가장 바라는 것은 "다시 일하고 싶은 것"이라고 했다. 노동조합의 정당한 싸움을 마무리하고 하루빨리 현장에 돌아가 정론 직필의 본분을 다하기를 원하는 것이다.

장소를 옮기기 위해 주차장으로 나서는데 그가 내 차의 트렁크를 좀 열어 달라고 했다. 자신의 카메라 장비를 내 차에 실으려는가 보다 하고 무심코 열어 주었는데, 웬 사내가 낑낑대며 메고 온 쌀 한 포대를 내 차에 턱 하니 싣는 것이 아닌가. 바로 임은주·남창현 부부가 보낸 여주 쌀이었다.

서울까지 돌아오는 내내 그 쌀의 무게가 나를 짓눌렀다. 민들레 박영란에게 부끄럽지 않게 살기! 나는 내 인생의 목표를 새로 정했다.

2001. 10. 23.

● ● ●

2001년 7월 광주매일신문사 사장이 간부회의에서 폐간을 지시하면서 광주매일신문사 노조는 폐업 철폐 투쟁을 시작했다. 그렇지만 2001년 10월 광주매일신문사는 폐업했고, 노동조합은 같은 해 12월에 투쟁을 마무리할 수밖에 없었다. 박영란 씨는 2002년 5월 독립언론 『다른신문』(주간지) 창간에 주주로 참여했지만 경영 적자로 2003년에 폐간되었다. 지금은 공공 기관에서 비정규직으로 일하고 있다.

"선배님, 송영수 살립시다"

나를 고문당하게 했던 **송영수**가 신부전증과 싸우면서도 운동을 포기 못하는 이유

2000년 9월 어느 날 후배 하나가 전화를 했다.

"선배님, 송영수 살립시다. 그놈이 신부전증으로 다 죽게 생겼소. 81년 5월에 선배가 송영수랑 같이 잡혀서 고문당했을 때, 그놈이 피오줌을 쌌던 걸 선배님이 봤다고 하지 않았소. 우리가 송영수 민주화운동보상신청해 줍시다. 선배가 증인 좀 해 주시오."

그렇다. 그런 일이 있었다. 1980년대 암흑의 시절, 말로만 듣던 통닭구이, 비녀 꽂기 고문을 사흘 밤 동안 당해 본 적이 있는데, 나에게 그 고문을 당하게 했던 후배가 바로 송영수(42)다. 며칠 동안 거의 거꾸로 매달려 있다시피 하면서 고문을 당했던 송영수가 "나는 정말 모른다. 그러나 하종강 선배는 알지도 모른다." 하고 말해 버리는 바람에 나는 영문도 모른 채 잡혀가 며칠 동안 곤욕을 치렀던 것이다. 수사가 모두 끝난 며칠 뒤에야 철창을 사이에 두고 만날 수 있었던 송영수에게 물었다.

"왜 하필이면 내 이름을 말한 거냐?"

송영수는 이렇게 답했다.

"하 선배는 이 시점에서 징역에 가는 게 인생에 도움이 될 거라고 봤소.

거꾸로 매달려 며칠 있다 보니 그런 생각이 퍼뜩 나는 기라. 하하."

그때도 우리는 웃었다.

20년 전에 콩팥의 실핏줄이 다 터져서 피오줌을 싸도록 고문을 당한 것이 그의 신부전증과 어떤 의학적 관계가 있는지 나는 모른다. 그러나 우리가 그런 일을 당했던 것은 사실이고, 사흘 동안 송영수의 오줌에 피가 섞여 나왔던 것도 사실이다. 그래서 나는 실로 오랜만에 담당 형사와 구청 공무원 앞에서 진술이란 걸 했다.

'일반 노조'를 아십니까

송영수는 '부산 지역 일반 노동조합'의 사무국장이다. 일반 노조란 글자 그대로 일반적인 노동자라면 누구나 가입할 수 있는 노동조합이지만, 실제로는 일반적인 노동조합에 가입하기 어려운 노동자들이 주로 가입해 있다. 청소 대행업체의 환경미화원, 마을버스의 기사, 금융 기관이나 호텔의 계약직 노동자, 사회복지 시설의 사회복지사, 정화 업체 종사자, 용역 회사의 파견 노동자, 규모가 아주 작은 공장이나 개인 병원에 근무하는 사람 등 800여 명이 그 조합원이다.

기업 단위 노동조합을 간신히 만들어도 "어용이 되어 살아남거나, 맞서 싸우다가 박살 나거나 둘 중 하나가 될 수밖에 없는 노동자들이 업종과 기업 구별 없이 모여 서로 돕고 살자는 것"이 바로 '지역 일반 노조'다. 그와 같은 형태로는 2000년 4월 1일 우리나라에서 처음 설립되었는데 송영수는 그 준비 과정에 잠시 함께했다가 그해 7월 1일부터 사무국장으로 일하고 있다.

송영수의 이력은 우리 사회 노동 운동가의 전형적인 과정을 보여 준다.

학생운동 이후 자연스럽게 이어진 노동 현장 활동, 전위 조직 건설 활동 등 비합법 조직 활동 이후, 해고노동자복직투쟁위원회, 국민운동본부, 부산노동자협의회, 부산노동자연합, 병원노동조합연맹, 민주노총을 두루 거쳤고, 그 와중에서 두 차례의 징역을 살았다.

　그가 지금 일반 노조에 전력을 다하고 있는 것은 그 속에서 '무한한 가능성'을 보고 있기 때문이다. 노동운동단체에서 경험을 쌓는 동안 그는 우리 노동운동이 가지는 문제점을 보았고 그때마다 끊임없이 문제 제기를 해대는 통에 '운동권 내의 운동권'으로 불리면서 스스로 많이 괴로워하기도 했다.

　"지금과 같은 노동운동 조직 형태로는 노동자의 직업별 이기주의나 노동조합의 관료화를 극복할 수가 없어요. 같은 연맹 소속이면서도 대기업 노동자는 한 달에 200만 원을 받는데 영세기업 노동자는 한 달에 50만 원밖에 못 받는 이 불평등을 도대체 어떻게 할 거냐구. 그건 누가 해결해 주는 게 아니라 노동자가 스스로 해결할 수밖에 없는데, 지금 노동조합 형태로는 그게 거의 어렵거든."

그래서 그가 활동하는 일반 노조는 업종 지부나 기업별 지부 조직을 배제하고 '현장위원회'라는 특별한 형태를 갖추고 있다. 업종별 이기주의나 기업별 이기주의의 싹을 근원부터 없애자는 것이다. 실제로 지금 그가 일하는 노조에서는 상대적으로 경제적 여유가 있는 노동자들로부터 나온 돈이 훨씬 더 어려운 형편의 노동자들에게 집중적으로 투여되는 것이 가능하다.

아직까지는 실험 단계지만 "노동자 대중이 실천 과정에서 민주적 사회 경영의 경험을 쌓는 단초"를 일반 노조에서 마련하고 있는 것이다. 그는 그것이야말로 "진정한 노동자들의 동질성과 계급성 회복"이라고 했다.

"신장 이식수술하면 밤샘을 못 하거든"

이제 그의 건강 얘기를 해 보자.

그는 하루에 네 차례씩 혈액투석을 한다. 복막투석이라는 방식인데 한 번에 40분쯤 걸린다. 인터뷰를 위해 그를 만났을 때에도 그는 사무실 한쪽 구석에서 피곤에 지친 얼굴로 비닐 봉투 두 개를 자신의 몸에 달린 파이프에 연결해 놓고 투석 작업을 하고 있었다. 40분 내내 끊임없이 전화가 왔고 그는 손바닥으로 피곤한 얼굴을 감싼 채 전화기 저쪽의 상대방에게 화를 내기도 하고 껄껄 웃기도 하면서 노동조합과 단체교섭에 대한 설명을 했다.

투석을 마친 그와 얘기를 나누는 중에 아주머니 한 사람이 사무실에 들어와 그를 보자마자 대뜸 물었다.

"우리 노동조합에서 사람들 다 탈퇴한 거 아시죠? 모두 다 탈퇴하고 지금 나 혼자 남아서 버티고 있어요. 어떻게 해요?"

그는 잠시 생각하는 표정이 되더니 입술을 깨물며 말했다.

"아주머니, 탈퇴하소. 그게 살길이오."

아주머니는 놀라서 눈이 동그랗게 되었다.

"정말로 탈퇴해요? 나 혼자 남았는데, 나까지 탈퇴하면……."

그러나 잠시 대화 끝에 그 아주머니는 끝까지 버티기로 했고 탈퇴한 조합원들 모두 다시 가입하도록 하는 계획을 세우기로 하고 돌아갔다.

의사들이나 동료들이 그에게 신장 이식수술을 권유하지 않더냐고 물었을 때, 그는 이렇게 답했다.

"이식수술 할 수 있지. 그런데 이식수술을 받으면 그 뒤에는 억수로 조심하면서 살아야 하거든. 밤샘을 못하거든. 활동을 엄청 제한해야 되거든. 활동 좀 더 하다가 이담에 나이 들면 하려고……. 활동 안 하면 나는 건강이 더 안 좋아지고 아마 바로 죽을 거야."

내가 "혈액투석을 하루에 네 번씩이나 하는 지금은 밤샘을 해도 되는 거냐?" 하고 물으니 그는 "안 하는 게 좋기야 하지만, 대충 할 수는 있다."라고 했다.

그의 손을 거친 노동조합이 100여 개

첫 번째 징역을 살고 1983년 출옥한 뒤, 공장에 취업하기 위해 건강진단을 받으면서 신장이 안 좋다는 진단을 처음 받았고, 그 뒤 현장 활동하랴, 수배 기간 동안 도망 다니랴, 1987년 노동자 대투쟁 치르랴……. 이래저래

건강을 챙길 여유가 없었다.

1987년 6월항쟁 무렵부터 부산 지역에서 거의 모든 노동자 집회의 판을 짠 사람이 바로 송영수였고 그의 손을 거쳐 만들어진 노동조합이 100여 개가 족히 넘는다는 건 자타가 모두 인정하는 사실이다.

그렇게 자기 몸 돌볼 여유도 없이 뛰어다니던 그에게 "건강진단이라도 좀 제대로 받아 보라." 하고 채근을 했던 대동병원 노동조합 부위원장이 바로 현재 그의 부인 최애심(38) 씨다. 1989년 그가 두 번째 징역을 살았을 때에는 징역을 산 날짜 수와 그 기간 동안 최애심 씨가 보낸 편지의 수가 같았다던가……. 두 사람은 1991년에 결혼했고 8년 전에 낳은 아들은 이름을 승혁(勝革)이라고 지었다. "혁명을 계승할 것도 없이, 너는 승리하라."라는 뜻이다.

얘기를 끝낼 즈음 그가 나에게 물었다.

"나는 하 선배나 나나 모두 비슷한 종류의 인간이라고 보는데, 하 선배는 그 일을 20년 넘도록 포기하지 않고 계속하는 이유가 뭐요?"

나는 조금 생각해 보고 진지하게 답했다.

"세계관이 아직 바뀌지 않았거든."

그는 픽 웃으며 "그런 것 때문이었다면 나는 벌써 포기했을 거예요."라고 말하더니, 잠시 시간을 두고 답했다.

"나는…… 이를테면 하 선배에 대한 미안함 때문이었어요. 그거 아세요? 나 때문에 고문당했던 사람들, 나 때문에 징역 산 사람들…… 그 사람들과의 인연이 나를 이 일에서 떠나지 못하게 한다는 것, 그만두고 싶을 때마다 그런 사람들의 얼굴이 자꾸 나를 붙드는 기라. 그동안 내가 만났던 노동자들의 얼굴이 나를 이 일에서 떠나지 못하게 자꾸 붙드는 기라."

그 말을 하면서 그는 끝내 눈물지었다.

앞으로는 송영수와의 인연이 나를 이 바닥에서 떠나지 못하게 할 것이다. 우리 모두 이 일에서 떠나지 말자. 2001. 11. 06.

• • •

송영수 씨는 2004년 어느날 피를 토하며 쓰러져 응급실로 실려 갔다. 주차장 바닥이 그가 토한 피로 흥건했다고 한다. 담당 의사가 "오늘을 넘기기가 힘들다. 마음의 준비를 하라."라고 식구들에게 말했을 정도로 상태는 위중했다. 송영수 씨가 피를 토하며 쓰러져 동아대학교의료원으로 실려 갔을 때, 그 소식을 듣고 응급실로 달려온 노동자들이 순식간에 150여 명이나 되었다고 한다. 송영수 씨는 스물한 시간이나 걸리는 대수술을 받고 살아났다. 그의 몸 안에는 부인 최애심 씨의 간 가운데 65퍼센트가 이식돼 꿈틀거리고 있다.

'논픽션의 위력'을 깨우쳐 주마!

왜 **태준식** 감독의 작품을 보면 정체를 알 수 없는 눈물이 솟구치는가

이 원고를 정리하다가 나는 몇 번씩이나 글쓰기를 멈췄다. 태준식(31) 감독의 활동 궤적을 이해하느라고 그가 만든 작품들을 보다가 눈물이 맺히고 목이 잠겨 한동안 글을 쓸 수 없었기 때문이다. 미리 밝히지만, 내가 아무리 이 글을 잘 정리한다 해도 태준식 감독이 만든 작품의 단 몇 장면을 보는 것보다 그를 더 잘 설명할 수는 없을 것이다. "감독은 작품으로 말한다."라는 말의 뜻을 이 글을 쓰면서 몇 번이나 실감했다. 그가 만든 작품들의 몇 분의 일 만큼도 그를 설명할 수 없으면서도 알량한 나의 '글'로써 그를 설명할 수밖에 없다는 낭패감이 그의 작품을 보는 내내 밀려왔다.

아주 잘 만든 '트레일러'

간간이 이름을 들어 왔던 태준식 감독을 만나야겠다고 생각한 것은 그가 '인디다큐페스티벌2001'(SIDOF2001)영화제의 '트레일러'(예고편)를 제작했다는 것을 알았을 때다. 영화에 거의 문외한이라는 배짱으로 감히 말하건대 영화제의 트레일러는 그 의미가 보통의 트레일러와는 사뭇 다르다. 영

2001년 11월 11일 여의도에서 열린 민주노총 노동자 대회를 촬영하는 태준식 감독.

화제 모든 영화의 앞머리에서 트레일러가 상영되는데 글자 그대로 거대한 화물 트럭의 앞머리처럼 영화제 전체를 이끌어 가는 역할을 한다.

영화제에 참여한 관객은 자신이 본 영화의 편 수만큼 똑같은 트레일러를 여러 번 봐야 한다. 요즘 영화 관객의 수준이 얼마나 높은가. 어줍게 만들어진 트레일러에는 관객이 야유를 퍼붓기도 한다. 그러니 일단 트레일러를 제작하려면 실력이 있어야 할 뿐만 아니라 영화제 전체의 성격을 꿰뚫고 있어야 한다. 더욱이 태준식 감독이 만들었던 트레일러는 사람들로부터 "아주 잘 만들었다."라는 평가를 받았다. 그는 나처럼 운동 바닥에서만 적당히 인정받는 사람이 아니었다.

태준식 감독이 가진 공식 직함은 '노동자뉴스제작단' 의 제작부장이다. 노동자뉴스제작단을 줄여 부르는 '노뉴단' 은 이제 사전에 올라야 할 만큼 우리나라 노동자에게 익숙한 용어가 되었다. 내가 "노동자 영상패 중에서는 노뉴단이 원조가 아니냐?"라고 물었더니 그는 "원조라고까지 할 수는 없고, 다만 살아남은 팀 가운데 제일 긴 역사를 갖고 있다."라고 겸손하고도 정확하게 설명했다.

노뉴단의 작품은 거의 대부분 1인 제작 시스템으로 만들어진다. 태준식 감독이 만든 다큐멘터리에는 보통 영화처럼 마지막 장면에서 올라가는 엔딩 크레딧이나 스태프 롤이 없다. 하기는 연출 태준식, 촬영 태준식, 진행 태준식, 편집 태준식, 음악 태준식, 대본 태준식…… 이렇게 적을 수도 없는 노릇일 것이다.

1996년 말과 1997년 초를 뜨겁게 달궜던 총파업 투쟁의 내용을 재빨리 담아낸 〈총파업 투쟁 속보 2호〉(1997)를 시작으로, 폭력에 대한 공포를 이기고 동료에 대한 애정으로 뭉쳤던 청구성심병원 노동조합 승리의 기록 〈꼭 한 걸음씩〉(1999), 현대중기산업 노동자들의 450일에 걸친 고용 보장 투쟁을 담은 〈인간의 시간〉(2000), 비정규직 노동자의 눈물겨운 삶과 투쟁을 조명한 〈노동자는 노동자다〉(2001), 전태일 열사와 (주)마마 노동자들의 투쟁을 함께 엮은 옴니버스 〈전태일 30주기 특별 기획작〉 안의 '마마 노동자들'(2001).

그가 지금까지 만들어 낸 작품을 보고 있노라면 이 땅 노동자의 현실과 소망이 교차하면서 마음 깊은 곳에서부터 정체를 알 수 없는 눈물이 솟구친다. 극영화에만 익숙해 있던 사람들에게 그야말로 '논픽션의 위력'이 무엇인지 단번에 깨우쳐 준다.

〈인간의 시간〉, 500일이 넘는 대장정

태준식 감독은 자칭 타칭 우리나라의 영화 마니아 1세대다. 내가 "영화 〈헐리우드 키드의 생애〉에 나오는 주인공만큼이나 영화를 좋아했느냐?" 하고 물었더니 대뜸 "그것보다 더하면 더했지 결코 덜하지는 않았다."라고 했다. 중학교 시절부터 "첫 상영 관람객에게 선착순으로 기념 티셔츠를 준다."라는 광고를 보기라도 하면 그 전날 밤부터 극장 앞에서 줄을 서 기다렸다. 그렇게 중·고등학교 시절에만 수백 편의 영화를 봤다. 영화감독이나 배우의 이력을 줄줄이 꿰고 있을 뿐만 아니라 좋아하는 영화는 대본까지 줄줄 외웠다.

대학에 진학한 뒤, 당연히 영화 동아리에 들어갔고 사람들을 많이 만났다. 그는 "그 사람들과의 만남이 지금의 삶을 결정하는 데 큰 영향을 끼쳤다."라고 했다. 내가 만났던 다른 사람들처럼 태준식 감독 역시 자신의 일이 특별히 고생스러운 일이라거나 많은 희생과 수고를 감수해야 하는 일이라고 생각하지는 않았다.

"어떻게 이쪽 분야의 일을 하게 되었느냐?"라는 내 질문을 그는 오히려 아주 황송해했다. 자신은 다른 사람들처럼 엄혹한 세월을 거쳐 온 것도 아니며, 학생운동의 경험이 없었다고 말할 수는 없지만 운동의 중심에 섰던 것도 아니며, 지금 하는 일을 시작한 이래 "밥 먹고, 차 타고 다니면서 작품을 만들 수 있었고, 아무도 옆에서 작품에 대해 이렇게 해라 저렇게 해라 잔소리를 하지도 않았으니 '너무 고생스러운 이 일을 포기해야 하나' 하는 고민을 해 본 적도 없었다."라고 했다.

"그렇지만 앞으로 계속 이 일을 해서는 큰돈을 벌 전망은 없지 않느냐? 결혼도 했고 곧 아이도 생길 텐데 앞으로 남은 평생 지금 이 정도의 경제

수준밖에 유지할 수 없을 것에 대해 걱정해 보지 않았느냐?"라고 짓궂게 물고 늘어졌더니 "그런 생각은 하기 싫어서 안 했다."라고 간단히 답했다. 그 말 뒤에는 아마도 '생각하면 마음이 흔들릴까 봐…….'라는 속셈이 숨어 있을 것이다.

"같이 영화에 미쳐 살았던 친구들 중에 충무로에서 프로덕션을 하거나 유학 갔다 와서 '입봉'할 날만 기다리고 있는 친구들보다 내가 별반 더 고생하는 것도 없어요. 나는 오히려 내가 하고 싶은 일을 하고, 가고 싶은 곳에 가고, 만들고 싶은 작품을 만들고 있으니 그 친구들보다 훨씬 더 행복하다고 할 수 있지요."

그는 마치 행복해서 미안하다는 표정이었다.

그의 대표작 중 하나인 〈인간의 시간〉은 촬영 기간만 450일이었고 그 뒤 편집 등 마무리 작업까지 합하면 모두 500일이 족히 넘는 대장정이었다. 그렇게 만들어 낸 작품이 사람의 마음을 때리는 울림을 갖고 있지 못하다면 그게 더 이상한 일이다.

〈인간의 시간〉을 보노라면 노동자 육경원 씨가 투쟁 과정에서 악화된 암으로 숨진 뒤, 동료들이 그를 떠나보내는 영결식·노제·장례 장면이 차례로 나오는데, 화면이 이상할 정도로 심하게 떨리는 대목이 있다. 촬영을 나갈 때마다 "결코 울지 않겠다."라고 다짐하고, 실제로 거의 울지 않는 태준식 감독이지만 그날은 마음 깊은 곳에서부터 솟구쳐 오는 울음을 참느라고 온몸을 떨었기 때문이다. 그는 특별히 그때 카메라를 잡은 손이 떨렸던 이유를 "세상을 오래 살아온 어른들의 내공에서 우러나오는 분노의 표출을 보았기 때문"이라고 했다. 작품을 보는 이 역시 그 장면에서 울음을 참을 수 없을 것이다.

노뉴단과 노동자들의 은밀한 커넥션?

그는 작업 내용을 설명하면서 "중요한 '택'이 걸리면……."이라거나 "타격을 나간다."라는 표현들을 사용했다. 알 만한 사람들끼리는 다 아는 표현이다. 노동자들은 다른 곳엔 절대 비밀로 하는 투쟁 계획을 그가 있는 노뉴단에는 은밀하게 알린다. 한국통신 계약직 노동자들이 목동 전화국을 점거했을 때에도 노뉴단의 카메라는 어김없이 그곳에 있었다. 얼마 전 세 명의 노동자가 국회를 점거하겠다고 시도했을 때에도 태준식 감독은 그 계획을 미리 알고 있었다. 내가 "그 투쟁이 사실은 꽤 오래전에 세워진 계획이었는데, 미국 뉴욕 테러 사건 때문에 국민 감정을 고려해 뒤로 미뤄진 것도 알고 있느냐?"라고 물었더니 태준식 감독은 빙긋이 웃으며 "예."라고 짧게 답했다.

"비슷한 일을 하는 사람들 중에서 '저 사람처럼 살았으면 좋겠다'는 생각이 드는 사람이 있느냐?" 하고 물었더니 그는 "존경한다는 표현을 사용해도 되느냐?"라고 조심스럽게 되물은 뒤에 같이 일하는 명준 형, 인정 누나, 지영 누나를 존경한다고 했다. 존경하는 사람들과 함께 일할 수 있으니 그는 참 행복한 사람이다.

한국독립영화협회 대표인 김동원 감독도 그가 존경하는 사람들 중의 하나다. 〈상계동 올림픽〉그 작품 때문에 "다큐멘터리를 해야 되겠다."라고 마음먹을 수 있었다고 했다. 그가 '동원 형'을 특별히 존경하는 이유는 "그의 삶이 바로 그의 영화에서 보여 주는 사람들과 똑같은 그것이기 때문"이다. 그는 동원 형의 '뛰어난 사상'이 아니라 '살아가는 모습' 때문에 감동을 받는다고 했다.

그렇다. 사람은 '사상'이 아니라 '삶'으로 평가받는 것이다. 우리는 모두 어떤 삶으로 평가받을 것인가. 그의 카메라 앞에 당당할 수 있는 삶은 어떤 것인가. 2001. 11. 21.

●●●

태준식 감독은 오랫동안 몸담았던 노동자뉴스제작단을 나와 혼자서 영상 제작 작업을 하고 있다. 2005년에는 거대 권력 삼성에 도전한 〈우리 모두가 구본주다〉, 2006년에는 저작권을 둘러싼 거대 문화 자본의 음모를 파헤치는 〈농담 같은 이야기-저작권 제자리 찾아 주기 프로젝트 1.0〉을 작업했고, 현재는 민중 가수 연영석의 삶과 노래를 담은 작품 〈필승 연영석〉, 그리고 〈농담 같은 이야기-저작권 제자리 찾아 주기 프로젝트 1.0〉 다음 편 등을 작업하고 있다.

2

내가 사람들을 만날 때마다 신기해하는 부분이 바로 이 지점이다.
올바른 뜻을 위해 자신의 경제적 불이익을 감수한 사람들이 어쩌면 하나같이
경제적으로 궁핍한 어린 시절을 보냈는지 말이다. 성경에 나오는 '돌아온 탕자'의 명제,
"굶주림이 발길을 진리로 향하게 한다."라는 말은 진리다.

2002. 01 ~ 2002. 12

우리 몇 천 명이나 해직당할까?

해맑은 얼굴의 **김정수** 씨, '불법 공무원 노조'의 깃발을 세운다

'송파구공무원직장협의회' 회장 노명우 씨가 간부들을 이끌고 처음 우리 연구소에 찾아왔을 때, 40대 초반이라고는 믿어지지 않을 만큼 해맑은 얼굴을 가진 남자가 일행 중에 있었다. 그 사람은 모임이 끝날 무렵 나에게 마지막 질문을 던졌다.

"앞으로 공무원들이 몇 천 명이나 해직당할까요?"

현행법에서 허용하지 않는 공무원 노조를 준비하는 각오를 그는 그렇게 웃으며 표현했고, 나는 "전교조 선생님들이 1,600명이나 해직당하면서 길을 잘 닦아 놓았으니, 공무원은 한 명도 해직당하지 않을지도 모르지요."라고 답했다.

동안을 가진 그 사람은 '전국공무원직장협의회총연합'(전공련)이라는 '불법단체'(어디까지나 정부의 관점으로는 그렇다)의 정책연구소장을 맡고 있는 김정수(42) 씨다. 자신이 근무하는 송파구공무원직장협의회 정책기획부장 일도 맡고 있다. 자타가 공인하는 전공련의 정책 이론가다.

어릴 적 '사장님'을 꿈꾼 이유

초등학교 5학년 때 아버지가 실직한 뒤, 김정수 씨의 가정 경제는 어머니의 몫이었다. 그때부터 다니기 시작한 기와 공장을 어머니는 김정수 씨가 대학을 마치고 결혼할 때까지 다녔다. 김정수 씨는 옆에 앉았던 노명우 회장의 얼굴을 한번 힐끗 쳐다보고는 "이런 얘기는 회장님한테도 아직까지 하지 않았는데……."라면서 조심스럽게 어릴 적 얘기들을 이어갔다.

김정수 씨 역시 학창 시절 내내 시간이 날 때마다 기와 공장에 가서 어머니 일을 도왔다. 공장이라고 하지만 노상이나 다름없는 한데에 허름한 천막을 친 곳이었고, 모래와 시멘트를 섞어서 기와를 찍어 내야 하는 일이어서 먼지가 날리는 열악한 작업 환경이었다. 남자들도 하기 힘든 중노동이었다. 겨울에는 사방을 비닐로 막아 놓고 연탄을 때면서 '양생 작업'을 해야 해서 늘 연탄가스로 머리가 아프고 어지러웠다.

기와 만들기 기술자였던 어머니 옆에 지켜섰다가 어머니가 찍어 건네주는 기와를 받아 건조장까지 들고 가 가지런히 꽂는 일이나 '가다'를 쌓는 잔일이 정수 씨의 몫이었다. 찍어 내는 기와 개수만큼 돈을 받는 도급제여서 정수 씨 앞으로 임금이 따로 지급되지는 않았지만, 정수 씨가 도와주는 만큼 어머니는 생산량을 늘릴 수 있었다.

"어머니한테 기와를 받아 건조장으로 들고 갔다가 공장 옆 공터에서 축구하며 노는 아이들이 있으면 한참 서서 구경을 하곤 했어요. 그러면 어머니는 빨리 돌아와야 할 놈이 안 오고 있으니까, 바깥으로 나오셔서 '빨리 안 오고 뭐 하고 있느냐'고 야단치시고 그랬어요."

사람들은 대개 이런 얘기를 할 때 눈에 눈물이 고인다. 그런데 김정수 씨는 잘 참았다. 대신 인터뷰에 동행했던 나의 아내가 옆에서 눈물을 참느라고 애쓰고 있었다. 나중에 아내는 "아까 그 대목에서 눈물이 나와서 혼났다."라고 말했다. 그랬을 것이다. 나도 그랬으니까…….

초등학교를 졸업한 뒤에는 정말로 등록금이 없어서 1년을 쉬고 중학교에 진학했다. 그동안 신문 배달도 했고, '아이스께끼' 장수도 하면서, 비정규 학교를 6개월쯤 다녔다. 고생하시는 부모님을 보면서 자라난 정수 씨의 어릴 적 꿈은 고등학교 때까지 당연히 '사장님'이었다(참 신기한 일은, 웬만큼 사람 보는 눈이 있다고 자부하는 나로서도 김정수 씨의 지금 얼굴에서 남다른 고생의

흔적을 찾을 수 없었다는 것이다. 정말이지 그에게 그런 말을 듣기 전까지 나는 김정수 씨가 귀하게 자란 부잣집 자식이려니 짐작하고 있었다).

1980년대, 노동자와의 만남

대학에 들어간 해가 1980년이었다. '민주화의 봄'을 겪었고 흥사단 아카데미 활동을 잠시 하기도 했으며, 동대문의 야학에서 '강학' 일을 하기도 했다. 1박 2일의 수련회에 가서 노동자들과 밤새 이야기하면서 인간 대 인간으로 마음을 열었던 기억은 20년이 지난 지금까지도 생생하다고 한

다. 그는 그렇게 해서 어릴 적부터 품어 왔던 사장님의 꿈을 가슴에서 지웠다. 그 무렵 "얼마나 힘들게 공부시켜 보낸 대학인데, 하라는 공부는 안 하고 휩쓸려 다닌다."라고 혼쭐이 난 것이 그가 지금까지 살아오는 동안 부모님에게 가장 크게 야단을 맞은 기억이다.

1987년 3월 공무원이 되기로 결심한 것은 호구지책이라는 측면이 없지 않았으나, 이미 나름대로 올곧은 생각을 정리한 뒤였다.

"공무원을 흔히 정부 시책을 그대로 좇아 수행하는 실무자 집단으로 알고 있는 경향이 있잖아요. 그런 사회 분위기에서 '올바른 공무원이 되어야겠다'는 필요성은 인식하고 있었어요. 국민의 공복이라는 말처럼 정말로 국민을 위한 일을, 국민과 함께 어울리면서, 국민들의 가려운 곳을 긁어 줄 수 있는 직업이라는, 그런 메리트가 분명히 있다고 기대했어요. 그렇게 노력하는 삶도 분명히 이 사회 발전에 기여할 수 있을 거라는 생각을 했습니다."

내가 요즘 공무원들을 만나면서 깨닫는 점 중의 하나는 김정수 씨뿐만 아니라 그런 생각을 거의 대부분의 공무원들이 하고 있다는 것이다. 그런 선한 노력이 모여 현행법에서 금지하고 있는 공무원 노조를 지향하는 것이리라.

2000년 4월, 김정수 씨는 송파구청에 근무하면서 처음 직장협의회를 만들겠다고 동지들을 만났다. 모두 여덟 명이 모였다.

"노명우 회장하고는 공무원 임용 동기일 뿐만 아니라 나이도 같고 총무과에서 같이 근무했던 절친한 동료였거든요. 그런데 직장협의회에 관심이 있었다는 것을 그날 거기서 처음 알았어요. 서로 마음속으로만 생각하고 옆 사람에게도 말을 못한 채 지냈던 거지요."

그럴 때의 기쁨은 겪어 본 사람만이 안다. 별 어려움 없이 600여 명의 직원들을 모아 직장협의회를 출범시켰다. 남다른 리더십과 추진력이 있는 노명우 씨는 회장을 맡았고 핵심을 잘 짚어 내는 논리를 갖춘 김정수 씨는 정책기획부장을 맡았다. 대표적 공무원 사이트에 '한길만'이라는 필명으로 꾸준히 글을 올린 것이 사람들의 공감을 불러일으켰는지 전국공무원직장협의회총연합이 출범하면서 정책연구소장 일이 김정수 씨에게 주어졌다.

사명감으로 맡은 '민주화보상 업무'

그가 송파구청에서 하는 일은 민주화운동보상신청 사실 조사 업무다. 그는 거의 자원하다시피 그 일을 맡았는데, 수개월 전 저녁식사 자리에서 그가 옆 사람에게 마치 절규하듯 말하는 걸 엿들은 적이 있다.

"가장 안타까운 사람들은 올바르게 살겠다고 애쓴 진짜 노동자들이야. 지금 운동권에서 어떤 직책을 갖고 있거나 노동조합 간부도 아닌 사람들…… 농성장에서 말 한마디 제대로 못한 채 구사대나 전경한테 얻어맞고 쫓겨나, 그 뒤에는 취업도 안 돼 고생하는 사람들…… 진료 받았다는 기록도 없고 활동을 입증해 줄 자료도 없는 사람들…… 어떻게 좀 유인물 한 장이라도 좀 찾아보시라고 부탁을 해 보지만 어디서 구해 볼 엄두도 못 내는 사람들…… 내가 그 사람들을 위해서 할 수 있는 일은 진술 조서를 최대한 잘 받아 주는 일밖에는 없어. 정말 안타까워."

그는 인터뷰하면서 자신의 업무를 이렇게 설명했다.

"우리 사회에는 정말 의로운 사람이 많았다는 걸 느꼈어요. 학생운동, 노동운동, 사학비리관련운동, 전교조, 자유언론운동, 공직자 '숙정'으로 희생당한 사람들, 긴급 조치, 국가보안법, 갖가지 유형의 정의로운 사람에 대한 애환과 고통까지 다 드러내서 역사의 기록으로 남겨야 해요. 정말 훌륭한 사람들인데 잘못하면 역사에 그냥 묻혀 버리고 말 거예요. 보상을 받지는 못하더라도, 한 사람도 남김없이 조사해서 우리 역사의 기록으로 남겨야 합니다. 제가 하는 일이 그런 의미라도 있다는 생각이 들어요."

그를 처음 만났던 날, 그가 나에게 했던 질문이 생각나 "공무원 노조를 준비하다가 나중에 해직될지도 모른다는 생각은 안 해 보았느냐?"라고 물었다. 그는 이렇게 답했다.

"저는 '무엇이 될 것인가'보다 '어떻게 살 것인가'를 선택했어요. 그 생각이 제 삶을 이끌어 갑니다."

다른 사람들에게는 그토록 어려운 선택이 그에게는 가능했던 이유가 무엇일까? 그의 해맑은 얼굴이 그 해답이라는 생각을 했다. 세상이 아무리 고생을 시켜도 세속의 때를 묻힐 수 없는 사람이 있다. 그는 그때 묻지 않은 얼굴로, 그의 희망 공무원 노조가 온 땅에 물결치는 날까지 열심히 일할 것이다. 2002.01.02.

• • •

2004년 '공무원노조특별법' 반대 파업으로 2,622명이 징계를 받았고, 455명이 해고되었으며, 60명이 사법 처리되었다. 김정수 씨도 이때 파면되었다. 2006년 2월 공무원 노조 제3기 집행부 선출에서 김정수 씨가 사무처장으로 권승복 위원장과 조를 이루어 당선되었다. 2007년 6월 현재 공무원 노조는 네 가지 요구안(공무원 노동 기본권 보장, 해고자 복직, 공무원연금법 개악 저지, 공무원 퇴출제 반대)을 가지고 투쟁 중이며, 위원장은 목숨을 건 단식을 하고 있다. 김정수 씨 역시 이 투쟁에 총력을 기울이고 있다.

별난 휴게소, 망향이 좋다

망향휴게소 노동조합 **이경순** 위원장이 털어놓는 '짜식들의 꼴불견'

사람들은 보통 고속도로 휴게소에 대해 그릇된 선입견을 갖고 있다. 고속도로 휴게소 직원의 임금이 대도시 백화점에 근무하는 직원보다 적을 것이고 따라서 직원의 수준도 더 낮을 것이라는 따위의 생각들인데, 그런 상투적인 단정은 대부분 옳지 않다. 나 역시 그런 선입견을 갖고 있었지만, 몇 년의 세월에 걸쳐 나의 그 잘못된 생각을 깨우쳐 준 곳이 바로 경부고속도로 하행선의 '망향휴게소'다.

고속도로 휴게소에 대한 선입견 바꿔

관심 있게 들여다보니 고속도로 휴게소는 그렇게 만만한 곳이 아니었다. 휴게소마다 큰 편차가 있어서, 시종일관 껌을 질겅질겅 씹으면서 일하거나, 손님에게 잔소리를 좀 들었다고 그릇을 내팽개치며 설거지하는 직원이 있는 휴게소가 아직도 가끔 있다지만, 망향휴게소에서 그런 일들은 상상조차 할 수 없다. 그 이유는 망향휴게소 직원이 모두 회사 말을 고분고분 잘 듣는 얌전한 사람들이기 때문은 아니다. 그것은 한 사람이 몇 년 동

안 노력한 헌신에 힘입은 바가 컸다. 본인은 물론 절대로 아니라고 하지만…….

7년쯤 전이었나. 차를 몰고 휴게소 광장에 들어서는데 분위기가 영 이상했다. 건물 곳곳에 대자보가 붙어 있고 일하는 사람들의 표정도 모두 굳어 있었다.

'맞아. 조합원들이 농성 중인 노조 사무실에 공권력이 투입됐다는 기사를 며칠 전 신문에서 읽은 적이 있지…….'

우동을 말아 주는 아가씨도, 주방의 아주머니도, 주차장을 청소하는 아저씨도 모두 '단결' '투쟁' 구호가 새겨진 붉은색 조끼를 입고 있었다. 머리띠를 맨 아주머니에게 호두과자를 사면서 "꼭 이기세요."라고 말하니, 아주머니는 활짝 웃으며 "고맙습니다."라고 답하면서 과자 봉지를 건네주었다.

노동조합 사무실에 찾아갔다.

"지나다가…… 그냥 지나칠 수가 없어서…… 격려차 들렀습니다."

젊은 여성 두 사람이 앉아 있다가 밝은 얼굴로 일어나더니 앉으라며 자리를 권했다. 손이라도 마주 잡고 싶었지만 지나치게 아리따운 젊은 여성들이어서 선뜻 손을 내밀지도 못한 채, 엉거주춤 서서 몇 마디 나누다가 어줍은 인사를 마지막 말로 남기고 황급히 노동조합 사무실을 나왔다.

"꼭 이기세요. 어려움이 많으시겠지만……."

망향휴게소와의 인연은 그렇게 시작되었다. 그날 이후 가끔 그곳을 지날 때마다 노동조합 사무실에 들르곤 했다. 사무실 벽 칠판에 "휴게소 내 조합원 근무처 순회 중입니다. 위원장 백"이라고 쓰인 날이면 휴게소를 몽땅 뒤져서라도 위원장을 만났다.

의식주 해결하는 일터를 살맛 나게

망향휴게소 노동조합 위원장 이경순(31) 씨는 인터뷰 부탁을 몇 달이나 거절하다가 마지못해 응하면서 "노동조합 이야기는 빼 달라."라고 했다. 자신이 노동조합 활동을 제대로 하지 못하고 있다는 자책 때문일 것이다. 그러나 전국의 노동조합을 찾아다니는 일을 직업으로 가진 사람으로서 감히 말하건대 이경순 씨만큼 하기도 힘들다. 몇 년 동안 지켜보면서 내린 결론이다.

이경순 씨는 중학교를 졸업하면서 가족으로부터 독립했다. 너무 일찍 철들어 버린 소녀의 오기는 학비와 생활비를 스스로 해결하겠다는 결심을 굴레처럼 자신에게 씌웠고, 실제로 그렇게 했다. 고등학교를 다니는 동안 어느 누구의 도움도 받지 않은 채 혼자 살면서 학비와 생활비를 벌었다. 최소한의 살림이어서 생활비보다는 학비가 훨씬 더 큰 부담이었다.

"하루 스물네 시간 내내 여유가 없었어요. 당연히 몸도 말랐지요. 키 167센티미터에 몸무게는 45킬로그램밖에 안 됐으니까."

보통 사람에게는 꿈 많은 학창 시절이었을 그 무렵을 회상하다가 이경순 씨는 "왜 사람 마음을 착잡하게 만들어요?"라면서 눈을 내리깔았다(아무에게도 하지 않았던 어릴 적 이야기를 길게 한 뒤, 이경순 씨는 실제로 그 뒤 며칠 동안이나 심하게 앓았다고 한다. 이경순 씨에게 너무 미안하다).

흔해 빠진 미팅 한 번 해 볼 여유가 없는 생활이었지만, 한 달에 한 번 고아원을 찾는 일은 거르지 않았다. 지독한 피부병으로 고생하던 세 살짜리 아기를 유난히 챙겨 주고 싶었다. 고아원에 가서 그 아기를 위해 청소하고, 빨래하고, 밥 차려 주고, 설거지하고, 목욕시켜 주고, 같이 놀아 주는 것이 일과 공부에서 해방되는 유일한 시간이었다. 끝나고 돌아올 때면 몸은 수세미처럼 지치고 피곤했지만 비로소 뭔가 사람같이 살고 있다는 기쁨이 가슴 가득 밀려왔다. "남을 돕는 것이 자신을 가장 잘 돕는 것이다."라는 원칙을 그렇게 깨달았다.

고등학교 3학년 여름방학이 되기도 전에 정식 발령을 받고 취업했다. 누구나 최우선 순위로 가고 싶어 했던 대기업이었다. 2년 남짓 근무했을 때, 직장 상사가 자신의 잘못을 나이 어린 여직원이었던 이경순 씨에게 덮어씌웠다. 그 꼴을 더 이상 두고 볼 수가 없어 직원들이 보는 앞에서 "대판 싸우고" 자의반 타의반으로 회사를 나왔다.

"휴게소에 취업한 것은 순전히 입혀 주고, 먹여 주고, 재워 주는 곳이기 때문이었어요. 처음에는 2~3년 동안만 눈 딱 감고 일할 생각이었어요."

이경순 씨가 휴게소 식당에서 행주를 들고 식탁을 훔치는 모습을 본 고등학교 은사님은 손을 마주 잡고 아무 말도 못한 채 한참이나 울다가 갔다. 나중에는 카운터를 보다가 주임이 되었는데, 회사가 부도나더니 운영권이 잠시 시설관리공단으로 넘어갔다가 민영화되는 과정을 거쳤다. 그 와중에 사람들과 함께 노동조합을 설립했고 부위원장을 맡았다. 그 뒤 파업·구속으로 이어진 피눈물 나는 일들을 나는 도저히 글로 설명할 자신이 없다. 한 가지만 말하자. 노조의 전임 위원장이 직원들의 권리를 보호하기는커녕 오히려 해를 입히는 존재라고 파악되었을 때, 이경순 씨는 조합원들과 회의를 한 뒤, 전임 위원장을 불러 담판을 지었다. "당신은 더이상 위원장의 자격이 없는 사람이다. 집에 가라."(실제로는 이곳에 옮길 수 없는 더 심한 표현이었다)라고 했고, 위원장은 그날로 짐을 쌌다.

파업·구속의 시련, '어용'이라 해도 좋다

"휴게소에서 앞으로 몇 년쯤 더 일할 생각이냐." 하고 물었을 때, 이경순 씨는 "정년퇴직할 때까지요."라고 답한 뒤 야무지게 덧붙였다.

"우리가 그런 곳으로 만들고 말 거예요. 한번 취업하면 퇴사하기 싫은 직장으로, 그런 평생직장으로 우리가 만들고 말 거예요."

몇 년 전, 망향휴게소가 전국 100여 개 휴게소 중에서 임금·복지 부문까지 총망라한 경영 평가에서 유일하게 대상을 받았을 때, 이경순 씨는 아무도 모르게 혼자 울었다.

"절더러 어용이라고 해도 좋아요. 처음에 왔을 때는 정말로 어떻게 이런 곳이 있을 수 있을까 싶었어요. 회사를 6년 만에 우리가 이렇게 만든 거예요. 이제는 직원들이 회사를 떠나기 싫어해요."

그러면서 이렇게 덧붙였다.

"저 울 때 모습 보면 되게 예뻐요. 눈이 커져요. 호호."

이경순 씨가 어용이 아니라는 것은, 망향휴게소에 고속버스가 거의 들르지 않는 것만 봐도 쉽게 알 수 있다. 노동조합의 요구에 따라, 회사가 고속버스 기사들에게 적극적인 유치 작전을 펴지 않겠다는 합의를 했기 때문이다. 노동조합이 그렇게 요구한 이유는, 단순히 업무의 양을 줄인다는 것 외에 또 다른 이유도 있지만 굳이 설명하지 않겠다. 이 글을 읽는 이들의 상상력에 맡긴다.

휴게소에 들르는 손님에게 하고 싶은 말은 없냐고 부탁했다. 이경순 씨는 뜻밖에도 길게 답했다.

"백화점에 가면 사람들은 입구에서부터 화려한 분위기에 주눅 들어 얌전해지잖아요. 우리가 백화점만큼 사람들을 주눅 들게 만들지 않는다는 이유로, 우리를 우습게보지 마세요. 양복 잘 빼입은 사람들이 더 '싸가지' 없다는 거 아세요? 다른 사람을 내리깔고 보는 순간 자신의 위치도 낮아지는 거예요. 사람들이 그걸 몰라요. 우리 휴게소 직원들은 전국 최고 수준이에요. 짜식들이, 사람 보는 눈은 있어 가지고……."

나이가 꽉 차다 못해 한참 넘쳐 버린 이경순 씨에게 주변 사람들은 "이제 제발 결혼 좀 하라."라고 다그치지만, 이경순 씨는 자신의 일터를, 젊은 사람들이 들어와서 정년퇴직할 때까지 일하고 싶은 곳으로 만드는, 그 일과 결혼한 것처럼 보였다. 그 모습은 어느 신부보다 행복해 보였다.

"활활 타는 불꽃처럼 화려하지 않아도, 꺼지지 않는 작은 불씨로 끝까지 남을 거예요. 그거면 족해요."

그 불씨는 영원히 꺼지지 않을 것이다. 2002. 02. 19.

●●●

망향휴게소 노사는 투명 경영을 위해 구매와 매출 관련 내용을 상세하게 공개하는 협약을 맺었는데, 새로 취임한 현재 사장이 이를 지키지 않았다. 노동조합 때문에 휴게소 경영 이권을 위협받는다고 생각한 '먹이사슬'의 실력자들과 경영진은 노동조합 없는 휴게소를 만들려고 노력하고 있고, 노동조합은 '양심 있는 경영'을 하는 휴게소와 평생직장을 만들기 위해 힘겨운 투쟁을 하고 있다.

어느 미소년에 관한 추억

22년 전 나를 찾아와 당돌하게 '선배 자격'을 시험했던 고교생 **홍현웅**, 신부가 되어

1980년 늦여름이었다. 내가 자원봉사자로 일하고 있던 노동운동단체 사무실로 무척 똑똑해 뵈는 남녀 고등학생 두 명이 찾아왔다. 몇몇 고등학교의 문예반 학생들이 모여 지금까지 이러저러한 활동을 해 오다가 '이제부터는 경험 있는 선배의 도움을 받는 것이 좋겠다.'라는 생각을 하고 마땅한 사람을 찾던 차에 어느 학교 선생님으로부터 나를 소개받고, 이제부터는 선배님에게 한 수 배우고자 하는데, 자기들이 아직 나를 잘 모르니 마련해 온 질문에 성심껏 답해 주면, 돌아가서 의논해 보고 결과를 알려 주겠다는 것이었다. 이를테면 내 면접시험을 치르러 온 셈이었는데 그들이 내게 조심스럽게 물었던 당돌한 질문은 다음과 같았다.

등줄기에 식은땀을 돋게 한 질문 공세

첫째, '순수문학'과 '참여문학'의 해묵은 논쟁에 대해서 어떤 입장을 갖고 있는가?

둘째, 사회의 문제를 해결하고 발전시키는 데에는 '점진적 개혁'과 '총

체적 변혁'이라는 방식이 있다고 보는데, 둘 중 어느 것이 더 옳다고 생각하는가?

셋째, 인간의 영혼을 하나씩 구원하면 결국 이 세상이 살기 좋아질 것이라는 '개인 구원론'과 종교인도 사회의 구조적 모순을 타파하는 데 앞장서서 불의한 세력과 맞서 싸워야 한다는 '사회 구원론'에 대해서는 어떤 입장을 갖고 있는가?

문제는 나 역시 그 학생들의 정체를 잘 모른다는 거였다. 정체를 모를 때는 얼버무리는 수밖에 없다. "그런 해묵은 문제들은 마치 동전의 양면과 같아서 선명하게 둘로 가를 수 없다. 양면이 모두 있어야만 온전한 동전이 되듯, 나는 그 두 가지가 모두 우리 사회에 필요하다고 본다."라는 식으로 얼렁뚱땅 넘기는데, 셔츠를 흠뻑 적실 정도로 등줄기에서 식은땀이 흘렀다.

학생들은 그냥 넘어가 주지 않았다. "시대 상황과 개인 성향에 따라 둘 중 하나를 굳이 자신의 노선으로 선택해야 한다면 선배님은 어떤 입장을 택하시겠습니까?"라고 물었고, 나는 잠시 생각한 뒤에 이렇게 답했다.

"너희들 생각과 똑같아. 그렇게 답할 수밖에 없는 시대의 아픔을 이해해 주었으면 좋겠다."

학생들과 나는 파안대소했고, 그래도 성실한 답변 태도가 좋은 점수를 받았던지 며칠 뒤에 학생들로부터 "합격하셨다."라는 통지를 받았다.

문학 소년소녀들의 모임이어서 염무웅, 임헌영의 비평을 읽고 열띤 토론을 벌이는 것을 시작으로 점차 역사와 사회에 대한 이해를 넓혀 갔다. 그들의 열정은 참으로 대단해서 나는 모임 전날이면 마치 대학 입시 수험생 과외 지도하듯 비장한 각오로 밤을 꼬박 새워야만 진도를 겨우 따라잡을 수 있었다.

새로 온 신입 회원은 엄격한 심사와 가입 선서 등의 절차를 거쳐야만 했는데, 그 모임의 이름은 물론 심사 기준과 가입 선서의 내용과 형식은 토씨 하나까지 모두 학생들 스스로 토론해 마련한 것이었다. 이제는 밝혀도 무방한 그 조직의 이름은 '춘추지대'였고 그 모임의 대표 학생은 당연히 회장이 아니라 '대장'이라고 불렸다.

그 학생들 중에 키가 훤칠하게 크고 얼굴이 허여멀쩡게 잘생긴 미소년이 하나 있었다. 토론을 할 때면 말도 별로 없이 빙그레 웃고 있는 적이 많았는데 그래도 가끔 면도날 같이 예리한 발언으로 모임의 분위기를 모아 가는 재주가 있어서 후배들이 잘 따랐다. 리영희 선생의 책 『8억 인과의 대화』(당시 중국 인구가 8억이었다)에 밑줄을 그어 가며 읽던 어느 선배가 바로 그 책이 증거가 되어 반공법 위반으로 구속되어야 했던 숨 막히는 세상이었는데도, 그 학생은 어느 날 토론을 하면서 중국의 최근세사에 대한 해박한 지식을 쏟아 놓는 바람에 우리 모두를 깜짝 놀라게 했던 기억이 아직도 생생하다.

1991년에 날아온 두툼한 편지 한 통

1991년 봄, 나는 그 미소년으로부터 두툼한 편지 한 통을 받았다. 어렵고 고통스러웠던 오랜 기간의 훈련을 무사히 마치고 이제 더 긴 세월 동안 고해의 바다를 헤쳐 가야 하는 가톨릭 신부가 된다는 소식이었다. 자신이 사제로 서품받는 미사의 날짜와 장소 그리고 신부가 되고서 드리는 첫 미사에 대한 안내가 자세히 쓰여 있었다.

그날 밤 나는 그 신부가 마흔 살쯤 되었을 때의 모습을 상상해 보느라고 잠을 설쳤다. 한때, 옳다고 생각하는 길을 부끄럼 없이 걷기도 하였으나 이제는 그 길에서 내려와 길가에라도 남아 있으려 애쓰는 내 모습을 바라보며, 이제 막 그 길에 들어선 그를 위해 내가 할 수 있는 일은 무엇인지 생각했다. 그는 분명 마흔 살이 되어서도 그 길 위에 있을 것이나 내가 그에게 할 수 있는 약속은 "최소한 길을 막는 사람이 되지는 않겠노라."라는 말뿐이어서, 길을 걷다가 혼자 울었다.

어느 해 여름, 전교조 인천 지부 선생님들과 수련회를 하면서 나는 춘추지대의 경험을 이야기했다. 말끝에 그 신부님의 이름이 홍현웅이라고 했을 때, 그 자리에 있던 많은 선생님들이 고개를 끄덕이며 '잘 안다.'라는 표정을 하는 것이 아닌가. 그 신부님이 인천 지역 청소년을 대상으로 많은 프로그램을 진행하고 있다는 거였다. 강의가 끝났을 때 한 여자 선생님이 내게 다가와 말했다.

"그 신부님을 뵐 때마다 항상 '저 깊은 생각의 뿌리는 도대체 어디에서부터 시작되었을까?' 그것이 궁금했는데……. 아, 고등학생 때부터 그러셨군요."

내가 "키가 훤칠하고 얼굴이 하얀 청년이었는데 아직도 그렇게 미남인가요?"라고 물으니 그 선생님은 두 손을 치마폭 앞에 마주 잡으면서 거의 외치다시피 말하는 것이었다.

"어유, 점점 더 멋있어지고 있어요."

그 홍안의 미소년이었던 신부님도 이제 마흔 살을 넘겼다. 같이 늙어가는 처지가 되어서야 우리는 단 몇 시간만이라도 이야기할 기회를 갖게 되었다. 믿어지지 않겠지만, 몇 년 전 어느 식당에서 스치듯 한 번 마주쳤던 것이 20년도 더 흐른 세월 동안의 유일한 만남이었다.

청소년 개개인을 '미디어'가 되게 하자

홍현웅(41) 신부는 현재 인천 교구 가톨릭청소년회 전담 신부다. 인천시 청소년쉼터의 운영실장과 연수구청소년수련관 관장을 겸하고 있다. '평화와 참여로가는인천연대' 등 지역단체 일도 꽤 많이 거들고 있다. 그러면 그렇지, 이런 훌륭한 사람을 우리 사회가 그냥 내버려 둘 리가 없다.

우리가 만난 장소 청소년쉼터는 글자 그대로, 집에서 나올 수밖에 없는 사정이 있는(우리 사회에서는 그 사정을 그냥 쉽게 가출이라고 표현한다) 청소년들의 쉼터다. 가출 청소년들이 여러 경로를 통해 이곳에 들어와 신부님을 비롯한 상담 전문 직원들과 함께 지내면서 다음 과정을 준비하는 것이다.

"청소년 문제는 결국 '청소년이 당하는 문제'예요."

홍 신부의 말이 가슴을 때렸다.

홍 신부와 열심히 이야기를 나누고 있는데 현관문이 열리더니 짧은 머리를 샛노랗게 염색한 예쁘장한 학생이 들어왔다. 막연히 여학생일 거라고 짐작했는데 "새로 들어오는 남학생"이라는 것이다. 홍 신부는 일어서 가더니 마치 잘 아는 사이처럼 "어서 와."라고 말하면서 그 학생의 뒷머리를 툭툭 치듯 쓰다듬었다. 그 태도가 너무 스스럼없어서 내가 "처음 보는 사람한테 그렇게 반말해도 돼?"라고 물었을 정도였다. 그렇게 찾아왔던 학생들이 몇 달 뒤에 부모님의 손을 잡고 가정으로 돌아가는 모습을 볼 때가 제일 기쁘다고 한다.

청소년수련관에서 하는 일은 한마디로 홍 신부가 20년 전에 하고 싶었던 일이다. 학교 교육이 감당하기에는 벅찬 청소년의 인식 욕구를 청소년수련관의 다른 활동에 담보하는 것이다. 그 사업 내용을 설명하는 홍 신부의 표현 중 하나만 옮겨 보자.

"청소년이 자본주의 사회 미디어의 단순한 소비자로 전락하지 않고, 능동적으로 미디어를 사용할 수 있도록 하는 거지요. 청소년 자신이 곧 하나의 미디어가 되어 '미디어는 곧 인간의 확장이다'는 생각을 갖고 주체적으로 활동하게 하는 거지요."

홍 신부는 어릴 적 자신이 했던 고민들을 20년 동안 가슴에 껴안고 살고 있는 것이다.

글을 써 놓고 보니, 나 자신의 추억에 버거워 홍 신부의 훌륭함을 전혀 설명하지 못했다. 이번 글은 처음부터 이렇게 될지도 모른다는 우려를 했지만, 할 수 없다. 잠시라도 학생 시절의 그를 알고 지냈다는 것이 못내 자랑스러운 걸 어쩌랴. 언젠가 '홍현웅 신부 2편'을 쓰게 될 날이 있기를 바란다. 2002. 03. 06.

• • •

홍현웅 신부는 인천 연수구 청소년수련관에서의 일과 평화와참여로가는인천연대 등의 시민단체 일을 계속하고 있다. 2007년부터는 이화여자대학교에서 'NGO 조직관리' 강의를 맡아 학생들을 가르치기 시작했다.

마음이 편한 곳으로 가라!

자본주의 최전선으로 간 천재 **조옥화** 씨, 간호사·조산사·도시 빈민에서 여성 운동가로

몇 번의 인터뷰 요구 끝에 조옥화(48) 씨는 이렇게 되물었다.

"도대체 왜 나를 대상으로 삼았는지 그 이유나 한번 들어 보자."

이쯤 되면 이미 절반은 일이 진행된 셈이다.

"주변의 고통받는 사람들에게 작은 보탬이라도 되려고 끊임없이 노력하는 삶, 그거지 뭐."

그것이 내가 25년 넘는 세월 동안 조옥화 씨를 바라볼 때마다 받은 느낌이었지만 조옥화 씨는 이렇게 말했다.

"나는 이제 그런 거 없어. 하종강 씨가 지난번에 어느 잡지에 쓴 글처럼 '그런 사람들에게 방해나 되지 말자'는 생각뿐이야."

"조옥화 씨가 언제 한 번이라도 '크게 성공해서 떼돈 좀 벌어 보자'든지 아니면 '출세해서 이름 한번 떨쳐 보자'고 생각한 적 있어? 없잖아. 내말이 맞잖아. 그럼 인터뷰할 만한 거야."

나의 기특한 답변에 감격했는지 전화기 저쪽에서는 잠깐 동안 아무말이 없었다.

집들이의 조건과 미국 오이

조옥화 씨는 흔히 말하는 '천재'다. 초·중·고등학교를 조옥화 씨와 함께 다닌 어떤 이는 12년 세월 동안 지능지수 검사에서 매번 전교 2등을 할 수밖에 없었다고 푸념한다. 조옥화 씨보다 높은 점수를 받을 수 없었기 때문이다. 그 동창생은 대학에 가서야 비로소 지능지수 검사에서 1등을 해볼 수 있었다(조옥화 씨와 그 동창생은 이 얘기를 빼자고 했다. 1등을 중요시하는 우리 사회의 고질적 병폐를 더욱 조장하는 일이라고……. 독자들이 알아서 감안해 주기 바란다). 다른 천재들과 마찬가지로 조옥화 씨에게도 수많은 기행에 관한 전설이 따라다니는데, 책 몇 권 분량은 되고도 남을 많은 얘기 중에서 나와 관계된 한 가지만 추려 보자.

1982년, 내가 결혼하고 나서 며칠 동안이나 계속되던 집들이에 조옥화 씨는 우리 부부의 절친한 친구로서 당연히 참석해야 했지만 오지 못했다. "언제 한 번은 와야 할 것 아니냐?"라는 성화에 조옥화 씨는 "너희 부부 가운데에서 재워 준다면 가겠다."라고 했고, 많은 우여곡절 끝에 그이는 정말로 우리 집에 와서 한 이불을 덮고 아내와 나 사이에서 딱 하룻밤을 잤다.

그날 저녁, 조옥화 씨는 세수를 하고 나더니 우리 집 발수건으로 얼굴을 닦았다. 우리 부부는 "발수건도 못 알아봐? 수건에 발바닥 그림은 괜히 그렸는 줄 알아?"라고 실컷 놀렸는데, 조옥화 씨는 다음날 아침, 세수를 하고 방에 들어오더니 말했다.

"나, 이 집 얼굴 수건으로 발 닦고 왔다. 복수하느라고……."

그 무렵, 조옥화 씨를 다른 사람에게 소개할 때면 나는 이렇게 말했다.

"사람이 외모와 다를 수 있다는 걸 곱빼기로 깨우쳐 주는 사람입니다."

그 말을 들으면 조옥화 씨는 또 이렇게 말했다.

"그거 칭찬인지 흉인지 모르겠네……. 그걸 좀 확실히 해 줘."

조옥화 씨의 천재성은 내가 보기에 모계 혈통의 유전인자인 듯하다. 언젠가 한번은 어른이 된 조옥화 씨가 어머니와 함께 시장을 지나는데 어릴 적에는 그렇게 귀하던 바나나가 곳곳에 널려 있더란다.

"엄마, 저것들이 다 뭐유?"

조옥화 씨의 장난기 어린 질문에 어머니는 이렇게 답했다고 한다.

"저게 바로 미국 오이인데, 먹으면 아주 쓰단다."

그 어머니의 그 딸이다.

다섯 형제들 중 둘째였는데 "빨리 취직해서 아래위의 남자 형제들을 도와주어야지." 하는 생각에 간호대학에 진학했다.

"그러니까 나는 어릴 때부터 마음이 아주 착한 아이였던 거지."

우리는 같이 웃었다.

'이걸 시험이라고 봐야 하나……' 싶을 정도로 쉬운 입학시험에서는 거의 만점으로 수식을 차지했고, 당연히 졸업도 수석으로 했다.

운동권 자녀들을 받아 낸 손길

첫 직장인 종합병원에서는 고민이 많았다.

"살다가 가장 절박하고 어려운 형편일 때 찾아오는 병원에서, 사람들에게 인간적으로 접근하는 것을 가로막는 병원의 운영 시스템은 거의 충격이었어."

백의의 천사였지만 마음은 불편할 수밖에 없었다. 종합병원에 1년 남짓 있다가 "마음이 좀 더 편하기 위해" 찾아간 곳이 서울 청계천의 판자촌

시흥여성인력개발센터의 '산후 도우미 양성 과정'에서 강의하는 조옥화 씨.

주민들이 집단 이주한 남양만 간척지였다. 그날 뒤 오늘에 이르기까지의 험난한 행적을 조옥화 씨는 "내 마음이 편한 곳으로 찾아다니다 보니 여기까지 온 것"이라고 담담하게 말했다. TV의 각종 선발 대회나 퀴즈 대회의 결선에 올라온 사람들이 상투적으로 사용하는 '담담'이라는 단어는 바로 이럴 때 써야 한다.

　김진홍 목사의 활빈교회에서 주민들의 의료 문제 해결에 힘을 보태는 활동을 했다.

　"거기서 사람들을 많이 만났어. 수배된 사람들이 그곳에 많이 숨어들어 왔거든. 그때 마침 『대화』라는 잡지도 있었지만, 그야말로 그 사람들과의 많은 대화 속에서 생각을 많이 깨쳤지. 이전까지는 소설 『상록수』의 주인공처럼 그냥 착하고 성실한 사람이 내 생각의 차원이었거든."

그런 사고의 질적인 전화를 우리는 '사회과학적 인식'이라고 표현하고는 했다. 그러다가 교과서에서 배운 것만으로는 사람들을 돕는 데 너무 무력하다고 느껴 조산원 수련 과정을 거쳤다. 그날 뒤 조옥화 씨가 받아 낸 아기는 수백 명에 이른다. 우리 사회 운동권에서 한다하는 사람들의 자녀 중에는 조옥화 씨의 손길을 거쳐 세상으로 나온 아기들이 많다.

'병원보다 더 많이 서민들과 직접 접촉하면서 의료 서비스를 할 수 있다.'라는 생각으로 보건소에 들어가 있던 조옥화 씨가 인천기독교도시산업선교회로 온 것은 1981년 1월이었다.

그 무렵 그곳에 뻔질나게 드나들면서 누가 시키지도 않은 자원봉사자 행세를 하던 나는 1970년대 초반 학창 시절에 잠시 어울린 조옥화 씨를 그곳에서 몇 년 만에 다시 만났다. 동일방직 사건 등으로 집중 탄압을 받게 된 그 단체가 새롭게 도시 빈민 활동을 암중모색하고 있었고, 조옥화 씨가 이를테면 그 총책이었다.

조옥화 씨는 그곳에서 2년 만에 '민들레의료협동조합'을 설립하는 쾌거를 이룩했다. 지역 의료보험이 아직 실시되지 않고 있던 그때에는 획기적인 의료 공동체였다. 어깨를 옆으로 돌려야만 겨우 빠져나갈 수 있을 만큼 좁은 판자촌 골목길을 환등기와 교육 자료를 무겁게 챙겨 든 조옥화 씨가 누비고 다니던 모습이 아직도 눈에 선하다.

가장 중요한 건 '그들과 같아지는 것'

조옥화 씨는 '그들을 위해서 뭔가 하는 것'보다 더 중요한 것은 '그들과 같아지는 것'이라고 생각했고 끝내는 철길 옆 다 쓰러져 가는 판잣집에 들어가 스스로 도시 빈민이 되었다. 군불을 때는 그 방에 사람들이 참 자주 모였는데, 새벽녘이 되면 바로 3~4미터 옆으로 지나가는 기차 소리가 마치 자신의 몸 위를 밟고 지나가는 것처럼 느껴져 화들짝 잠을 깨곤 했다. 아침부터 아래위 옆집에서는 등교하는 아이들이 학용품 살 돈을 부모에게 조르다가 야단맞는 소리가 들렸다.

그 뒤, 조옥화 씨는 한동안 노동 현장에 투신해 전자 회사에 다니면서 조직 사업에 복무했는데, 우리 사회 노동운동의 전형이었던 그 기간의 조옥화 씨 행적에 대해 나는 거의 모른다. 오히려 '서로 알면 안 되는' 시기였다.

활동하는 지역이 달라 한동안 일터에서 만나는 것이 뜸했다가 모처럼 조옥화 씨가 꾸려 가는 단체에서 강의할 일이 있었다. 강의가 끝난 뒤 나는 그 모임의 진행자인 조옥화 씨에게 다가가 짐짓 과장된 몸짓으로 악수를 청했다.

"이렇게 몇 년 만에 다시 '현장'에서 뵙게 되다니, 감개무량합니다."

조옥화 씨는 예의 그 빠른 말씨로 답했다.

"하종강, 너 참 많이 컸다. 언제 그렇게 자랐어?"

내 강의에 대한 최대의 칭찬이었다.

인천지역사회운동연합, 인천여성노동자회, 인천산업사회보건연구회, 민주개혁을위한인천시민연대, 인천참여자치연대 등 풀뿌리 지역단체에서 사무국장이나 대표 등의 굵직한 직함들을 갖고 있었거나 아직도 갖고 있는 조옥화 씨는 시흥여성인력개발센터의 관장으로서 "여성의 능력 개발과 사회적·경제적 지위 향상과 자립을 위한 활동"에 주력하고 있다.

도시 빈민·노동자·여성 등 자본주의 사회 저변을 뒤흔드는 '최전선'만 줄기차게 좇아온 셈인데, 그 행보를 조옥화 씨는 "마음이 편한 곳으로 찾아다닌 것"이라며 부끄러워한다.

몸이 편한 곳만 찾아다니는 세상 사람에게 이르나니, 마음이 편한 곳으로 가라! 2002. 03. 20.

••••

조옥화 씨는 여전히 시흥여성인력개발센터(http://www.shwomen.or.kr) 관장으로 일하고 있다. 세상이 바뀌어서 맞벌이는 해야 되지만 여전히 가정과 직장을 양립하는 일이 난관인 여성들에게 필요한 곳의 관장으로 말이다.

최소한 사기 칠 일 없잖아?

전교조의 선봉이었던 '교사 **이병식**'은 왜 '관광버스 운전기사'를 선택했는가

조용하게 이야기할 만한 장소를 찾아 함께 길을 걷다가 이병식(51) 선생님에게 물었다.

"그동안 제가 쓴 기사들 좀 읽어 보셨나요?"

대답은 좀 섭섭했다.

"아직 못 읽어 봤네요. 지난번에 누가 한번 읽어 보라고 한 것 같기는 한데……."

그래도 자기를 인터뷰하겠다는데 어떤 잡지의 어떤 기사인지 궁금하지도 않았나 싶어 좀 뜨악해하고 있는데 이병식 선생님이 뒤이어 말했다.

"전에 나랑 전화했을 때는 2주쯤 뒤에나 만나자고 하지 않았나요?"

"지금이 바로 그때부터 2주 뒤인데요."

"아이쿠, 벌써 그렇게 됐나? 하도 정신없이 바쁘게 살다 보니까……."

기사를 좀 읽어 보시라는 부탁마저도 사치스럽게 느껴져 나는 한동안 아무 말도 못한 채 따라 걷기만 했다.

도인 같았던 할아버지의 영향

전교조의 부위원장이라면 10만 교사를 대표하는 조직의 명실상부한 2
인자가 아닌가. 그 전교조의 부위원장을 하던 사람이 주변의 만류를 뿌
리치고 스스로 교직에서 나온 뒤 관광버스 운전기사를 한다? 이건 뭔가
도무지 앞뒤가 맞지 않는 얘기였다. 홍익대학교 사범대학부속고등학교
에 재직하고 있는 교직 경력 31년의 이윤 선생에게서 이병식 선생님의
이야기를 처음 듣고 나서 만나 뵈어야겠다고 마음먹은 데에는 솔직히
'도대체 어떻게 생긴 사람인지 한번 보기나 하자.'라는 속셈이 전혀 없
지 않았다.

　"그거 다 얘기해야 하나……."로 시작된 청소년기의 이야기는 한마디
로 갑자기 가세가 기운 가정 형편에서도 죽도록 공부하고 싶어 했던 불
우한 소년의 전형이었다. 경북 봉화에서 서울까지 하루 1,200리를 왕복

하며 수업을 받으면서 우여곡절 끝에 방송통신고등학교를 졸업하고 전문학교에 진학했을 때는 이미 나이가 스물일곱이었다. 전문학교를 졸업한 뒤에는 실업계 사립 고등학교에서 부기 실기 교사를 하면서 4년제 대학을 다녔다.

"새벽에 일어나 동두천에 있는 학교에서 수업 마치고 서울에 있는 대학에 왔다가 다시 올라갈 때 깜박 졸다 깨 보면, 차가 삼팔선 표지판을 지나가고 있는 거야. 그 버스가 전곡까지 가는 직행이라 동두천 정류장에 잠깐 들렀다가는 바로 올라가거든. '이 밤중에 내가 삼팔선을 왜 넘고 있나' 기가 막히더라고……. 한탄강 다리 넘어 부랴부랴 기사한테 사정해 내려서 그 밤중에 동두천까지 다시 오기는 또 쉽나. 휴. 한번은 택시 기사 양반이 내가 학교 선생이라니까 자기 아이도 동두천 어느 중학교 학생이라면서 한탄강에서 동두천까지 택시비를 안 받아. 그런 인심이 또 있더라고……."

자연스럽게 말씨는 '해라' 투로 바뀌었는데 나는 그게 훨씬 더 정겹게 느껴져 고마웠다. 우리에게 한번 선생님은 영원히 선생님이다. 이미 퇴직한 분이지만 내가 꼬박꼬박 이병식 '선생님'이라고 쓰는 이유는 바로 그 때문이다.

정말로 "방에 누우면 밤하늘에 별이 보이고 겨울에는 방안에 물이 어는 집"에 살면서 "못 해서 한이 맺힌 공부"를 열심히 했다. 재직하던 학교를 서울로 옮겨, 그 뒤에는 버스를 탄 채 삼팔선을 넘는 일은 다시 없었다. 서른한 살에 드디어 꿈에도 그리던 4년제 대학을 졸업할 수 있었고, 대학을 다닐 때 옮겨 다니던 서울의 고등학교에서 결국 20년의 교직 생활을 했다.

어릴 적에 큰 영향을 끼친 분은 할아버지였다. 명예 도산서원장을 지낸 문장가이시면서 평생 도인 같은 생활을 하신 분이었는데 "규칙적으로 생활하셨고, '낮에 한가롭게 책이나 읽고 앉아 있는 것은 옳은 선비가 아니다'면서 주경야독을 몸소 실천하셨으며, '농번기에 일꾼 뒷바라지 하기도 바쁜 아녀자에게 바느질을 시키는 것은 옳지 않다'면서 간단한 바느질을 집안 남자들에게 가르치셨고, '더 먹고 싶을 때 절제할 줄 알아야 한다'면서 밥은 반드시 두 숟가락을 남기시는 등 실학사상을 몸소 실천하셨는데, 그 수준이 거의 새로운 교(敎)나 도(道)를 하나 창시해도 될 만한 경지에 이른 분"이셨다.

뼈아픈 자신의 한계를 무시할 수 없었다

그 할아버지에게 영향을 받은 손자가 나중에 교사가 되어 '참교육'을 위해 전교조에 가입한 것은 당연한 일이었다. 1,500명이 넘는 교사가 해직당해 길거리로 쫓겨나야 했던 비합법 시절의 전교조가 겪은 엄청난 탄압과 고초에 대해서는 군이 설명하지 않겠다. 복면과 쇠파이프로 무장한 대학생 제자들의 도움을 받으면서 전교조 창립 대회를 치르던, 10년도 훨씬 더 지난 그날의 감흥과 두려움에 대해 얘기하다가 이병식 선생님은 목이 잠겼다. 잠시 말을 멈추고 숨을 고르는 동안 나는 차마 그 얼굴을 쳐다보지도 못했다.

"전교조가 나에게 가르쳐 준 것은 무엇보다 '학생을 위한 교사가 되어야 한다'는 것이었어. 재단이나 교장을 위한 교사가 아니라……."

부모에게 재산을 물려받은 무능한 자손이 그 재산을 지킬 수 있는 가장 좋은 수단이 바로 '사학'이라고까지 얘기되는 우리 사회에서 이병식 선생님이 어떤 활동을 했을지는 충분히 짐작하고도 남는 일이다. 비합법 시절

의 전교조에서, 해직 교사가 당하는 피해가 너무 크니 그 깃발을 내려야
하는 것이 아니냐는 의견이 조심스럽게 나오기 시작했을 때, 그 불씨를
단숨에 꺼 버린 사람이 이병식 선생님이었다. 당시의 김귀식 위원장님이
했던 다음과 같은 말을 사람들은 기억한다.

"깃발 내리자고 하는 사람들은 …… 이병식 선생부터 이민 보내고 나
서 얘기를 꺼내든지 말든지 하라구."

이제는 교직을 떠날 수밖에 없었던 가슴 아픈 얘기를 해야 하는 순서
가 되었다. 영화나 소설에 나올 법한 극적인 사건이 있었던 것은 아니다.
무너지는 학교로 상징되는 교육의 황폐화 앞에서 이병식 선생님은 자기
한계를 느꼈고 자신의 뼈아픈 한계를 그냥 무시할 수가 없었다.

"초롱초롱한 눈망울을 가진 단지 몇 명의 학생들에게 희망을 걸고, 계
속 학생들 앞에서 수업을 할 수 있는 훌륭한 교사가 될 자신이 없더라고.
그렇게 참교육을 할 수 있는 사람은 계속 해야지. 그렇지만 나는 도저히
자신이 서질 않는 거야. 이게 도대체 수업인가 싶은 생각만 들고……. 자신
이 없으면서도 적당히 수업을 하면 월급은 꼬박꼬박 받을 수 있지. 그렇
지만 그것은 사기꾼에 지나지 않는다는 생각을 지울 수가 없더라고……. 내
가 스스로 떠날 때가 된 거지."

참교육 실천 대회행 버스의 핸들을 잡고

그것이 '교사 이병식'이 '관광버스 운전기사'를 선택한 이유였다. 어릴
때부터 할아버지에게 익힌 노동 중시 사상은 수십 년 뒤에 그렇게 다시
꽃처럼 피었다. 수업 듣기를 원하지 않는 학생들 앞에서 수업을 하는 것
보다, 사람들을 원하는 목적지까지 옮겨 주면 최소한 사기꾼이라는 생각

은 들지 않아서 좋다고 했다.

지난 1월 참교육 실천 대회에 가는 전교조 선생님들을 서울에서 목원 대학교까지 태우고 간 관광버스 운전기사가 바로 이병식 선생님이었다. 충북 괴산의 전국 일꾼 연수에 갈 때에도 '관광버스 운전기사 이병식'이 차의 핸들을 잡았다. 대부분의 교사들은 잠이 들었지만 이수호 전교조 위원장은 운전석 옆자리의 보조 의자에 앉아 한때 자신의 오른팔이었던 사랑스러운 후배와 내내 이야기를 나눴다.

"땀 흘려 일하는 사람이 대우받는 사회가 되어야 한다고 주장하면서, 자신은 땀 흘려 일하지 않는다면 그것은 말이 안 된다."라는 자신의 생각을 이해해 주는 이수호 선배가 고맙다고 말하는 이병식 선생님의 표정은 바로 우리들의 영원한 스승 '큰 바위 얼굴'이었다. 2002. 04. 03.

● ● ●

현재 이병식 선생님은 화물차 운전을 한다. 건강 때문에 관광버스 운전을 쉬고 있던 차에, 개성을 오가며 모래를 실어 오는 화물차 운전 권유가 있었다. '화물차 운전도 통일의 길을 다지는 의미 있는 노동이 아닌가.'라는 생각에 츄레라(트레일러) 면허증을 따고 1억을 들여 화물차와 트레일러를 샀다. 그러나 일할 사람이 20~30명이면 되는데, 200명가량 되는 사람에게 트레일러를 팔았고 일을 추진한 회사는 손을 떼 버려 일조차 할 수 없게 되었다. 이렇게 해서 현재 양주시 광적면에 있는 유일산업에서 2년 동안 화물차 운전을 해 오고 있다.

정의의 사자 '빵기'가 자랑스럽다

약한 자 괴롭히는 인간들이여, 청년 **이영기** 앞에서 '밥'이 되거라

2001년 이맘때쯤, 내가 가끔 들르는 인터넷 웹사이트에 사람을 찾는 글이 하나 올라왔다.

"저의 아버님을 도와주신 사람을 애타게 찾고 있습니다. 아버님은 사업 실패로 인해 정신적 충격을 받아 요즘 이성이 오락가락하십니다. 저는 막노동판에서 아르바이트한 돈으로 머리핀 노점상을 하고 있고요. 며칠 전, 아버님은 술을 많이 드시고 속이 불편해 길바닥에 구토를 하셨는데, 건달 아저씨들의 구두에 분비물이 튀었던 모양입니다. 그 사람들이 아버지를 폭행했고 아버님은 머리가 심하게 터지셨습니다. 수많은 사람들 중에 말리는 사람이 단 한 명도 없었는데, 어떤 사람이 나타나더니 '너희들은 아버지도 없냐?'며 말리기 시작하셨답니다. 격투가 벌어졌는데 파렴치한 건달들의 행위에 분개한 그분에게 맞았는지 건달들은 어디로가 버렸고, 그분은, 너무 놀라 부끄럽게도…… 대소변을 봐 버리신 저의 아버님을 휴지로 정성스럽게 닦아 주신 뒤, 차에 태워 어디론가 가 버리셨답니다. 저는 이 상황을 못 봤고 저희 집과 친한 근처 슈퍼마켓의 아줌마가 보고 전해 주신 내용입니다. 제가 전화를 받고 그곳에 갔을 땐 이미

자신의 일터인 자동차 수입 전문 회사 앞에서 애마 엘란과 함께.

아버님과 그분은 없었습니다. 한 시간 뒤 병원에서 연락이 왔습니다. 그분은 저희 아버님 복장을 보고 노숙자인 줄 아셨는지 진료비를 계산하고 가셨답니다.

다음날 슈퍼마켓 아주머니께 자초지종을 물으러 경찰과 함께 찾아갔는데, 아주머니 말로는 그분이 뚜껑이 없는 빨간 스포츠카를 타고 다닌다고 했고, 슈퍼마켓에서 아르바이트하는 학생이 그 차가 여기 연수동에 가끔 보이는 엘란이라고 귀띔을 해 주더군요. 슈퍼마켓 아주머니의 말씀으로는 키는 별로 크지 않지만 가슴과 팔뚝이 무지 굵은 사람이었다고 합니다. 이 사이트에 오면 혹시 찾을 수 있을지도 모른다고 친구가 가르쳐 주더군요. 저는 이분을 찾기 위해 회원으로 가입했습니다. 감사와 분개의 마음이 교차되는군요. 그분은 아무도 말리는 사람이 없자 '돼지만도 못한 인간밖에 없다'고 소리치셨답니다. 격투 속에 그분도 상처를 입었다고 들었습니다. 아직 세상은 이런 분이 있어서 살 만합니다. 저도 열심히 일해 저희 집을 다시 일으켜 세우겠습니다. 도와주십시오."

기형적 비만아였던 어린 시절

그 글 밑에는 회원들의 답글이 줄을 이었는데 "그 청년이 누구인지 알고 있지만 스스로 '내가 했습니다'라고 나설 사람이 아니니 굳이 은혜를 갚을 생각은 하지 마라."라거나 "대학 다닐 때 인연을 맺은 대구의 불우한 어린이를 돕고 있는 사람이다."라거나 "주말에는 봉사 활동을 하는 훌륭한 청년이다."라는 내용들이었다.

연수동이라면 바로 내가 살고 있는 동네가 아닌가. 그 뒤에도 나는 간간이 지역신문 등에서 비슷한 미담을 읽었는데, 그 이야기의 주인공이 모두 한사람, 바로 이영기(25) 씨였다.

우리 가족은 우연한 기회에 한동네에 사는 이영기 씨와 친해졌고 지금은 가족이 모두 '빵기'라고 부를 만큼 가까운 사이가 되었다. 밤늦은 시간 집에 들어가는 길에 잠깐 만나, 송도 유원지 근처 노점상 아주머니에게 커피를 사서 마시기도 하는 것이 우리 둘의 큰 즐거움이 되었다.

그동안 영기에게 많은 얘기를 들으면서, 나는 내심 "이제 그에 대해서는 알 만큼 안다."라고 생각했고, 그래서 새삼 인터뷰랄 것도 없이 원고를 쓸 자신이 있었던 것이 사실이다. 그러나 며칠 전 어느 한산한 식당에서 그와 마주 앉아 몇 시간 동안 이야기를 나누면서 나는 '사람에 대해 알 만큼 안다.'라고 생각하는 것이 얼마나 부질없는 교만인지를 뼈저리게 느꼈다.

한때 프로볼링 선수이기도 했던 건장한 체격의 영기가 어릴 적에는 '대퇴골두무혈성괴사'(골반에 피가 안 통해 썩는 증상)라는 병을 오랫동안 앓았다는 것이다(물론 지금은 깨끗하게 나았다). 초등학교 4학년 때까지 어머니가 영기를 등에 업고 학교에 다니셨는데, 당시 착용한 보조기는 요즘과 달리 무게가 20킬로그램이나 되었으니 어머니는 65킬로그램도 넘는 영기를 업고 다니신 셈이다. 이야기를 듣던 내 마음이 다 숙연해져서 "너 참 고생 많이 했구나." 했더니 영기는 "고생은…… 어머니가 하셨지요."라고 말하면서 고개를 숙인 채 잠시 식당 바닥만 바라보았다. 영기에게 짙게 배어 있는 어머니의 향기는 '어머니와 딸처럼 꼭 닮은' 영기의 여자 친구를 보아서도 알 수 있다.

거의 움직이지 못한 생활로 기형적 비만아가 된 영기를 철딱서니 없는 어린 친구들이 어떻게 대했을지는 짐작이 가고도 남는 일이다. 영기는 "그때 설움을 하도 많이 당해서…… 어려운 사람을 보면 괜히 도와주고 싶은가 봐요."라고 했다.

"몸이 아프니, 똑똑하기라도 해야 한다"

부모님은 "몸이 아프니, 똑똑하기라도 해야 한다." 하면서 영기에게 정말 혹독하게 공부를 시켰다. 초등학교 4학년 때 전국의 몇 안 되는 '국립 국민학교'인 '인천교대부속국민학교'로 전학했다는 이야기를 듣다가 나는 깜짝 놀라 물었다.

"아니, 인천교대부국을 다녔어?"

"예."

"몇 회야?"

"31회 아니면 32회쯤 될 거예요."

"인마, 나 9회야."

"아이코, 새까만 선배님이시군요."

그 뒤 이어진 대화의 내용은 대충 이렇다.

"아니 그 어려운 학교에 어떻게 전학을 했어? 인천 시장 빽으로도 어렵다는데……."

"시험 봐서 붙었다니까요."

"그래? 너 그럼, 정말 공부 잘했구나. 그 시험에 붙었을 정도의 실력이면 지금쯤 서울대 교수를 해야지, 왜 이러고 있어?"

"그런데…… 중학교에 가면서부터는요. 아, 이거 참, 말하기도 민망하네. 하여튼 중학교 동창생들은 지금도 멀리에서 저 보면 도망간다니까요."

영기의 지금 체격이 중학교 때의 체격이라고 했다. 전교생 중에서 가장 큰 체격이었다. 병이 다 나아 중학교에 입학해서 초등학교 때 자신을 괴롭힌 친구들을 만났으니 그 복수심이 어떠했으랴. 쿵후·검도·합기도……, 운동이란 운동은 다했고 당연히 학교에서는 아무도 넘볼 수 없는 '짱' 이 되었다. 그러나 영기가 '짱' 노릇을 할 수밖에 없었던 까닭은 좀 다르다. 힘이 센 친구들이 자기보다 약한 아이들을 괴롭히는 꼴을 그냥 두고 볼 수 없었기 때문이다. 그때 아버님이 "힘없는 사람들을 돕는 것은 세상에서 가장 어리석은 일이지만, 꼭 필요한 일이다."라고 하신 말씀은 아직까지도 영기의 좌우명이다. 아직까지 자신보다 약해 보이는 상대를 두들겨 패거나 친구들을 괴롭혀 돈을 빼앗거나 한 적은 "절대로 단 한 번도 없었다". 약한 친구를 괴롭히는 놈들이 바로 영기의 밥이었다.

"제가 집에 늦게 들어오니까, 부모님이 거의 매일 저녁 저 찾으러 온 동네를 다니셨어요. 그때 부모님이 그렇게 애써 주셔서 그나마 제가 나쁜 길로 빠지지 않을 수 있었다고 생각해요."

고등학교 때 볼링 선수가 된 이유를 물어보니까 "솔직히 말씀드려도 되죠? 학교에서 수업 일찍 끝내 준다고 해서요."라고 말하면서 계면쩍어 했다. 그렇게 시작한 볼링 선수 생활이었지만 그 속에서 영기는 인생 전체에 영향을 끼치는 훌륭한 경험을 했다. 어릴 적 소풍 가는 날이면 자신을 산꼭대기까지 업어다 주곤 했던 존경하는 외삼촌의 충고를 따라 미친 듯이 연습에 몰두했다. 결국 실력으로 다른 선수들을 모두 따라잡았고 팀의 주장이 되었다. 뚱뚱하던 몸의 살도 그때 다 빠졌다. 처음에는 눈총을 보내던 코치도 영기를 대하는 것이 달라졌다. "열심히 하면 후회가 없다."라는 교훈을 영기는 그렇게 깨달았다.

운동선수의 의리?

대학 때까지도 열심히 선수 생활을 했지만, 지금은 더 이상 볼링 선수가 아니다. 각 시·도마다 프로볼링팀이 하나씩밖에 없는데 영기가 입단한 팀이 해체돼 버렸기 때문이다. 다른 팀으로 갈 수 있었지만 그것은 다른 선수의 자리를 빼앗는 격이어서 포기했다. 운동선수의 의리란 바로 이런 것인가…….

대학을 마치고 노래방을 열심히 운영하던 무렵, 어렵사리 부모님의 허락을 얻어 대학 때부터 꿈꾸던 드림카 엘란을 샀다. 유일한 국산 2인승 로드스터인 엘란에 대해서도 할 말이 책 한 권 분량쯤은 된다. 차에 대한 취미를 살려 중고차 매매상에서 잠시 경험을 쌓았고, 지금은 마음 맞는 사람들과 함께 자동차 수입 관련 전문 회사를 세워 꿈에 부풀어 있다. 퇴근 뒤에는 부모님이 경영하는 식당에서 밤늦도록 일을 돕는다.

이렇게 훌륭한 청년이 나를 "종강이 형"이라고 부른다. 그런 동생이 있다는 것이 자랑스럽다. 그런 청년과 한동네에 사는 것만으로도 어깨가 으쓱거린다.

빵기야, 다음에 또 그런 일이 생기면 형한테 빨리 연락해라. 나도 재빨리 정의봉을 들고 달려가마. 2002. 05. 29.

• • •

이영기 씨는 2006년 5월에 결혼했고, 이 결혼식의 주례를 하종강 씨가 섰다. 저자는 미숙한 주례라고 미안해했지만 이영기 씨는 무척 고마울 뿐이라고 했다. 자동차 수입 관련 전문 회사를 세워 한 차례 사기를 당했지만 최근 1년 반 사이 다시 제자리를 잡았다며, "열심히 하니까 되더라."라는 힘찬 목소리를 전해 왔다. 이 밖에도 공연 기획을 하는 등 여러 가지 일을 병행하며 바쁜 나날을 보내고 있다.

여성을 깨우는 '부활절 새벽'의 힘

1970~80년대 노동운동의 산 증인 **김지선** 씨, 자본주의보다 더 큰 적과의 한판

별것 아닌 일이면서도 어떤 이에 대한 미안함이 거의 평생 가는 일이 있
는데, 나는 김지선(48) 씨를 생각할 때마다 그렇다. 1987년 무렵 수배 중
이던 김지선 씨가 내가 일하던 연구소에 가끔 들르곤 했다. 성격이 조금
모호한 그 연구소는 주상복합 건물의 45평 아파트를 사무실로 쓰고 있
었으니 수배 중인 사람이 쉬어 가기에는 안성맞춤이었다.

어느 날 아침, 김지선 씨가 직원들이 모두 출근한 다음에야 샤워를 마
치고 젖은 머리로 화장실에서 나온 적이 있었다. 그런데 사정을 잘 모르
는 연구소 여직원들은 "예의 없는 사람"이라면서 자기들끼리 입을 비죽
거렸다.

나는 세상을 위해 자기 자신을 모두 내던진 노동 운동가가 세속적 가치
기준에 따라 욕먹는 게 싫어서 김지선 씨에게 점잖게 잔소리를 했지만
김지선 씨는 "그게 뭐가 중요하냐?" 하면서 기분 나빠 했다. 당연하지…….
노동운동을 하다가 수배된 활동가가 오늘 잡혀갈지 내일 잡혀갈지 모르
는 상황에서 선배와 동료가 있는 연구소에 들러 밤새 이야기를 나누다가
새벽녘에야 잠이 든 바람에 조금 늦게 일어났기로서니, 그게 무슨 대수

라. 그 뒤 15년 세월이 흐르는 동안 그 일이 생각날 때마다 나는 김지선 씨에게 미안했다.

그의 일생을 규정한 어느 부활절 새벽

1978년 3월 26일 부활절 새벽, 여의도 광장에는 50만의 인파가 모였다. '인파.' 글자 그대로 '사람의 파도'였다. 사람들이 많이 모일 것이라고 해서 이곳으로 오기는 했지만 그렇게나 많을 줄은 상상도 못했다. 계획대로 김지선 씨를 비롯한 여성 노동자 몇 명이 연단 맨 앞쪽에 자리를 잡았지만, 몸이 사시나무처럼 떨려서 제대로 앉아 있을 수 없었다.

"이 예배를 지금 기독교방송(CBS)이 전국에 생방송으로 중계하고 있으니까, 누가 먼저 올라가든지 우선 CBS 마이크부터 잡아야 돼."

전날 밤 여관에서 밤새 검토한 계획을 몇 번씩이나 다짐하면서도 두려운 마음은 없어지지 않았다.

"하든지, 아니면 말든지 빨리 결정합시다."

누군가 그렇게 말했다. 차라리 빨리 포기하기로 결정하면 마음이라도 편할 것 같았다. 잠시 어쩔 줄 몰라 하고 있는데 남영나이론의 김현숙 동지가 짧게 한마디 끊듯이 외치며 일어섰다.

"갑시다!"

그 한마디에 여섯 명의 여성 노동자들은 용수철처럼 일어나 연단으로 올라갔다. 참 이상했다. 계단을 딛고 연단 위로 올라가는데 마음이 그렇게 편할 수 없었다.

연단 위는 어마어마하게 넓었고 그 위에 앉은 사람만도 수백 명이 넘어 보였다. 바로 앞에서 올라가던 김현숙 동지가 기도하고 있던 목사님

뒤로 돌아가더니 목사님을 왼쪽으로 밀치면서 수십 개의 마이크 중에서 CBS 글자가 새겨진 마이크를 움켜잡는 것이 똑똑히 보였다.

"동일방직 문제 해결하라!"

"노동자는 기계가 아니다!"

"우리는 똥을 먹고 살 수 없습니다!"

"노동3권 보장하라!"

김현숙 동지는 목사님의 오른쪽에서, 김지선 씨는 왼쪽에서 마이크에 대고 목이 터져라 외쳤다. 원풍모방의 장남수 동지가 연단 한복판에서 마이크도 없이 온몸으로 절규하듯 구호를 외치는 모습이 보였다.

여성 노동자들의 목소리가 마이크를 통해 울려 퍼진 시간은 30초 정도였을 것이다. 연단 위에서 경찰들에게 둘러싸여 끌려 내려가지 않으려고 발버둥 쳤던 시간까지 합치면 3분 남짓 되었을까……. 김지선 씨는 그때 처음 구속되어 6개월을 살았다.

25년 전의 일을 김지선 씨는 마치 어제 일처럼 자세히 기억하고 있었다. 누군들 그러하지 않으랴. 누구에게나 자신의 일생을 규정한 몇 개의 사건이 있고, 사람들은 그렇게 '죽어도 잊을 수 없는' 몇 개의 기억을 무덤에 갈 때까지 가슴에 품고 산다.

"한국 노동운동의 커다란 획을 그었다."라고 평가하는 동일방직 사건을 이 땅의 언론이 단 한 줄도 보도하지 않자 김지선 씨를 비롯한 다른 사업장의 노동자들이 사람들에게 진실을 알리기 위해 몸부림쳤던 '1978년 부활절 여의도 새벽 예배 사건'은 1970년대 우리나라 민주 노조 운동사에서 노동자 연대 의식의 싹으로 평가받는다.

열매크럽, 다이나마이트크럽……

백령도 밑 소청도에서 태어난 김지선 씨는 인천에 와 대성목재에서 노동자 생활의 첫발을 디뎠다. "노동자가 된 계기가 뭐냐?" 하는 질문에 김지선 씨는 잠시 어이없다는 듯 쳐다보다가 "먹고살기 힘들어서."라고 짧게 답했다. 김지선 씨의 그 표정에서 "하종강, 그것이 너의 한계야. 노동운동 20년 넘게 했다는 놈이 그래 노동자가 된 계기를 몰라서 물어보냐?"라는 질책을 느꼈다면 그것은 순전히 나의 자격지심 탓인지도 모른다. 20여 년 전 조화순 목사님 댁에서 수배 중인 여성 노동자라고 처음 김지선 씨를 소개받은 뒤부터, 나는 노동자들 앞에 서면 언제나 주눅이 들었으니까…….

그 뒤 김지선 씨가 한 일은 우리나라 현대 노동 운동사를 단면으로 자른 듯 보여 준다. 유동우 씨의 책 『어느 돌멩이의 외침』으로 잘 알려진 '삼원섬유'에서 김지선 씨는 '공임 투쟁'을 하면서 노동조합도 없이 파업을 벌였다. 인간의 모습으로 살아가기 위한 최소한의 요구였다. 그때 친구들과 함께 활동했던 소모임의 이름들, '열매크럽' '조약돌크럽' '다이나마이트크럽'……. 1970년대에 노동운동을 한 사람들은 그 이름만으로 옛 생각에 한동안 마음이 젖는다.

그렇게 노동운동과 인연을 맺은 김지선 씨는 1983년 또다시 '인천 블랙리스트 사건'으로 구속되었고, 인천노동자복지협의회 사무국장, 인천지역노동자연맹 부위원장 겸 사무국장, 인천여성노동자회 회장 등을 거쳐 사단법인 서울강서양천 여성의전화 회장 겸 부설 가정폭력상담소 소장으로 일한다.

이 대목에서 사람들은 당연히 궁금해한다. 노동운동에서 어떻게 시민운동 영역이라고 부르는 여성운동으로 이전했는지……. 그러나 김지선 씨의 경력을 조금만 자세히 보면 그 궁금증을 쉽게 풀 수 있다.

김지선 씨의 과거 노동운동 행적과 현재 여성운동 사이에는 '인천여성노동자회'가 자리 잡고 있다. '일하는여성나눔의집'을 중심으로 여성 노동자들과 함께 활동하면서 김지선 씨는 여성 노동자들이 오래 활동하지 못하고 떠나야 하는 것이 무척 아쉬웠다. 기존의 노동운동이 전적으로 그 문제를 해결할 것이라고 기대할 수는 없었고, 여성 노동자들의 문제를 전문화하는 것이 필요하다고 생각했다. 여성 노동운동에 대한 '자본과 권력에 대한 다양한 공격'이라는 그동안의 이해만으로는 문제를 해결하기 어려웠다. 그와 같은 협소한 시각으로는 여성 노동자 문제의 본질적인 해결은커녕 당장 우리 눈앞에 있는 가부장제 이데올로기조차 혁파하기 힘들다는 생각을 할 즈음, 여성노동자회 외에는 별다른 진보적 여성단체가 없었던 인천에서 '민중연합여성위원회'와 함께 여성의전화를 설립하는 일에 주도적으로 참여하게 되었다. 사람들은 언제나 능력 있는 사람을 쉬도록 내버려 두지 않는 법이어서 인천 여성의전화에서도 운영위원과 부회장을 맡았고 나중에는 반상근으로 활동했다. 그 활동을 통해 여성 문제 일반에 관심을 가지게 된 것은 지극히 당연했다.

김지선 씨는 "사회주의에서는 여성 차별이 없을 것 같아?"라는 질문 하나로 여성운동에 대한 나의 짧은 소견을 깨우쳐 주었다. 여성 문제가 자본주의의 모순된 억압 구조와 결코 무관하지 않지만 그게 전부는 아니라는 것이다. 자본주의와 평생을 싸우겠다고 뻐기는 내 앞에 김지선 씨는 그것보다 훨씬 더 큰 적과 마주하고 있는 사람처럼 보였다.

15년 전의 미안함을 풀다

인터뷰를 마칠 즈음 나는 15년 동안의 해묵은 미안함에 대해 얘기했다. 나의 고백을 듣고 나서 김지선 씨는 "내가 그랬어? 지금이라면 안 그랬을 거야. 그 충고를 고맙게 받아들였을 거야. 그땐 생각의 폭이 좁았으니까……."라고 웃으며 말해 주었다. 나는 15년 만에 미안함의 굴레를 벗어 던졌다. 여성의전화 사무실을 나와 비 오는 거리를 우산을 받고 걷는데 한 걸음 한 걸음마다 발이 가벼워졌다. "사람이 좋아 운동을 시작했고 아직도 그 원칙은 변하지 않았다."라는 김지선 씨의 말이 가슴에 와 닿았다.

2002. 06. 12.

• • •

김지선 씨는 서울강서양천 여성의전화 부설 기관인 가정폭력상담소 소장으로 일하고 있다. 여성과 관련한 여러 일에 도움이 될 듯해 방송통신대학교에서 법학 공부를 시작했고, 2007년 4학년이 되어, 일과 학교 공부만으로도 바쁜 나날이라고 한다.

낮은 곳에서 빛나는 별

청계피복 노조 투쟁의 산 증인 **신순애** 씨, 모든 어려움 이기고 성교육 강사로 당당한 행진

소년원을 나온 뒤 마땅히 갈 곳이 없는 청소년들이 6개월 동안 머물면서 공부도 하고 기술도 배우고 하는 어느 종교단체의 교육 시설에서 주관한 교육 프로그램이 진행되고 있었다. 선생님들이 나름대로 고심해서 프로그램을 열심히 준비했지만 혈기 왕성한 아이들을 몇 시간이나 마룻바닥에 앉혀 놓는 것은 아무래도 무리였다.

덩치가 남산만 한 아이들이 눈을 반짝거린 이유

첫쨋날은 아이들이 "씨발, 씨발." 욕을 해대면서도 잘 참았다. 그러나 둘쨋날부터는 분위기가 험악해졌다. 뒤에 모여 앉은 덩치가 남산만 한 아이들로부터 "야, 깨 버리자."라는 말이 나오기 시작하더니 도저히 교육을 더 진행할 수 없는 분위기가 되고 말았다. 선생님들이 아무리 좋은 얘기를 해도 아이들의 얼굴에는 "그래, 당신은 부모 잘 만나 공부 많이 해서 훌륭한 사람이 되고, 나는 재수 없어서 이런 곳에 와 있는데, 어디 한번 실컷 떠들어 보슈." 그런 표정들이 역력했다.

결국 30분 휴식 뒤 다시 모여서 해결 방안을 찾아보기로 했는데, 선생님들 중의 한 분이 "내일 하기로 돼 있는 신순애 선생님 강의를 오늘 앞당겨서 해 보자. 신순애 선생님이 살아온 얘기를 주로 하는 게 어떻겠느냐?"라는 제안을 했다. 신순애 씨는 강의 준비도 제대로 안 된 상태에서 갑자기 아이들 앞에 섰다.

"대단히 미안하지만 여러분 중에 혹시 초등학교도 졸업하지 못한 사람 있으면 손들어 보세요."

마흔여덟 명의 청소년 중에서 세 명이 손을 들었고, 신순애 씨도 손을 들었다.

"그럼 나까지 모두 네 명이군요. 나는 졸업장이란 걸 받아 본 적이 없는 사람입니다. 문교부 혜택을 받아 본 적이 없습니다. 스물세 살이 되기 전까지 동화책 한 권을 제대로 읽어 보지 못했습니다."

덩치가 남산만 한 아이들의 눈이 동그래지면서 반짝거리기 시작했고 신순애 씨의 이야기는 계속 이어졌다.

"나는 여러분보다 잘나지 않아서 여러분의 심정을 누구보다 잘 압니다. 나는 여러분보다 영어를 못합니다. 그러나 여러분의 심정을 누구보다 잘 헤아릴 수는 있습니다. 홧김에 사람을 한 대 쳐서 이곳에 온 사람도 있을 텐데, 나는 그 사람을 오히려 존경합니다. 나는 용기가 없어서…… 죽이고 싶었지만 내 형부를 차마 죽이지 못했고, 오빠를 때리고 싶었지만…… 윗사람이라 차마 때리지 못했습니다. 내 얼굴빛이 노랗게 죽은 이유는 바로 그 때문이에요. 그걸 다 참고 지금까지 살아야 했으니까……. 배가 고파서 배를 움켜쥔 적이 한두 번이 아니었습니다."

그렇게 두 시간 동안 이어진 신순애 씨의 이야기를 들으면서 아이들도 울고 선생님도 울었다. 그렇게 울음바다가 된 뒤부터 분위기가 잡혀서 일주일 동안의 프로그램을 무사히 마칠 수 있었다. 그날부터 청소년들은 신순애 씨를 '떴다 선생님'이라고 불렀다.

청계피복 노조와의 긴 인연

청계피복 노동조합 역사에 관한 자료들을 뒤지다 보면 유난히 자주 보이는 이름들이 있다. 그중의 한 사람이 신순애(49) 씨다. 청계피복 노조의 노동 교실 사수 투쟁과 시간 단축 투쟁의 산 증인이다. 그러나 내가 그이를 만나기로 한 것은 과거의 투쟁 때문만은 아니었다. 신순애 씨의 현재 삶이 과거의 삶 못지않게 남달랐기 때문이다. 몸이 불편한 남편이 입원해 있는 고려대학교 부속병원의 등나무 벤치에서 정신없이 바쁜 신순애 씨의 시간을 잠시 뺏었다.

"열두 살인가, 열세 살인가 되었을 때 처음 찾아간 회사에서는 '너무 어리다. 젖 더 먹고 오라' 면서 받아 주지 않았어. 아는 사람이 평화시장에 일자리가 있다고 데리고 갔지. '시다'를 한 사람 쓰겠다는데 두 명이 온 거야. 나 말고 다른 여자애는 체격이 꽤 컸어. 지금 생각해도 어린 것이 어떻게 그런 머리를 썼는지⋯⋯. 미싱사가 '미싱 해 봤냐?' 물어보니까 큰 아이는 안 해 봤다고 했는데 나는 '해 봤어요' 그렇게 답했어. 3일쯤 지나니까 미싱사가 '너 왜 거짓말했니?' 그러더라고. '나는 돈 벌어야 돼요' 그렇게 답했지."

전태일 열사를 생전에 뵌 적은 없었다.

"전태일 열사 사건 났을 때 사람들이 구름다리 있는 곳에 가지 말라고 하더라고. 깡패가 하나 죽어서 가마때기로 덮어 놨다고⋯⋯. 무서워서 갈 생각도 못했어. 사실은 사건 나자마자 전태일 열사가 병원으로 실려 가서 시신이 거기 있을 턱이 없었지만 그때 소문은 그랬어."

"돈 안 받고 공부시켜 주겠다." 하는 말을 듣고 신순애 씨가 노동 교실로 찾아간 것으로부터 청계피복 노조와의 긴 인연이 시작되었다.

"처음에는 교실에 사람들이 꽉 들어찼어. 200명 정도 되었을 거야. 함석헌 할아버지를 초청한 것이 문제가 되어 시작도 하지 못한 채 농성이 시작됐는데, 사람들이 하나 둘씩 빠져나가더니 나중에는 50명 정도만 남았어. 어머니(전태일 열사 어머니 이소선 여사)가 '가지 말라'고 붙잡아도 '다른 사람 더 데리고 올게요' 그러면서 사람들이 가는 거야. 나는 그때까지 한 번도 외박을 해 본 적이 없어서 '집에 가서 말하고 와야 한다'고 새벽 4시에 그곳을 나왔어. 집에 가서 말하고 나서는 '공장에 갈 것이냐, 농성장으로 갈 것이냐' 갈등이 생겼지. 그래도 '어머니와 꼭 다시 오겠다고 약속했는데' 하는 생각도 들고 '우리는 사람만 있으면 다 해결되는데 왜들 가는지 모르겠다. 돈만 있다면 돈을 주고서라도 사람들을 사 오고 싶다'고 하시던 어머니 얼굴이 생각나 다시 노동 교실로 돌아왔어. 골목을 걸어오던 키 작은 나를 어머니가 물끄러미 보고 계셨는데, 그때 내 모습이 그렇게 이뻐 보이더래."

구성애 씨와의 만남

결혼을 하고 아이들을 키우며 살던 어느 날, 딸아이로부터 '성'에 관해 난데없는 질문을 하나 받았는데 정말로 등줄기에 식은땀이 쭉 흐르더란다. 『내일신문』에서 구성애 씨의 성교육 강사 훈련 안내를 보고 전화를 했다.

"직업이 뭐냐고 물어서 주부라고 했더니 안 된다는 거야. 할 수 있는 방법이 없느냐고 물어보니까 무조건 주부는 안 된다는 거야. 일단 그 말에 나는 약이 올랐지. '말이 안 되지 않느냐?' 그러면서 30분 동안 붙들고 늘어졌더니 결국 입금하라고 했어. 입금하고도 불안해서 전화했더니 '그러면 오십시오' 그러더라고."

아침 9시부터 저녁 6시까지 일주일 동안 진행되는 강행군이었는데, 다른 수강생들은 명찰부터 화려했다.

"교육청의 뭔 부장, 서울 법대 졸업하고 대학원에 재학 중인 사람도 있었고, 모두들 대학 졸업은 기본인데, 내 명찰에는 '주부' 그렇게 써 있었지. 자기소개를 할 때 '거짓말을 할까' 사실 고민했어. 창피했으니까…….. 청계피복 노동 교실이 고등학교 졸업 수준은 충분히 된다고 어머니(이소선 여사)도 그러셨으니까 고등학교는 졸업했다고 할까……. 그러다가 에라 인정하려면 하고, 말려면 말아라 하는 생각으로 '나는 평화시장에서 일했던 미싱사다. 이 교육 과정에도 처음에는 안 받아 준다고 해서 화가 났었다. 그런데 이 자리에 와서 보니까, 내가 설 자리가 아닌 것 같아서 여러분에게 미안하다' 말해 버렸지. 내 말 들으면서 사람들이 한바탕 웃다가 울다가 그랬어."

이 과정이 끝나고 '아우성' 쪽으로부터 함께 일해 보자는 제의를 받았다. 구성애 씨도 구로공단에서 노동운동을 해 본 경험이 있으니 신순애 씨의 능력을 아마 짐작하고 있었을 것이다.

어려운 형편의 사람들을 만날 때마다 신순애 씨의 능력은 빛난다.

"소년원에 있는 아이들을 만나면 가슴이 미어져. 내 아픔은 정말 아무것도 아니었구나, 그런 생각이 들어. 나보다 더 있는 사람에겐 고개 빳빳이 들고 따져도 나보다 부족한 사람들에겐 뭔가 베풀려고 노력하며 산다고 생각해 왔는데, 과연 그랬는지…… 반성이 되는 거야."

두 시간쯤 지났을 때 병실에 누워 있는 남편으로부터 호출이 왔다. "이이가 오줌이 마려운가 봐요."라고 말하면서 급히 걸어가는 신순애 씨의 뒷모습에서 느껴지는 인상은 한마디로 '당당함'이었다. 오 척 단구의 몸에서 어떻게 그런 당당함이 나올 수 있을까……. 세상의 어려움을 직접 겪고 이겨 본 사람만이 그 당당함을 이해할 수 있으리라. 2002. 06. 26.

● ● ●

신순애 씨는 2006년 3월 쉰넷의 나이에 성공회대학교 사회과학부에 입학했고, 현재는 학교를 다니며 청소년을위한내일여성센터에서 청소년 상담을 하고 있다. 학교를 다니는 이유가 "부모가 있는데도 부모 사랑을 받지 못하고, 부모와 함께 할 수 없는 아이들을 위해"서인 만큼 학교를 졸업하면, '그룹홈'을 통해 그 아이들과 함께하고 싶다고. 또한 그들에게 좋은 모델이 되고 싶다고 한다.

전환교육 순악질 여사?

장애인들이 '선택의 자유'를 누리는 세상을 위한 **김효선** 교수의 노력

먼저 '전환교육'이 무엇인지부터 설명해야겠다. 특수교육 분야에서 일하는 사람들에게 점차 알려지기 시작한 전환교육이란 한마디로 "장애인들이 학교를 졸업한 뒤 독립적인 생활을 할 수 있도록 미리 준비시키는 교육"이다. 학교에서 하는 공부만으로는 독립적인 사회생활이 어려운 장애인이 학교를 졸업한 뒤에 '어디에서' '누구와 함께' '무엇을 하며' 살아갈지 미리 준비할 수 있도록 하는 것이 바로 전환교육이다.

지금까지의 설명이 좁은 의미의 전환교육이라면, 넓은 의미의 전환교육은 "장애인들이 태어나고 자라서 늙어 죽을 때까지 변화하는 단계마다 미리 대비하도록 하는 것"을 뜻한다. 병원에서 퇴원해 학교로, 교도소에서 출감해 사회로 돌아갈 때 적응하도록 미리 준비하는 것도 모두 전환교육에 포함된다. 성인에게도 직장이 바뀔 때마다 필요한 '미래에 닥칠 변화에 대처하는 교육'을 통틀어 전환교육이라고 할 수 있다.

미국에서는 1987년에 제정된 '장애인교육법'을 1990년에 개정하면서 '전환'(transition)이라는 개념을 정식으로 채택했다. 장애인이 유치원에서 공립학교로 전환할 때와 열네 살부터 스물두 살이 될 때까지의 단계마다,

정부가 비용을 지불하는 전환교육을 받을 수 있도록 규정하고 있다.

1년에 꼭 한두 번 귀국해 전환교육 전파

전환교육의 세계적인 석학이 캘리포니아 주립대학교 특수교육학과의 김효선(44) 교수다. 연수를 받는 교사들에게 어찌나 열과 성을 다해 가르쳤는지 '전환교육의 대모, 교주, 전도사' '전환교육 순악질 여사'라는 별명을 얻기도 했다. 또한 마침 우리나라에 와 있는 동안 월드컵 축구 경기가 열려 특수교사들은 김효선 교수를 보고 "전환교육계의 오! 필승 코리아!"를 외치기도 했다.

　지금까지 김효선 씨가 밟아 온 숨 가쁜 과정을 연대기로만 정리하면 이렇다.

1975년 단국대학교 특수교육학과 입학

1978년 삼육재활학교 취업

1980년 대학원 진학

1984년 미국 유학

1991년 박사학위 취득

1993년 박사 이후 과정(흔히 '박 박사' 또는 '포스트 닥'이라고 한다) 수료

1994년 신학대학원 입학

독실한 기독교 신자인 김효선 씨는 짬을 내어 LA 교회의 청년 담당 선교사로 봉사하고 있다. "몸이 열 개라도 모자랄 만큼 바쁘다."라는 표현이 실감 나는 생활이다.

유학 가서 지금까지 '자기 돈 한 푼 안 내고' 공부했다. 김효선 씨는 자기가 지금까지 그렇게 마음껏 공부할 수 있도록 이끌어 주고 도움을 준 사람들(재활협회 문병기 회장, 삼육재활원 민은식 선생, 미네소타 주립대학교 부루닉스 학장)에게 특별히 고마운 마음을 갖고 있다.

외국 유학을 통해서 "학문이란 우리 실정에 맞는 것을 연구해서 서로 나누는 것"이라는 깨달음을 얻었다. 김효선 씨가 1년에 한두 번씩 우리나라에 와서 전환교육을 전파하는 일에 열심인 까닭도 그 때문이다. 대학이나 특수학교에 가서 교사·학부모·교장 들을 대상으로 전환교육 실천 모형에 대한 교육과 연수를 열심히 한 지 벌써 10년이나 됐다. 국립특수교육원과 손잡고 특수교사들을 자신이 일하는 미국의 대학에서 연수시키는 일도 4년째 해 오고 있다. 100여 명의 특수교사를 중심으로 만든 '전환교육연구회'에서는 이사 직함을 갖고 있다. 김효선 씨는 자신이 하는 많은 일을 "와서 볼 때마다 잊지 않고 계속 노력하는 모습을 보면 고맙고요. 열심히들 하니까 너무 좋다."라는 짧은 말로 요약했다.

노동자 언니들과의 특별한 식사 체험

이쯤에서 조심스럽게 밝히자면 김효선 씨 역시 장애인이다. 한 살 때 소아마비를 심하게 앓았다. 초등학교 시절 친구들이 "너는 다리가 그러니까, 공부만 하고 앉아 있으니까, 공부를 잘하지." "우리는 조회 서러 운동장에 나가는데, 너는 다리가 그래서 교실에 남아 있으니 참 좋겠다." "아침에 학교 갈 때 너를 안 만나면 좋겠어. 가방을 들어 주자니 힘들고, 안 들어 주자니 사람들이 나를 욕하고⋯⋯."라고 했던 말들은 아직도 가슴에 깊은 상처로 남아 있다. 그러나 김효선 씨는 "중요한 것은 아니지요. 지금은 '너도 그러면 다리 한번 부러뜨려 봐' 라고 말할 수 있어요." 하며 웃어 넘겼다. 자존심 강한 소녀 김효선은 그래서 일부러 아침에는 늘 지각을 했고, 수업이 끝난 뒤에는 어두워질 때까지 기다렸다가 혼자 교실을 나왔다.

미국에서 박사 과정을 밟던 1990년에는 『특수 체육』이라는 책을 우리나라에서 출간하기도 했다. 미국에서 수백 번 넘어지면서 스키를 배웠고, 드디어 리프트를 타고 산꼭대기에 올랐을 때 "나에게 아무런 장애가 없다."라고 느낀 무한한 감동을 전하고 싶어 쓴 책이다.

"평범하고 조용하고 착하고 공부 잘하는 학생"이었던 소녀 김효선은 본래 의사가 되고 싶었다. 그러나 고3이 되었을 때 "우리나라에서 장애인은 의사가 된다 해도 환자를 직접 치료하기는 어렵고 연구직 의사로 일할 수밖에 없다."라는 말을 듣고 좌절했다. '장애인을 돕는 의사가 되고 싶다.'라는 어릴 적부터 가져 온 꿈을 포기하고 이과에서 문과로 전환하면서 특수교육학을 선택했다. 그렇게 하면 '장애인을 돕겠다.'라는 꿈은 포기하지 않을 수 있었으므로⋯⋯. 김효선 씨는 말하지 않았으나 비슷한 경험을 한 나의 경우로 미루어 짐작건대 아마 눈물을 '한 양동이쯤 쏟으며' 새운 밤이 많았을 것이다.

고등학교 3학년과 대학에 다니는 기간에는 미혼모를 돕는 가톨릭 수녀원에 들어가 생활하면서 구로공단 노동자 언니들과 어울릴 수 있는 기회를 가졌다. 언니들과 성경 공부, 노동법을 공부했고 기독교도시산업선교회 활동에 참여하기도 했다. 노동자 언니들을 만난 첫날, 모임이 끝나고 한 언니가 "밥 먹고 가야지?"라고 했다. 무심코 "네." 하고 대답을 했는데, 그 언니가 커다란 양푼에 밥을 담아 온갖 반찬들을 섞더니 숟가락 열 개를 푹푹 꽂아서 "자, 먹자." 하는 것 아닌가. 그때까지 다른 사람이 마신 물에는 입도 대지 않고 다른 사람이 자기 밥상을 건드리기라도 하면 밥을 먹다가도 그만두었던 김효선 씨는 "나는 죽었다."라고 생각했다. 그날 그렇게 처음으로 언니들과 밥을 먹으면서 "이렇게 밥을 먹는 사람들이 있었구나. 내가 그걸 모르고 살았구나." 하고 깨달았다. 그 뒤에는 꽁보리로 밥을 해도 무한히 고마워하며 먹는 법을 배웠다.

"그런 경험 속에서 고민을 하다가 나는 장애인 분야를 선택한 거야. 하종강 씨가 노동운동 분야를 선택한 것처럼……."

이야기를 하다가 말고 우리는 완전한 의기투합으로 잠시 감격했다.

장애인에게 '복지'란 무엇인가

전환교육에 관한 이야기를 김효선 씨에게서 좀 더 들어 보자.

"장애인들이 옆집에서 자기들 하고 싶은 대로 하면서 살아갈 수 있도록 그냥 내버려 두는 것이 가장 중요한 복지라고 하잖아요. 자기 능력껏 살아갈 수 있도록 도와주는 것, 그것이 바로 전환교육이에요. 장애인들이 자신이 잘하고 좋아하는 일을 하고, 그곳에 친구가 있고, 그것을 선택할 수 있는 자유가 있으면 그것이 바로 질 높은 삶이 되는 거예요. 그러기 위해서는 다른 사람과 경쟁할 수 있는 기능만 습득할 것이 아니라 자기 결정 능력이 있어야 해요. 밥하고 빨래하는 것 못지않게 인생에 대한 성찰도 함께 함양해야 하고⋯⋯. 자기가 선택할 수 있는 자유란 이를테면 이런 거예요. 고등학교 졸업한 뒤 5년, 10년 놀다가도 대학에 갈 수 있는, 그런 선택의 기회가 많은 사회가 되어야 하는 거지요. 집값이 떨어지니까 장애인들이 자기 동네에 들어와 사는 것을 꺼리는 것은 장애인에게 자유가 없는 것이에요. 극장에 가고 싶어도 가기 어려우면 그것이 바로 자유가 없는 것이에요. 하종강 씨 역시 노동운동 분야에서 일하기로 한 자기 결정 능력, 즉 자유가 있었기에 오늘의 그 삶이 가능했던 것 아닌가요?"

나는 뒤통수를 한 대 얻어맞은 느낌이었다. "자신이 잘하고 좋아하는 일을 하고, 그곳에 친구가 있고, 그것을 선택할 수 있는 자유가 있는 삶" 그것은 장애인뿐 아니라 이 세상 모든 사람이 꿈꾸는 삶일진대, 비장애인들이여, 당신들이 갖고 있는 '선택의 자유'를 장애인들도 누리게 하라!

2002. 07. 10

• • •

김효선 씨는 캘리포니아 주립대학교에서 특수교육학과 교수로 재직 중이다. '특수교육 4가-전환교육'(http://cafe.daum.net/spfourth)이라는 카페에서 제자들과 교류하고 있고, 늘 해 왔던 것처럼 1년에 한 번 방학 때면 한국에 와 전환교육을 직접 강의하고 돌아간다고 한다.

우리 운동의 자랑스러운 '기둥'이었네

1960~70년대 노동운동의 살아 있는 신화, **남상헌** 씨가 후배들에게 들려주는 말

남상헌(66) 씨는 외모부터가 벌써 우리나라 진보적 사회운동의 '기둥'이다. 처음 만나는 사람에게 "남자라면 저 정도는 돼야지……." 그런 생각이 들게 하는 걸출한 외모를 지녔다. 본인은 "남달리 큰 키는 아니다."라고 겸손해 하지만 사람들은 그런 느낌을 받는다.

민족민주열사·희생자추모(기념)단체연대회의 의장, 70년대민주노동운동동지회 회장, 민주화운동정신계승국민연대 공동상임의장, 민주노동당 당대회 의장 및 당기위원장, 민주노총 지도위원, 전태일기념사업회 운영위원……. 현재 남상헌 씨가 맡은 직책들은 어느 것 하나도 만만하지 않다. 보통 사람들에게는 하나만 있어도 어깨가 내려앉을 정도로 부담스러운 일을 몇 개씩이나 맡고 산 지 벌써 오래됐다. 계속 걸려 오는 전화를 대여섯 통이나 받은 뒤에야 인터뷰를 시작할 수 있었는데, 얼마나 바쁘게 사는 사람인지 한눈에 알 수 있었다. '나는 이제 어디 가서 바쁘다고 말하지 말아야지…….' 전화 통화가 끝나기를 기다리면서 마음속으로 생각했다.

그 파업은 기적이었다

박정희 전 대통령의 눈이 시퍼렇게 살아 있던 1960년대부터 1980년대 초까지 남상헌 씨는 고려피혁이라는 회사에서 노동조합 지부장을 12년 동안이나 맡았다. 이번 인터뷰에서는 그 무렵의 활동에 대해서 "나중에 자료를 참고하겠습니다."라는 한마디 말로 간단히 넘어갔는데, 한국노동사회연구소가 발행하는 『노동사회』 2001년 12월호에 실린 배지영 씨의 기사에서 남상헌 씨는 자신의 오랜 과거를 다음과 같이 설명했다.

"조합 간부가 되면서 뭔가 알아야 한다는 생각을 했지. 그런데 1960년대는 어디 가서 물어볼 만한 곳도 없었거든. 답답한 마음이었지만 당시 한국노총은 회사와 적절한 선에서 타협하라는 입장이었고……. 노동조합으로서 정당한 활동은 놔두더라도 우선은 회사로부터의 자주성이 가장 중요했거든. 자주성을 못 지키면 노조의 존재 의미도 없고, 조합원이 주인이 되어야 하는데 그게 안 되면 아무것도 아니라고 보았지. 약 12년간 지부장으로 있으면서 조합원들이 집행부를 믿어 준 것은 회사의 영향력에서 벗어나 철저히 자주적이고, 조합원의 의사를 존중한다는 생각에서였던 것 같아……."

배지영 씨가 정리한 당시 상황 가운데 일부를 인용하면 다음과 같다.

"노동조합 활동을 하기 쉬운 상황이 아니었다. …… 고려피혁 지부는 남 지부장이 당선되기 전까지 회사의 지원을 받아 노동조합을 운영해 왔었다. …… 회사로부터 보조금을 받는 한 노동조합이 회사로부터 자유로울 수는 없었다. 남 지부장이 당선된 후 회사는 노조에 대한 보조금 지급을 중단했다. …… 자재를 과도하게 독점하면서 회사는 두 차례의 부도를 겪었고, 1972년 대우에 인수되었다. 회사가 부도나는 과정에서 2~3개월 임

광화문 열린시민공원에서 '올바른 과거 청산'을 촉구하는 남상헌 씨.

금이 체불되었는데 평소의 임금으로도 생활하기 어려웠던 조합원들에
게 임금 체불은 버티기 힘든 상황이었다. 이에 노조도 근로 조건·생활 조
건 개선보다 체불 임금 해결이 급선무였다. 체불 임금 지급을 요구하며 전
조합원은 파업을 전개, 사무실을 점거하여 2~3일씩 몇 차례 단식 농성을
전개하기도 했다."

　그 무렵이 얼마나 엄혹한 시기였는지 기억하는 사람들은 전 조합원이
"파업을 전개, 사무실을 점거하여 2~3일씩 몇 차례 단식 농성"을 벌였다
는 것만으로도 그것이 거의 '기적'에 가까울 만큼 힘든 일이었다는 것을
알 수 있을 것이다. 그런데 거기에 더해 전태일기념사업회가 보관하고 있
는 '민주 노조 사수를 위한 고려피혁 노동조합 투쟁' 자료에 따르면 1970
년 7월부터 1980년 9월까지 당시로서는 거의 기적에 가까운 '농성' '특근
거부' 등 모두 열네 차례나 되는 과감한 투쟁을 벌였다.

"통일을 이루는 지혜가 필요해"

1980년, 그 말 많았던 '정화 조치'의 일환으로 남상헌 씨는 결국 회사를 떠났다. 그 과정이 얼마나 힘들었던지 두 달 동안 몸무게가 11킬로그램이나 빠졌다. 주변 동료들이 남상헌 씨를 보고 "분명히 암에 걸렸을 것"이라고 생각했을 정도였다. "잠깐 보자." 하고 불러내더니 아무 말도 없이 약 보따리를 가슴에 안겨 준 친구를 남상헌 씨는 영원히 잊지 못한다.

해고된 뒤에는 우리나라 수많은 공개 노동운동단체의 시발점이 된 노동자복지협의회 부회장을 시작으로, 전국노동조합협의회(전노협) 상근지도위원(이 직함은 그가 전노협에서 거의 살다시피 했다는 것을 뜻한다), 해고노동자복직투쟁위원회 위원장으로 쉼 없이 활동했다. 회의를 할 때마다 장소를 서너 군데쯤 마련해 경찰과 숨바꼭질을 하며 계속 옮겨 다니면서 만나야 했던 시절이다. 그 무렵에는 항상 체격이 건장한 사람부터 출입구 쪽에 앉는 것이 불문율이었다. '적'들이 언제 들이닥칠지 모르는 상황에서 한 명의 동지라도 더 빠져나가야 했으니까…….

"그동안 생계는 어떻게 유지하셨어요?"라는 물음에는 역시 예상되는 답을 했다.

"새우젓 장사, 마늘 장사도 해 봤지만…… 사실은, 아내가 작은 양장점을 계속 운영한 것이 큰 힘이 됐지. 나한테 시집오면서 '다시는 가위를 잡지 않겠다'고 결심한 사람이었는데, 몇 달 만에 다시 잡을 수밖에 없었지. 내가 좀 무책임했다고나 할까……."

그 면에 대해서는 크게 다를 바 없던 나로서도 더 이상 자세히 물어볼 수가 없었다.

수십 년 동안 사회운동의 현장을 지켜 온 선배로서 요즘 후배들의 활동을 보며 어떤 생각을 할까?

"걸음이 좀 늦을지 모르지만 우리 사회가 발전한다는 것은 분명해. 전체 노동자들이 노동자가 주인이라는 확신과 희망을 가져야지. 70년대보다 노동운동의 논리는 '상당히 무성하다'고 표현할 수 있을 만큼 발전했는데, 사용자를 상대로 활동할 때 가장 중요한 것은 통일성을 이루는 지혜가 아닌가 싶어. 마치 용광로에 용해되듯이 기본적인 목표를 이루는 데는 통일을 기해야 하고, 그렇게 합의한 것에 대해서는 책임감을 가지고 실천해야지. 노동조합을 조여 오는 외형적인 상황이 힘들어지는 시기일수록 노동자에게는 통일을 이루는 지혜가 필요해."

"고생하지 않고 자라서 노동자가 되지 않았다면"

남은 생애 동안 꼭 이뤄 보고 싶은 소원을 물었다.

"노동자 연수원이나 교육원에서 후배들 뒷바라지하는 일을 하면 좋겠어. 꼭 어떤 책임을 맡는 것이 아니라, 이를테면 수위를 한다든가……."

대답을 듣는 내 가슴이 조여 왔다. "정문 수위라도 하면서 후배들이 열심히 일하는 모습을 곁에서 지켜보다가 죽고 싶다."라는 것이 바로 평소 나의 소원이었기 때문이다.

짧은 만남의 마지막을 남상헌 '선배'는 이렇게 정리했다.

"큰 집에 살고 큰 차를 타면서 꽤 행세하는 친구들을 가끔 만날 때가 있는데, 그때마다 이런 생각이 들어. 만일 내가 고생하지 않고 자라서 노동자가 되지 않았다면, 철저하게 노동자의 삶을 이해하는 것이 과연 가능했을까? 불가능하지 않았겠는가……. 내가 노동자로 살지 않았다면 세상의 이치를 올바르게 깨닫는 것이 가능했을까? 힘들었지만 이렇게 노동자로 살아온 것이 참 자랑스럽다. 만일 그렇지 않았다면 나 역시 반노동자적인 한계를 벗어날 수 없었을 거야. 참 다행스러워."

이야기를 마치고 전태일기념사업회 사무실을 나설 때에는 제법 굵은 비가 쏟아졌다. "동대문 상가에 가서 찍찍이(벨크로)를 좀 사야겠다."라는 내 말에 남상헌 씨는 우산을 받고 선 채 한동안 길을 자세히 가르쳐 주었다. '더도 덜도 말고, 남상헌님만큼만 살면 좋겠다. 나도 저 나이쯤 되었을 때, 저런 모습으로 살아갈 수 있을까?' 비 내리는 거리에서 그런 생각에 잠겨 한참을 걸었다. 2002. 07. 23.

● ● ●

2006년 남상헌 씨의 고희를 맞아 후배들은 문집을 출간하고 작은 잔치를 열었다. 그 자리에서 남상헌 씨는 "밥 축내지 않는, 밥값 하는 경험 있는 사람이 되어야" 한다고 말했다고 한다. 그 생각이 여전하다는 것과 "지금까지 직·간접으로 관여했던 일을, 그리고 관여하고 있는 일을 좀 더 열심히, 정성을 기울이도록 노력해야겠다."라는 것을 강조하며, 70년대민주노동운동동지회 일과 전태일기념사업회 고문으로서, 민족민주열사·희생자추모(기념)단체연대회의 고문으로서의 일들이 그것이라고 했다.

땅이 숨 쉬려면 갈아엎어야 한다

광주인권운동센터 '진실과조사'팀, **최완욱** 씨의 이야기를 들으며 팔을 부르르 떨다

고속버스에서 내려 몇 걸음 걸으니 옷이 벌써 땀으로 젖어 살에 붙었다.
전국을 솜이불처럼 뒤덮은 뜨거운 날씨가 광주라고 예외일 수는 없겠으
나 가슴속까지 훅 밀고 들어오는 열기조차 마음 깊은 곳에서는 서늘하게
느껴질 만큼 광주는 이방인에게 예사롭지 않은 도시다. 아무리 뜨거워도
서늘한 광주의 거리에서 '자유·평등·연대를 위한 광주인권운동센터' 사
무국장 최완욱(38) 씨를 만났다. 함께 얘기하자고 찾아들어 간 찻집 이름
이 '인터뷰' 였는데 계단을 오르니 "인터뷰와 함께 편안한 인터뷰를……."
이라고 쓰인 간판이 우리를 맞는다. 이건 완전히 운명적으로 인터뷰를 하
라는 소리다.

총학생회장, 그것은 자신의 쓰임새였던 것뿐

"5·18정신이 인권과 평화에 있다는 믿음에 기초해 광주를 인권의 도시,
평화의 도시로 만들고자 하는 인권 지킴이들의 모임"인 광주인권운동센
터가 현재 가장 많은 노력을 들이는 일은 민간인 학살 문제에 관한 사업

이다.

"우리 현대사에서 고문·실종·학살 행위의 불처벌(不處罰)에 관한 가장 중요한 사건이 민간인 학살이라고 할 때, 고문·실종·학살로 특징지어지는 비인도적 범죄에 대한 불처벌이라는 숙제를 풀어야 할 도시인 광주의 인권단체야말로 당연히 민간인 학살 문제에 관심을 가져야죠."

최완욱 씨는 1988년 전남대학교 총학생회장을 지냈고, 전남지역대학생대표자협의회(남대협) 의장을 맡기도 했다. 공개적인 학생회 조직이 학생운동의 실질적 주역으로 나서면서 전남대학교 전체가 학생운동의 진지역할을 하고 있을 때여서 당시 '민족전대'의 총학생회장이나 '남대협' 의장이 가지는 의미는 실로 막강했다. 막강한 학생운동의 경험을 단 몇 줄의 말로 정리해 달라는 무리한 부탁을 했다.

"총학생회장은 대중 활동가라고 생각합니다. 합법적인 공간에서 대중들과 끊임없이 만나면서 일을 해 나가는 사람이기 때문에 농사꾼과 같습니다. 그 이상도 그 이하도 아니죠. 지금도 그 생각에는 변함이 없습니다. 지금 하는 일도 합법적인 공간에서 대중과 만나면서 하는 일이죠. 옹기장이는 여러 가지 모양과 쓰임새를 정확히 알아서 팔릴 수 있는 그릇을 만듭니다. 그 그릇들 모두 각각 쓰임새가 있고, 집에 보면 모두 자기 있을 곳에 있어요. 수많은 대중 활동가들 가운데서 '총학생회장'이라는 역할을 맡은 것에 지나지 않습니다. 그것이 자신의 쓰임새였던 것뿐이죠."

최완욱 씨는 내가 만난 총학생회장 출신 가운데서 가장 겸손한 사람이다. 과거에 자신이 대단한 경험을 했다고 생각하는 사람들은 최완욱 씨의 '쓰임새론'을 본받아, 그 경험이 오히려 굴레가 되어 자신의 행동반경을 제약하고 있지는 않은지 반성해 볼 일이다.

광주인권운동센터는 회원들이 내는 회비로 운영된다. 회비 액수와 납

부 여부는 순전히 회원의 자유의사여서 그 금액으로는 당연히 사무국장의 생활비가 보장되지 않는다. 최완욱 씨 같은 사람들은 생활비를 어떻게 해결할까에 대한 대답은 내가 보기에 '1980년대의 헌신성'이다. 우리 시대 많은 사람들이 1980년대에 한때 각오했으나 그 뒤에는 포기해 버린 삶을 그는 아직도 살고 있다. 얼마 전 그는 부인 오혜현 씨가 스무 달 된 딸 서연이를 붙들고 하는 말을 우연히 들었다.

"아빠 죽으면…… 우리는 아빠 따라가자. 그러면 모두 천당 갈 거야."

최완욱 씨는 "사람을 믿어 준다는 것, 그것보다 고마운 일은 없지요." 라고 담담하게 말하는데, 듣고 있는 내가 괜히 눈시울이 뜨겁다. 남편을 따라 죽으면 천당에 갈 수 있을 거라는 것보다 확실한 믿음이 있으면 나와 보라고 해!

민간인 학살을 '사건'으로 보지 마라

이제 민간인 학살 문제를 얘기해 보자. 최완욱 씨는 광주인권운동센터가 운영하는 민간인 학살 문제에 관한 진실과조사팀의 장으로서 가장 열심히 조사 활동에 참여하고 있는 사람이다. 최완욱 씨는 먼저 사람들에게 이런 주문을 했다.

"민간인 학살을 사건으로 보지 마라는 부탁을 하고 싶어요. 1945년부터 1953년에 이 땅에서 100만 명 넘게 학살당했다면 당연히 사람들은 한국 현대사에 관해 의문을 가져야 합니다. 그런데 '어디에서 몇 백 명이 죽었다더라'는 식으로 언론에 알려지기 시작하면서 '이쪽에서 20명 죽었다더라' 하면 '에이' 실망하고, '저쪽에서 500명 죽었다더라' 하면 '와' 하는 식으로 반응하고, 학살에 숨은 역사의 진실에 대해서는 관심이 없다면, 이것은 한국 현대사에 너무 무지한 거예요. 민간인 학살 문제는 은폐된 역사의 진실을 찾는 거예요. 그래야 진정한 진상 규명과 명예회복이 가능합니다."

해남의 보도연맹원들을 끌고 가 학살했다는 갈명도(일명 갈매기섬)는 무인도여서 사람을 죽이고도 매장을 안 했다. 가서 보니 50년도 더 지났지만 아직도 유골이 심하게 부식된 채 곳곳에 흩어져 있었다.

"감정이 격앙되지 않았어요. 뼈를 보면 의외로 마음이 가라앉아요. 사람들이 조사 갔다 온 다음날은 거의 일을 못합니다. 현장에 가서 사람들을 설득해 조사하고 정리하다 보면 죽음의 진실이 주는 고통이 너무 크게 느껴져요. 50년 만에 처음으로 사람들 입을 열어 진실을 말하게 해 놓고, 그것을 방치한다는 것이 절대로 용납되지 않는 거죠. 어떻게든 책임져야 한다. 그 막중한 책임감이 너무 무거워 사람들이 힘들어 합니다."

해방 공간의 좌익 활동가 공개 처형, 전쟁이 터지면서 군 단위로 진행된 보도연맹원 학살, 국군이 다시 들어오면서 부역한 사람들에게 행해진 처벌, 그 뒤에는 빨치산 토벌대에 의한 처벌과 학살……. 집단 학살이 같은 마을에서 몇 번씩이나 되풀이되는 동안 유족들은 대부분 고향을 떠났다. 1960년대에 피학살자 유족단체가 만들어지고 자체 신고를 받았는데, 전국에서 114만 명, 광주·전남 지역에서만 21만 명이 신고되었다. 그렇지만 최근 광주·전남 지역에 대한 조사 활동을 하면서 물어보았을 때 1960년대에 그런 신고가 있었다는 것을 아는 사람은 전혀 없었다. 고향을 떠난 사람들이 대부분 신고했다는 뜻이다. 따라서 광주·전남 지역에서 학살당한 21만 명은 최소한의 수다.

"증언할 사람들이 죽어 가요"

"급박하게 후퇴하기 하루나 이틀 전 또는 후퇴하면서 마을마다 보도연맹원들을 몇 백 명씩 죽였는데, 사전에 치밀하게 준비하고 계획하지 않았다면 절대로 있을 수 없는 일이에요. 함평에서 학살된 사람들의 시체를 장성·무안·나주에서 찾으러 오고, 광산 암탉굴에서 죽은 사람들의 시체를 함평·장성에서 찾아가고……. 인민군이 진주하기 이틀이나 사흘 전에 이렇게 교차적으로 학살이 이뤄졌는데도 사전에 주도면밀하게 계획하고 준비한 사람이 없다? 이건 말이 안 되죠."

이야기를 듣는 동안 나도 모르게 주먹이 쥐어지고 팔이 부르르 떨려왔다.

"광주·전남 지역에만 자연 마을이 200~300여 개가량 있고, 지금까지 대략 100여 곳을 조사했어요. 한마을에 두세 번은 들어가야 이야기가 제대로 나옵니다. 그러면 한 달쯤 걸려요. 증언하기로 한 사람들, 모아 놓은 자료를 주겠다고 약속한 사람들이 계속 죽어 가고 있어요. 솔직히 이번 인터뷰도 저는 민간인 학살 문제가 한 번이라도 더 언론에 다뤄질 수 있다고 해서 응한 겁니다."

그것이 내가 이 원고를 몽땅 고쳐 쓴 까닭이다. 최완욱 씨 개인 삶에 대해 들은 얘기가 많았고 원고 앞의 절반 정도가 그 내용이었지만, 민간 인 학살 문제를 얘기하느라 모두 뺄 수밖에 없었다.

"농사꾼이 농사를 지을 때 가장 처음 하는 일은 땅을 갈아엎는 겁니다. 갈아엎은 논에서 새벽에 하얀 김이 올라오는 걸 보면 '땅이 숨 쉰다'는 느 낌이 들어요. 우리 역사는 이때까지 갈아엎은 적이 없어요. 보수적 개혁 조차 제대로 성공하지 못한 굳어 버린 땅이지만 민간인 학살 문제로 역 사의 진실이 드러나면 개혁이 가능하지 않을까 생각합니다. 할머니, 할아 버지 들이 돌아가시기 전에 자기가 살았던 20, 30대의 이야기를 정말 편 하게 할 수 있다면, 그것이 바로 운동권이 잘 쓰는 말로 '민중의 정치력이 복원되는 것'입니다."

그의 말에 내가 덧붙일 군더더기는 없다. 2002. 08. 08.

●●●

광주인권운동센터에서 진실과조사팀을 만들어 민간인 학살 문제를 다룬 것은 매우 선구적인 일이 었다. 당시 진실과조사팀은 현장 조사와 더불어 민간인학살진상조사에관한법률 제정 운동까지 함 께 했다. 현재에 이르는 사이 우리 사회는 민간인 학살 문제에서 일정 부분 진보를 이루었는데, 2005년 '진실·화해를위한과거사정리기본법'이 국회를 통과했고, 이어서 '진실·화해를위한과거사 정리위원회'가 설립되었다. 현재 광주인권운동센터의 진실과조사팀의 업무는 위의 기관 업무를 보 조하는 형태가 되었다. 최완욱 씨는 금·토·일에는 학원 강사를 하고, 평일에는 여전히 광주인권운 동센터의 진실과조사팀에서 일하면서 먹고사는 문제 해결과 진실이 묻힌 토양을 갈아엎는 일을 계속하고 있다.

"운동이란 말 안 좋아해요"

한국수자원기술공단 해고자 **김동옥** 씨가 추구하는 '올바른 삶'과 '의식 있는 노력'

1994년 초겨울 어느 날, 낯선 사내가 전화를 했다. 우연히 내 글이 실린 책을 읽었는데 하루라도 빨리 뵙고 싶으니 지금 당장 찾아가도 실례가 되지 않겠느냐는 것이었다. 조금 당황스러웠지만 굳이 안 된다고 할 수도 없는 일이어서 그러마고 했다. 사내는 "지금 바로 출발하겠지만 여기가 포항이어서 시간이 좀 걸릴 테니 기다려 달라."라고 했다.

단정하게 생긴 남자가 하얀 야구 모자를 쓰고 나타났다. 이렇다 하게 특별히 하고픈 말이 있는 것도 아니어서 맥주 몇 잔 마시며 이야기를 나누다가 민숭민숭 헤어졌다.

"하 선배님 글에서는 사람 향기가 나요."

소파에 작은 몸을 깊이 묻은 채, 조금 피곤한 표정으로 혼잣말처럼 중얼거리던 그의 말이 두고두고 생각났다.

서른한 살에 직업전문학교에 입학하다

김동옥(38) 씨는 전남 광양이 고향이다. 갑자기 가세가 기울어 일찍이 사회에 발을 내디뎠다. 포클레인 기사 일을 하며 사촌 누이 집에 놀러 갔다가 지금의 부인 김정애(40) 씨를 만났다.

"그 사람은 부산대를 졸업했어요. 학력 차이 말고도 우리 두 사람은 연상, 외아들과 외동딸, 영남과 호남의 만남이라는 어려움이 있었어요."

한 가지만 있어도 좀처럼 넘기 어렵다는 문제가 그렇게나 많았으니 그 고충이 오죽 컸으랴만, 그 시절을 회상하는 김동옥 씨의 얼굴은 밝은 웃음으로 가득하다.

"결혼식은 지극히 정상적으로 행복하게 치렀어요. 지금도 처가 식구들에게 참 고맙게 생각해요. 부모님도 그렇게 말씀하세요."

두 아이의 아빠가 되면서 김동옥 씨는 정상적으로 출퇴근하는 직장인이 되고 싶었다. 가족과 함께 평범한 소시민의 소중한 행복을 만들어 가기 위해 노력하는 남편이 되고 싶었다. 서른한 살에 직업전문학교에 입학했다. 가장의 의무를 일정 기간 포기하겠다는 결정이었지만 아내의 격려가 힘이 되었다. 학교에서는 가장 나이 많은 학생이었다. 식당에 밥 먹으러 갈 때 학생들이 줄을 잘 맞추지 못하면 나이 어린 선생님들이 대열을 세우고 마치 군대에서처럼 "앉아! 일어서!"를 시키기도 했다.

"나이 어린 선생님들이 '야! 자!' 하는 것이 싫어서 점심시간에는 밥도 안 먹고 실기 연습만 죽도록 했어요. 그래도 만학으로 고생한다고 따뜻하게 챙겨 주는 선생님들이 많았어요. 장학금도 받았고요. 학교가 끝나면 밤에는 자동차 정비 학원에 다니며 기술을 익혔지요."

김동옥 씨는 그때를 "자기 단련의 시기"라고 했다. 직업전문학교를 졸업하면서 1996년에 한국수자원기술공단에 취업했다. 2년쯤 되었을 때 일을 하다가 컨베이어 벨트에 팔이 말려 들어가 두 팔이 모두 부러지는 큰 사고를 당했다.

"두 팔이 부러졌으니 혼자서는 물 한 잔도 못 마셨죠. 병원 치료받는 1년 3개월 동안 집사람이 정말 고생 많이 했어요."

김동옥 씨 인생의 중요한 고비마다 부인 김정애 씨의 흔적은 그렇게 새겨져 있다.

"그때 연락 좀 하지 그랬어."

인터뷰라는 의무감에서 잠시 벗어나야겠다 생각하고 말을 꺼내는데 그의 두 팔에 남아 있는 커다란 상처들이 눈에 들어오는 순간 문득 목이 잠긴다. 참 알량한 선배 같으니라고……. 하종강, 네가 선배냐?

인간 존엄성에 대한 인격적 모독

국제통화기금 체제 이후 불어 닥친 기업 구조조정 태풍이 그의 회사라고 비껴갈 리 없었다. 한국수자원기술공단을 완전히 청산한다는 구조조정 정책은 아무리 생각해도 이해가 되지 않는 이상한 결정이었다.

"우리 회사는 전국의 다목적댐과 광역 상수도 설비를 점검·정비하는 회사예요. 누군가는 반드시 해야 하는 중요한 업무예요. 해마다 흑자 경영을 했고요. 놀고먹는 사람이라고는 없는 기술자 집단이에요. 첫째 업무의 중요성, 둘째 흑자 경영, 셋째 기술자 집단. 그렇게 명확하게 좋은 조건을 갖춘 알짜배기 회사를 '정부 투자 기관을 줄인다'는 정부 방침 하나로 하루아침에 없애 버린 거예요. 상식적으로 이해가 안 되잖아요. 우리 회사가 구조조정의 모델이 된 겁니다. 정년 단축, 퇴직금 누진제 폐지, 자녀 학자금 지원 폐지가 모두 우리 회사에서부터 시작됐어요. 정부로부터 구조조정 최우수 기관으로 선정되어 표창을 받기도 했어요. 우리가 그렇게 기업 청산의 모델이 된 이유는 정부 투자 기관 가운데서 규모가 작은

해고의 부당성을 주장하며 국가인권위원회 앞에서 1인 시위를 하는 김동옥 씨.

회사인데다가 노동조합 결속력이 약했기 때문이에요."

김동옥 씨를 5년 만에 다시 만난 것이 바로 그 무렵이었다. 노동조합의 위원장과 사무국장을 겸직한 그가 회사의 구조조정 정책에 어떻게 대응해야 할지 잘 판단이 서지 않는다며 처음에 그런 것처럼 전화 한 통 하더니 불쑥 나를 찾아왔다.

"우리는 규모가 작아 싸워도 이길 수 없다는 생각을 사람들이 많이 하고 있어요. 정부에서 하자는 대로 잘 따라 주면 '청산만은 면해 줄지 모르지 않느냐' '어차피 없어질 회사인데 그 기간만이라도 조금 더 늦춰 달라고 요구하는 것이 현명한 투쟁 아니냐' 하는 생각들을 많이 해요. 정부의 구조조정 정책은 잘못된 것이 분명하니까 전면적으로 거부하는 투쟁을 해야 할지, 아니면 피해를 최소화하는 투쟁을 해야 할지, 그것을 잘 모르겠어요.”

첫 만남 때와 마찬가지로 그때도 나는 별 쓸데없는 얘기만 늘어놨고 김동옥 씨는 '혹시' 하고 왔다가 '역시' 하고 돌아간다는 표정으로 "스스로 결정해야 할 문제라는 걸 잘 압니다."라고 말했다.

2001년 1월 11일, 한국수자원기술공단은 전 직원에게 해고 예고를 통보했다. 다만 회사 해산일인 3월 31일 이전에 사직서를 제출하는 직원에 대해서는 새로 설립되는 민간 회사에 취업할 수 있도록 도움을 주겠다는 조건이 있었으니 채찍과 당근을 동시에 노동자들에게 준 셈이다. 결국 379명의 전체 직원 가운데 378명이 사직서를 제출했다. 사직서를 제출하지 않은 채 해고된 단 한 사람의 노동자, 그가 김동옥 씨다.

"내가 회사에 특별히 애착을 가지는 이유가 있어요. 두 아이의 아빠가 가장의 의무를 유보하고 열심히 공부해서 들어간 회사예요. 일하다가 크게 다쳐 장애인이 되었고요. 저 6급 장애인이에요. 이건 인간의 존엄성에 대한 인격적 모독이에요."

해고 통보한 유령 공문의 비밀

김동옥 씨는 2001년 4월 10일 출근했다가 공문을 하나 발견했다. 그를 3월 31일자로 소급 해고한다는 내용이었다.

"그 공문 시행일이 4월 3일이고, 발송일이 4월 9일이었어요. 한국수자원기술공단의 모든 직원은 3월 31일자로 회사를 떠났기 때문에 한 사람도 남아 있지 않았는데 그 공문을 기안하고 결재하고 발송한 사람이 있는 거예요. 유령이 만든 공문이라니까요."

김동옥 씨는 차라리 웃었다. 그 유령 공문의 비밀은 한국수자원공사가 쥐고 있다. 한국수자원기술공단의 모회사이자 주주인 한국수자원공사 직원들이 한국수자원기술공단의 업무를 이어받아 처리한 것이다.

서울지방노동위원회의 구제 신청, 대전지방법원 민사소송 판단을 거치는 동안 김동옥 씨가 한 주장은 간단하다. 수자원기술공단이 한 해고는 위법 부당해 무효니 그 업무를 이어받은 한국수자원공사가 자신에게 일을 시켜야 한다는 것이다. 김동옥 씨는 당연한 상식이 법률적으로 받아들여지지 않는 것을 도저히 이해할 수 없다. 상식의 실현을 위해 김동옥 씨는 요즘 마지막 희망으로 국가인권위원회에 진정을 제기했고, 그 앞에서 1인 시위를 벌이고 있다.

"저는 '운동'이라는 말 별로 안 좋아해요. '올바른 삶' '의식 있는 삶'이라는 말을 더 좋아해요."

김동옥 씨는 초롱초롱한 눈망울로 그렇게 말했지만, 그의 '올바른 삶'을 위한 '의식 있는' 노력이 세상 어느 것보다 훌륭한 '운동'이 아닌가.

2002. 09. 18.

● ● ●

김동옥 씨는 현재 개인 사업을 하고 있다. 당시 국가인권위원회는 김동옥 씨의 진정을 받아들이지 않았다고 한다.

노동자의 어머니로 산다는 것은……

전태일 열사의 어머니 **이소선** 여사, "천만 노동자는 다 뭐 하고 있는가"

1994년 1월 29일, 전태일문학상 시상식이 열린 민예총 강당에는 전태일 열사의 대형 초상화가 정면에 걸려 있어 진작부터 분위기를 자아내고 있었다. 이소선 여사가 인사말을 시작했다.

"전태일문학상 운영위원회 위원장인 문익환 목사님은 지금까지 전태일문학상 행사가 다섯 번이나 열리는 동안 한 번도 직접 상을 주지 못하셨습니다. 그때마다 감옥에 갇히셨거나 수배된 상태였습니다. 얼마 전 문익환 목사님이 석방되셔서, 이제야 문익환 목사님이 전태일문학상을 직접 주실 수 있겠구나 생각했어요. 문익환 목사님이 단 며칠만 더 살아 계셨어도……. 오늘 이 자리에 오셔서 상을 직접 주실 수 있었을 텐데……."

잊히지 않는 그 손길과 몸짓

이소선 여사는 목이 잠겨 말을 더 이상 잇지 못했고, 객석에 앉은 사람들도 눈물을 찍어 내었다. 수상 소감을 말할 차례가 된 나는 나가서 사람들 앞에 섰다.

"노동 현장에서 피땀을 흘리다가, 징역을 살다가, 죽지 않을 만큼 얻어 맞다가, 피가 마르는 토론으로 수많은 밤을 지새운 10여 해 세월을 뒤로 한 채, 다시 소시민의 삶으로 돌아간 수만 명의 현재와 미래는 지난 시기 의 고통스러운 삶과 도대체 어떻게 연결되는 것일까요? 우리의 눈물겨운 삶은 지금 잠시 보이지 않을 뿐이지, 거대한 강물로 우리 정서의 밑바닥 에 흐르고 있을 겁니다. 그 물은 언젠가 다시 얼음을 녹이고 출렁이는 강 물로 우리 앞에 나타날 겁니다. 앞으로 글을 쓸 기회가 주어지면 그 정서 에 다가서는 글을 쓰고 싶습니다."

짧은 수상 소감을 말하면서 나는 창피할 정도로 내내 울먹거렸다. 지 금도 그 생각만 하면 얼굴이 화끈거린다. 내 자리로 돌아오는데 이소선 여사가 통로로 달려 나오더니 나를 얼싸안았다.

"고생 많이 했어. 정말 고생 많이 했어."

나의 등을 두드려 주던 그 손길과 사람들을 헤치고 달려온 어머니의 그 몸짓을 나는 8년이나 지난 지금까지도 생생히 기억하고 있다.

10월 18일에 열리는 희망 콘서트, '전태일의 꿈' 공연과 관련해 전태일 기념사업회에서 일하는 후배들과 함께 이소선(72) 여사를 오랜만에 찾아 뵈었다. '전국민족민주유가족협의회' 사무실에 들어서는 우리에게 이소 선 여사는 "나 요즘 인터뷰 같은 거 잘 안 해. 너희니까 하는 거야. 다른 사 람들이 인터뷰하자고 해도 못하게 하라 했더니, 지들이 하자고 하네."라 고 하면서도 웃으며 맞으신다. 명색이 노동문제연구소 소장인 나에게는 당장 불호령이 떨어졌다.

"며칠 전에도 단병호 위원장 면회 갔다 왔어. 단 위원장은 자기 걱정하 지 말고 어머니 건강이라도 챙기셔서 오래오래 사시라고, 그게 자기 보 람이라고 했지만, 나는 단 위원장을 거기 그렇게 오래 놔두는 것이 정말 마음이 아파. 천만 노동자가 다 뭐 하고 있느냐고, 쉽게 나올 수 있는 사람을……, 정말 우리가 해야 할 일을 못하고……. 그것만 생각하면 속상해 견딜 수가 없어. 천만 노동 자의 절반만이라도 '우리도 같이 단 위원장과 함께 징역 살겠다'고 가서 싸워 봐. 우리 모두를 위해 싸우다가 들어간 사람인데, 우리 모두가 하루만 집에서 나오지 말 아 봐. 당장 해결되지. 우리가 지 금 작은 거 생각하느라고 큰 거를 못하는 거야."

대통령을 만나서 따지다

이야기의 화살이 정치인들에게 돌아갔다.

"노동자가 열심히 일했기 때문에 나라가 이만큼이라도 큰 거잖아. 그 런데 국제통화기금 체제에 놓이니까 노동자부터 해고하고, 그런 상식 없 는 정치를 하면 되겠느냐고 막 따졌더니 대통령이 '그래도 합법단체로 인 정은 해 줬잖아요' 하는 거야. 그래서 '50년 만에 정권 교체를 했다면서 그것 하나도 못한다면 말이 되느냐, 앞으로는 어떻게 도와줄 거냐?'고 물 었지."

내가 "대통령을 청와대에 가서 만나셨어요?"라고 물으니 "가서 만났지.

그럼 대통령이 우리 집으로 왔겠소?"라며 웃으신다.

"미우나 고우나 뭔 일이 있으면 가끔 오라고 하잖아. 한번은 가 보니까 얘기 다했다고 가만히들 앉아 있기에 내가 '대통령, 이리 좀 앉으시오. 이제부터 나하고 담판을 지읍시다' 하고 대통령 무릎을 돌려 앉혔어. '왜 우리 죽은 아이들 명예회복이 안 됩니까? 우리가 농성을 400일이나 했는데도…… 힘이 없어서 안 합니까? 해 주기 싫어서 안 합니까? 돈이 없어 안 합니까? 미워서 안 합니까? 이승만 대통령이 왜 야자수 그늘 밑에 가서 죽었는지 아시오? 여의도 1번지 한번 가 보시오. 김대중 타도 소리가 하늘에 메아리쳐도 누가 말해 주는 사람 있습디까? 직속 부하들이 눈과 귀를 막았으니 어떻게 알겠소?' 마구 그랬더니 대통령이 옆에 있는 비서들과 국회의원들에게 '당신들은 잘돼 간다고 하더니, 지금 어머니 말씀 들어 보면 아무것도 안 돼 있는 거 아니오?'라고 꾸짖더라고. 옆에 있는 실세 한 사람이 '예전에 야당 생활하실 때는 어머니라고 불러도 괜찮았지만, 이제 대통령이 되셨으니 어머니라고 부르시는 것은 덕이 안 된다고 봅니다' 그런 말을 하더라고. 그래서 나는 '나 어머니 소리 안 들어도 됩니다. 누가 나더러 어머니라고 하라고 했소? 당신들이야말로 누구누구 국회의원 시킵시다, 그딴 거 말고 대통령을 위해서 한 게 뭐 있소?' 막 해댔더니 대통령이 '정말 그러냐? 정말 나에 대한 원성이 하늘에 메아리치고 있느냐?'고 웃으며 묻더라고."

뒤에서 국회의원들이 "어머니, 이제 그만 하시오. 벌써 45분이나 그러셨소."라면서 옷을 잡아끌었다. 그 사건이 있고 나서는 어쩌다가 대통령을 만날 일이 있어도 이소선 여사의 자리는 대통령과 가장 멀리 떨어진 곳에 배치되었다.

"그 3일 뒤인 12월 28일 국회에서 그 법이 통과된 거야. 민족·민주유공

자 묘지도 해 준다고 다 다짐을 받았어. 그러고 나서 지금 지역 주민들이
반대를 한다 어쩐다 하면서 지지부진한 거지. 지금 정부가 역사의 심판을
제대로 받으려면 임기 끝나기 전에 그거 하나는 정말 제대로 해 놔야 돼."

전태일 열사의 임종 순간

평소부터 궁금한 것을 나는 결국 뻔뻔하게 묻고야 말았다.

"전태일 열사 임종 순간을 좀 설명해 주세요."

이소선 여사는 손사래를 친다.

"그 얘기를 하려면, 내 속에 가라앉아 있는 구정물을 다 헤집어서 퍼내
야 하니까 머리가 다 돌아. 그러면 나는 또 며칠 동안 잠을 못 자."

몇 번이나 망설이다가 말을 꺼내셨다.

"태일이가 '나는 절대로 살아날 수는 없어요. 5분 있다 죽을지 3분 있
다 죽을지 모르니, 엄마, 내 말 잘 들으세요' 하더니 '노동자들은 캄캄한
암흑세계에서 일하고 있는데, 나는 보다가 더 볼 수가 없었어요. 내가 죽
어서 그 캄캄한 암흑세계에 작은 창구멍을 하나 낼 테니까, 내가 죽으면
노동자와 학생들이 모두 힘을 합해 그 창구멍을 조금씩 넓히는 데 힘을
보태 주세요. 그러면 빛이 보일 거예요. 어떻게든 하나가 돼서 싸워야 돼
요. 둘이 돼도 안 돼요. 어머니가 이걸 실천하지 않으면, 나를 지금까지 키
운 것이 위선이 되는 거예요. 위선자가 되지 말고 꼭…….' 그렇게 '꼭……
꼭…….' 할 때마다 목에 피가 고여서 말을 못 하는 거야. 칼로 목 아래를 따
니까 피가 풍풍 나와. 태일이가 '내가 부탁하는 말 꼭……꼭…….' 할 때마
다 피가 뿜어져 나왔어."

어머니는 그 아들의 부탁을 정말 훌륭하게 들어주셨다. 10년쯤 전에

내가 본 통계만으로도 우리가 모두 '어머니'라고 부르는 이소선 여사가 경찰서에 잡혀 간 횟수는 250회를 넘었다. 이 땅에서 '노동자의 어머니'로 살아가는 것은 그만큼이나 눈물겹다.

집에 돌아와 다시 들어 본 녹음테이프에는, 인터뷰 도중 내가 잠시 자리를 비웠을 때 이소선 여사가 전태일기념사업회에서 일하는 이형숙 사무국장과 김수정 간사에게 속삭이듯 하는 말이 녹음돼 있었다.

"너희들 도대체 어떻게 하고 사느냐? 나는 겁나서 못 가 본다. 걱정스럽고 힘들게 일하는데 내가 가서 뭔 할 말이 있나 싶어서……."

이 글을 읽는 사람들 가운데 자신이 조금이라도 진보적 생각을 하며 살아간다고 자부하는 사람이 있으면 전태일기념관에 한번 가 보라고 권하고 싶다. 전태일 열사의 기념관을 그 모양으로밖에 유지하지 못하는 것이 우리 진보운동의 수준이다. 그런 마당에 내가 낸 세금으로 박정희기념관을 짓는다고 생각하면 길을 걷다가도 가슴이 막힌다. 전태일기념관을 나랏돈으로 번듯하게 지을 수 있는 날은 언제일까. 2002. 10. 09.

● ● ●
2008년이면 팔순을 맞으시는 이소선 여사는 건강이 안 좋으시다. 건강과 근황을 묻는 말에 "이제 다 망가졌지 뭐. 40년 동안 좇아 댕깄으니 빠질 때도 됐지."라고 하시는 목소리는 여전히 또랑또랑하기만 하다.

"내 영화의 주인공은 모두 노동자"

대우 해고 노동자 폭력 진압 사건을 다룬 〈빗방울 전주곡〉 만드는 **최현규** 감독의 꿈

지난 초여름에 전자우편을 하나 받았다. '얼치기 사회물을 만드는 단편 영화 연출자'라고 자신을 소개하는 글로 시작된 편지는 "정리해고당한 대우자동차 해고 노동자와 그 가족들이 겪은 2001년 4월 10일 폭력 진압의 충격과 슬픔을 소재로 한 단편영화를 만들려고 하는데, 많은 어려움을 겪고 있습니다. 현실과 대충 타협하든지, 시나리오를 축소해 버리면 해결될 수 있는 문제지만, 그럴 바에야 차라리 만들지 않는 편이 낫다는 생각이 들고…… 고민이 많았습니다만, 지난 월요일에 대우자동차 부평 공장에 갔다 와서 다시 꼭 만들어야겠다는 생각이 들었습니다. 노동 문제를 연구하는 단체에 계신 만큼 혹시 도와줄 수 있는 방법이나 개인이나 단체에 대해 정보망이 있을 것 같아 초면에 이렇게 어려운 얘기를 하게 됐는데요. 가능하면 한번 만나 뵙고 얘기를 나누고 싶으니 연락 주시기 바랍니다."라는 절실한 내용으로 가득 차 있었다.

'씹어 버린' 메일의 인연

내가 며칠만 시간을 내면 도와줄 방법이 전혀 없는 것은 아니었지만, 그 무렵 그런 일에 단 며칠을 투자하는 것도 도저히 불가능할 정도로 엄청 바빴다. 이틀이 멀다 하고 전국을 싸돌아다니며 "도와줄 수 없어 죄송하다."라는 답장을 어떻게 써야 할지 고민하다가 결국 유야무야 잊고 말았다. 편지를 보낸 이는 상당히 고심했을 텐데……. 나는 그가 어렵게 보낸 편지를 요즘 유행하는 젊은 사람들 말로 '씹어 버린' 것이다.

웬만한 전문가라도 감히 범접할 수 없을 만큼 다양한 문화생활을 향유하는 후배가 하나 있다. "최근에 볼 만한 공연은 뭐니?"라거나 "서울 어느 구석쯤에 맛 좋은 음식 집이 있니?"라는 물음에 그 후배보다 완벽하게 답할 수 있는 사람을 나는 아직 보지 못했다. 그 후배가 며칠 전 "정말 좋은 사람을 하나 소개하겠다."라고 전화를 했는데, 설명을 듣다 보니 그 '좋은 사람'이란 바로 지난 초여름 내게 어렵사리 도움을 청하는 전자우편을 보낸 '얼치기 사회물을 만드는 단편영화 연출자'가 아닌가. 후유, 이래서 사람이 죄 짓고는 못 사는 법이다.

비가 내리는 토요일 저녁, 최헌규(30) 감독을 흑석동 중앙대학교 교정에서 만났다. 나는 최 감독이 지난여름 내게 보낸 전자우편을 씹어 버린 죄에 대한 용서를 구하는 것으로 첫인사를 대신할 수밖에 없었다.

최 감독이 본격적으로 영화에 관심을 가지기 시작한 것은 대학교 3학년 때였다.

"처음에는 좀 오만하게 생각했어요. 왕가위 감독의 〈중경삼림〉 등을 보며 '영화를 이렇게 쉽게 만들 수도 있구나' 싶었지요. 취미로도 영화를 만들 수 있겠다고 생각했어요."

4학년 여름방학 때 뜻하지 않게 목돈이 생겼을 때 덜컥 한겨레문화센터의 단편영화 제작 과정에 등록을 했다.

"망설임 없이 한겨레문화센터를 선택한 까닭은 그 이름이 주는 정직한 느낌 때문이었어요. '최소한 사기치지는 않겠다'는 기본 신뢰가 있잖아요."

한겨레문화센터에서 어울린 사람들과 주고받은 정보에 힘입어 영화진흥위원회 한국영화아카데미 연출 과정에 입학했다. 최 감독은 그 목돈이 "자신의 운명을 결정한 신의 계시였다."라고 말했지만, 내가 보건대 최 감독에게는 또 다른 신의 계시가 닥쳤으니 대우자동차 정리해고 사건이 그것이다.

"TV에 대우자동차 직원의 부인들이 아이들을 데리고 집회에 나온 장면이 보이는 거예요. 그 아이들이 모두 미취학 연령인데, 무시무시한 폭력 진압 장면을 다 봤어요. 그렇게 무의식적으로 무지막지한 폭력에 노출돼 버린 거죠. 그 아이들이 폭력을 어떻게 받아들였을까……. 다큐멘터리 쪽에서는 많은 노력들을 기울이는데 상업영화 쪽에서는 관심을 갖지 않는 것이 좀 안타까웠어요. 누군가는 '그런 일이 있었다' 정도라도 다뤄야 하지 않겠는가. 처음에는 혼자 '그런 일을 겪은 가족들이 1년쯤의 세월이 지난 뒤에는 어떻게 돼 있는지'에 대한 기획을 해 보는 것부터 시작했어요."

마음이 따뜻한 배우들의 도움

가장 큰 문제는 제작비다. 30퍼센트 가량은 영화진흥위원회로부터 지원받게 됐지만, 나머지는 여러 사람들이 비용을 갹출했다. 어머님 신세도 조금 지고 친구들한테 빚도 내고 아르바이트도 열심히 하고 있다. 나를 만난 날도 최 감독은 결혼식 웨딩 비디오 편집 아르바이트를 하는 중에 잠시 짬을 낸 것이었다. 제작비를 희사한 개인들 가운데 이른바 저명인사는 한 사람도 없다. 기업은 돈벌이나 광고 효과가 제로인 단편영화에 돈을 댈 리 없고, 인권단체나 노동단체들은 모두 제 코가 석자여서 그런 일에까지 지원할 만한 예산이 아예 없다.

"단체에서는 지원을 못 받았어요. 그렇지만 제가 찾아가 만난 사람들, 단체에서 일하는 사람들이 개인적으로 푼돈을 내요."

이 대목에서 최 감독은 잠시 목이 잠겨 말을 멈췄다.

"모두 다 찾아가서 만나 볼 걸 그랬어요. '찾아와도 헛수고니까 굳이 올 필요 없다'고 하는 단체들이 많았지만, 내가 만난 사람들은 모두 다 말씀이라도 고맙게 해 줬어요. 찾아오지 말라고 해도 모두 가서 만나 볼 걸 그랬어요. 재정적으로 큰 성과는 없었지만 참 좋은 경험이었어요."

사운드에 욕심을 내느라고 굳이 35밀리 필름으로 촬영했다. 카메라를 빌리는 비용이 무척 비싸 촬영 기간을 최소한으로 줄이며 본인은 물론 스태프와 배우들의 노동 강도를 최대한으로 쥐어짜는 수밖에 없다. 기존 영화 제작자들은 장비를 저렴하게 또는 무료로 빌려 주는 것으로 도와주고 있다. 막대한 비용이 드는 후반 작업은 인맥을 최대한 동원해 인건비 없이 해결하고 프린트 비용만 들이자는 야무진 꿈을 갖고 있다. 개런티를 받기로 한 배우는 한 명도 없다. 취지를 설명하면 "시나리오 보내 봐라."

"한번 만나 보자." "내가 하겠다." 그런 과정을 거쳐 개런티 없이 출연해 주는 짱짱한 경력의 배우들이 아직도 '영화판'에는 많다. 그렇게 마음이 따뜻한 배우들의 이름은 밝히는 것이 좋다. 주인공—박원상, 부인—동효희, 딸—박소연이다. 영화 좀 보는 사람들은 모두 알 만한 중견 배우들이다.

촬영을 앞두고 대우자동차 해고 노동자들의 가정을 찾아갔다.

"내가 픽션으로 꾸민 모델이 말이 되는 것인지 한번 확인받고 싶었어요. 다큐멘터리 화면에서 본 노동자들을 직접 만나기도 했습니다. 여전히 정문 옆에 텐트를 치고 있는 사람들을 만났을 때는 '이런 부분은 피해 가면 안 되겠다. 솔직하게 보여 줘야 하고 감추지 말아야겠다'는 생각을 했어요."

영화 제목은 〈빗방울 전주곡〉이다.

"노동자들은 해고당했고 고통받았지만, 지금 모두 비참한 삶을 살고 있을까, 이런 단순한 심상에 반대되는 것도 있지만 결국 그 모든 것은 같은 것이라는 거죠. 똑같은 비를 보고 사람들은 다 다르게 생각하는 것 같지만, 결국은 같다는 거죠. 어릴 때부터 가져 온 이미지예요. 쇼팽이 작곡한 같은 제목의 노래가 있다는 것은 최근에야 알았어요."

나 같은 필부에게는 선문답처럼 느껴지는 그 메시지를 이해하기 위해서라도 영화를 꼭 봐야겠다.

"꽤 도덕적인 사람이 되고 싶다"

영화감독으로서 '미래의 꿈'을 물어보았다.

"노동자의 삶과 관련한 영화를 계속 만들고 싶어요. 직업이 바뀌고 설정이 바뀌어도 제 영화의 주인공은 모두 노동자일 겁니다. 판타지든 리

얼리즘이든 코미디든 모두 노동자의 정서와 정치에 위배되는 것은 하고 싶지 않습니다. 요즘은 압바스 키아로스타미의 자연스러움보다 켄 로치의 명확한 눈길에 더 끌렸어요. 내공과 시각은 분리될 수 없어요. 명백한 눈길이 완성도를 지향하는 거죠. 그것이 영화적 기술을 넘어서는 힘이니까요. 나의 미래가 편안할 것이라고 생각하지는 않습니다. 다만, 꽤 도덕적인 사람이 되고 싶다는 생각이 들어요."

지금도 이마에 '나 착해!'라고 써 붙이고 다니는 것처럼 느껴지는 사람이 더 도덕적인 사람이 되고 싶단다.

이렇게 열심히 만든 영화를 사람들이 얼마나 많이 볼까, 그것이 걱정되었다.

"영화 〈파업 전야〉처럼 각종 집회에서 상영될 수 있을까요?"

"날카로운 정치성이나 역동성이 있는 영화는 아니지만 그렇게 할 수 있으면 좋겠죠. 집회뿐 아니라 모든 가정에서 상영되면 좋겠어요. 단편영화는 봐 주기만 해도 고마운 일이에요."

겨울비처럼 관객의 마음을 촉촉이 적셔 줄 단편영화 〈빗방울 전주곡〉. 개봉 박두! 기대하시라! 2002. 10. 23.

● ● ●

〈빗방울 전주곡〉은 2003년에 29분짜리 영화로 완성되어 여러 영화제에 초대받아 상영되었고, 제4회 대구단편영화제에서는 우수상을 수상했다. 2005년에는 자치단체 최초의 영화 전문 미디어센터인 아리랑미디어센터에서 근무했고, 현재는 아르바이트를 하면서 시나리오 작업을 하고 있다.

그래도 말뚝은 부러지지 않는다

청와대로 향하다 경찰차에 상반신 꺾인 노동운동의 말뚝 **박순희** 씨와 원풍모방 투쟁의 기억

노동자들이 명동성당에 천막을 짊어지고 들어가 농성을 벌이기 시작하면 누구보다 먼저 와서 챙겨 주는 사람이 박순희(55) 씨다. 노동부장관인 방용석 씨가 원풍모방에서 노동조합 지부장을 할 때 박순희 씨는 부지부장을 지냈다. 『민주 노조 10년─원풍모방 노동조합 활동과 투쟁』에 남아 있는 원풍모방 노동조합 마지막 날인 1982년 10월 1일의 기록은 다음과 같다.

"아아, 닷새를 굶은 여성 노동자들에게 그 이상 어떤 힘이 남았겠는가! 그들은 이미 탈진할 대로 탈진한 상태였다. 조합원들은 마지막 힘을 모아 저들의 폭력에 맞섰다. 머리를 얻어맞아 피가 흘러도 한번 잡은 폭력배의 바짓가랑이를 놓지 않았다. 여기저기서 실신하여 쓰러진 조합원들이 타작을 끝낸 볏단처럼 질질 끌려갔다. 작전이 끝남과 동시에 농성도 끝났다. 그리고 그것은 10년 동안 버텨 온 원풍모방 노동조합의 끝이기도 했다."

1967년 대한모방에서 노동자의 삶을 시작한 박순희 씨는 가톨릭노동청년회(JOC) 활동 등을 통해 노동의 참뜻을 깨닫고 노동조합 설립, 노동 상

담, 노동 교육 활동을 하다가 1980 년에는 '김대중내란음모사건'으로 1년 동안 수배 생활을 하기도 했다. 또 1982년에는 해고된 직장의 노조 활동에 관여했다는 이유로 '제3자개입금지' 위반으로 1년 동안 옥살이를 했다. 수감 생활을 마친 뒤 각 지역에서 활동하는 동료들과 함께 '가톨릭노동사목전국협의회'를 조직했고, 전북 전주와 대전 지역 등에서 노동 사목 활동을 시작한 뒤 천주교정의구현전국연합 상임대표, 가톨릭노동사목전국협의회 지도위원, 민주노총 지도위원으로 활동하고 있다.

수녀원 문 앞에서 끝내 돌아서다

일찍이 수녀가 되기로 결심해 일가친척, 동료 들과 이별 잔치까지 마치고 짐을 싼 박순희 씨가 수녀원 문 앞에서 발길을 돌린 것은 그 무렵 막 분신한 전태일 열사 때문이었다.

"집안이고 본당이고 나는 수녀원 가는 것으로 다 정해져 있었기 때문에 짐을 싸 놓고 신부님께 인사를 하러 갔지. 신부님이 성서를 읽고 묵상을 하자고 하더라고. 한 30분쯤 묵상을 하는데 전태일 열사 분신 사건이 떠오르면서 '내가 도망가기 위해 수녀원을 택했다'는 자책감이 들기 시작하는 거야. 하느님께서 나를 수도자보다 노동자로 부르신다는 깨달음이 오더라고. 어느 선택이 옳은 것인지는 너무나 분명했지."

박순희 씨는 그렇게 자기 자신의 표현대로 "노동자의 삶과 노동운동에 말뚝을 박았다." 말뚝은 30년이 지난 지금까지 수많은 태풍과 홍수에도 흔들리지 않고 있다.

지난 4월 19일 오전, 정부의 차세대 전투기 F-15K 내정 때문에 문규현 신부, 홍근수 목사, 서경원 씨 등과 함께 'F-X 공동행동' 대표단 자격으로 청와대 외교안보수석 면담을 요구하며 청와대로 가는 도중 박순희 씨는 청와대 입구에서 경찰차에 들이받혀 상반신이 뒤로 꺾이는 교통사고를 당했다. 숨도 제대로 쉴 수 없고 가슴의 통증으로 몸을 전혀 움직일 수 없는 상태가 돼 119 구조대가 병원으로 후송했다.

며칠 전 만났을 때도 박순희 씨는 병원에서 퇴원한 지 얼마 안 돼, 후배이자 동지인 신순애 씨 집에 기거했는데 찜질기를 계속 가슴에 대고 있어야만 했다. 박순희 씨가 신세를 지는 신순애 씨는 우리가 만난 적이 있는 그 사람이다(121쪽). 혈육이라 해도 군식구를 집에 데리고 있는 것은 쉬운 일이 아닐 텐데 "두 분이 각별한 사이냐." 하는 물음에 신순애 씨는 이렇게 답했다.

"74년 무렵 처음 만났으니까 꽤 오래되기는 했죠. 그런데 언니랑은 사실 개인적으로 만난 적은 없어요. 생각해 보니까 정말 그러네. 우리는 싸움할 때만 만났어요. 악 쓸 때, 얻어터질 때 말고는 만난 적이 없어요. '저 사람이 원풍의 박순희다. 정말 잘 싸우는 사람이다' 그렇게 싸울 때 말고는 만난 적이 없어요."

감옥에서 이룬 일가구 일주택의 꿈?

박순희 씨는 지금까지 방 한 칸을 가져 본 적이 없다. 나를 포함해서 알량한 자기 집 한 칸이라도 있는 모든 사람들은 박순희 씨 앞에서 최소한 양심의 가책을 받아야 한다. "평생 내 방 한 칸이라도 갖지 않겠다."라는 결심이 어디 쉬운가.

"피신해 다닐 때는 조합원들 집을 전전했고, 아니면 공동생활을 했지. 감옥에서 독방 생활할 때 '이게 일인 주택이구나' 그랬어. 70년대 한창 산업화될 때 박정희 대통령이 그랬거든. '80년대에는 일가구 일주택에 마이카 시대를 열어 준다'고……. 감옥에서 독방에 갇혀 살려니까 그 생각이 나더라고. 마이카는 몰라도 일가구 일주택을 이렇게 살아 보는구나."

보통 사람으로는 엄두가 나지 않는 삶을 박순희 씨는 "이렇게 사나 저렇게 사나 다 사람이 사는 길인데, 힘들고 쉽고가 어디 있나. 그저 내가 즐겁고 좋은 일을 해 왔을 뿐"이라고 말한다. 내가 만나는 사람들이 대부분 그랬다. 자신을 가리켜 "자랑스럽고 훌륭한 삶을 살았다."라고 말하는 사람은 없었다. 모두들 "그냥 살다 보니 그렇게 되었다. 아무 특별할 것도 없다."라고 말한다.

1983년 3월 26일 재판을 받으며 박순희 씨가 법정에서 한 최후진술의 일부를 옮기면 다음과 같다.

"노동자들도 사람답게 살기 위해서 이 땅에 노동운동은 계속될 것이며, 오늘 우리가 당하는 이 억울한 아픔은 밑거름이 되리라 믿습니다. 노동부는 권력의 꼭두각시가 될 수 있을는지 몰라도 우리는 그 누구의 꼭두각시가 될 수는 없습니다. 어찌하여 우리나라 노동자들은 이렇게 바보, 등신, 천치만 모여 있는 것으로 몰아붙인단 말입니까. 원풍의 원한 맺힌 바람은 분명히 노동계에 부활의 바람이 되리라는 것을 믿습니다. 구치소에서 유독 우리에게만 적용하는 차별 대우를 철회하지 않을 경우, 오늘 이 시간 이후부터 관에서 지급되는 모든 것들을 거부할 것임을 선언합니다."

어떤 이들은 원풍모방 지부장 출신인 방용석 씨가 노동부장관이 된 것을 그 부활이라고 생각할지 모른다. 그러나 1970년대 민주 노조의 상징인 원풍모방의 전통은 우리 역사에 '87년 노동자 대투쟁'과 민주노총 설립으로 면면히 이어져 내려왔다. 둘 가운데 어느 전통이 과연 원풍모방 노조의 진정한 부활일까. 지난 10월 29일 국회 환경노동위원회에서 노동법 공방을 벌이던 방용석 노동부장관이 "2년 동안 합의된 내용을 쓰레기라고 주장하는 사람이 쓰레기다."라고 말해 물의를 빚자, 치료를 받느라고 잠시 꺼 둔 박순희 씨 휴대폰에는 방용석 장관의 발언을 개탄하는 노동자들의 메시지가 열일곱 통이나 녹음됐다. 방 장관의 최근 언행에 대한 박순희 씨 해석은 간단하다.

"그 사람이 국회의원이 됐을 때는 노동자 출신이었는지 모르지만, 노동부장관이 될 때는 가스안전공사 사장이었잖아. 그러니까 노동자 출신이 장관 된 것이 아니라, 사장 출신이 장관 된 거야. 그렇게 생각하면 돼."

'상처받은' 신부님들께……

최근 성모병원 노동자들의 장기 파업과 가톨릭계의 전혀 무반응 대응에 대한 생각을 물었다.

"종교가 사회복지 차원에서 병원을 운영하려면 자선병원을 운영하는 것이 이 시대에 마땅한 거야. 전쟁 직후 폐허에서는 교회가 학교나 병원을 운영하는 것이 시대에 부응하는 것이었지만, 지금은 돈 벌려는 사람들이 하는 것이 학교나 병원 사업이야. 더 이상 종교 주식회사가 되어서는 안 되지. 보건의료산업 노조 차수련 위원장이 성모병원 노조 교섭에 참여하는 것을 배후 조종이라고 하는 것이 그 사람들의 이해 수준이라니까. 이 사람들은 산별 노조가 무엇인지조차 전혀 몰라요. 노동자들이 큰소리로 자신들의 권리를 주장했다고 신부님들이 '우리도 상처받았다'고 말하는 것은 노동의 가치에 대한 몰이해 때문이야. 성직자들조차 노동자는 시키는 대로 일하는 사람이라고 생각하는 노동자 천시 풍조에 물들어 있는 거지."

박순희 씨는 감옥에서도 투쟁을 멈추지 않았다. 법정에서 낭랑하게 울려 퍼진 최후진술에 그려진 우리 노동자 삶의 모습이 바뀌지 않는 한, 박순희 씨는 영원히 투쟁을 멈추지 않을 것이다. 2002. 11. 06.

●●●
원풍모방 노조는 전국에 비상 사태가 선포돼 단체 행동이 금지된 1972년, 파업 농성을 통해 어용 노조를 청산하고 민주 노조를 출범시켰다. 그러나 1980~82년 노동계 정화 조치로 원풍모방 노조는 1982년 559명이 한꺼번에 해고되는 등 모두 600여 명이 해고됐다. 2000년 스물네 명의 해고 노동자들이 낸 민주화운동 명예회복과 보상신청이 받아들여져, 2004년 민주화운동 관련자 명예회복 및 보상심의위원회가 (주)우성모직(원풍모방의 후신)에 복직 권고안을 보냈으나 회사가 받아들이지 않고 있다. 이후 박순희 씨와 원풍모방 해고 노동자들은 함께 모여 복직 투쟁을 계속하고 있다.

"인터넷은 진보적인 날개다"

노동운동과 정보통신의 결합, 그 가장 한가운데에 서 있는 노동정보화사업단 **이용근** 씨

정말 큰일 날 뻔했다. 어렵사리 인터뷰를 약속한 이용근(39) 씨가 갑자기 할아버지 상(喪)을 당해 고향으로 훌쩍 내려가 버렸기 때문이다. 며칠 동안 뜬눈으로 밤을 새우며 할아버지 빈소를 지킨 뒤, 살인적이라는 주말 고속도로의 교통지옥을 뚫고 일곱 시간이 넘는 운전 끝에 서울에 도착한 이용근 씨를 토요일 밤 10시쯤 '노동정보화사업단' 사무실에서 만났다. 원고 마감 시간이 한참이나 지난 뒤였다. 사진을 찍으면서 이용근 씨는 "오늘은 정말 흉한 몰골이어서 안 되는데…….."라고 걱정을 했다.

애초 나는 '진보네트워크'에서 열심히 일하는 장여경 씨와 민주노총의 정보통신부장 최세진 씨 둘 중 한 사람을 이번 인터뷰 대상자로 일찌감치 점찍고 있었다. 그런데 두 사람 모두 한목소리로 "나 말고 이용근 씨를 만나 보라." 하는 것이었다. 자신들은 "하는 일도 별로 없이 사람들의 주목을 받는 편이지만, 이용근 씨는 자신의 분야에서 정말 소문나지 않게 묵묵히 오랫동안 중요한 일을 해 온 정보통신 분야의 보물 같은 사람"이라고 했다.

1992년, 공간 이동의 충격

대학을 2학년까지만 다니고 아무 미련도 없이 부천의 노동 현장으로 들어간 뒤, 노동조합 파업, 구속, 해고, 민중회의, 백기완대통령선거대책본부 등의 활동을 두루 거친 이용근 씨에게 정보통신의 지평이 열린 것은 세계사 격동의 시기인 1992년 어느 날이었다.

"문서 하나를 지방에 있는 사람으로부터 급히 받아야 할 상황이었는데, 적당한 방법이 없었어요. 지방의 그 활동가가 일대일 통신 방식으로 보내 주겠다고 하더군요. 컴퓨터 모뎀에 전화선을 연결한 다음 '이야기' 프로그램을 띄워 놓고 시키는 대로 하나하나 따라 했는데, 어느 순간 그 문서의 내용이 컴퓨터 화면에 쫙 올라오기 시작하는 거예요. 마치 공상과학영화의 공간 이동을 보는 것 같은 충격을 받았지요."

이용근 씨는 그 뒤 하이텔·천리안·나우누리 등의 진보적 통신 동호회 활동에 조금씩 참여하기 시작했다. '바통모' '현철동' '노동연구포럼'……. 이름만 들으면 알 만한 사람들은 다 고개를 끄덕거릴 만큼 우리나라 정보통신 역사의 한 시대를 이끈 모임들이다. 1994년에는 나우누리 노동연구포럼의 시솝을 맡았고, 나와 처음 만난 것은 그 무렵이다.

얼마 전까지 이용근 씨는 노동정보화사업단의 대표였다. 그런데 노동정보화사업단이 대표를 포함한 모든 직책을 없애 버렸다. 모든 일꾼들은 평등하게 활동가일 뿐이다. 사무국장과 회계 담당자를 3개월씩 돌아가면서 맡기로 했지만 별로 역할이 없어서 요즘은 누가 사무국장이고 회계 담당인지조차 불분명하다. 이 단체는 평등의 이념을 이렇게 구체적으로 실천하는 것부터 뭔가 범상치 않다.

노동정보화사업단은 한마디로 "노동운동의 정보화와 관계된 전문 사

정보통신부 앞에서 1인 시위하는 이용근 씨.

업을 하는 단체"다.

"1996년 초창기에는 노동조합 간부들과 노동자들에게 정보화에 대한 시야를 틔우는 교육 사업을 많이 했어요. 정보기술이라는 것이 도대체 사회에 어떤 변화를 가져오는지, 사회의 진보적 발전과는 어떤 관계를 갖고 있는지, 노동운동과 노동자의 삶에는 어떤 영향을 끼치는 것인지, 그리고 노동조합 활동에서는 얼마나 효과적으로 이용할 수 있는지 등에 관한 내용들을 다뤘지요."

2년쯤 전부터 주력하고 있는 사업은 인터넷을 둘러싼 노동 정보에 관한 것들이다. 민주노총과 산하 각 연맹을 비롯해 웬만한 노동조합의 홈페이지는 대부분 노동정보화사업단의 손길을 거쳤다. 투쟁 시기에는 그에 따른 발 빠른 대응으로 '이슈 홈페이지'를 제작한다.

노동운동의 굵직한 투쟁과 결합하는 각 단체의 공조 활동은 '한국노동네트워크협의회'라는 조직을 통해 이루어지는데, 이용근 씨는 열여덟 개 단체가 조직한 그 협의회의 운영위원장 역할을 맡고 있다. 대우자동차 투쟁, 한국발전산업 노동조합(이하 발전 노조) 파업 등과 같은 사건뿐만 아니라 인터넷 검열, 노동자 감시 체제를 폭로하고 막아 내는 일 등 중요한 투쟁이 있을 때마다 이용근 씨가 있는 노동정보화사업단 사무실은 인터넷 상황실이 되고 이용근 씨를 비롯한 활동가들은 당연하다는 듯 사무실에서 거의 매일 밤을 새운다.

대우자동차 대량 정리해고 사건 때에는 활동가들이 '대우차 노조 총파업 영상 중계단'을 만들어 연일 계속되는 거리 시위를 인터넷 동영상으로 생생하게 중계했다. 3개월 동안 스물아홉 개의 동영상이 인터넷에 올랐는데, 그중 24호가 온 국민의 가슴을 떨게 한 경찰의 야만적 폭력 장면 동영상이다.

발전 노조 영웅담의 원천

지난봄 발전 노조 파업 때, 합법적 파업이 봉쇄된 5,300여 명 조합원들이 400여 개 소모임으로 나뉘어 경찰의 추적을 피해 전국을 떠돌아다니며 파업을 이어 간 사상 초유의 산개 투쟁이 가능했던 것도 따지고 보면 한국노동네트워크협의회의 활동에 힘입은 바 컸다. 노동네트워크가 발전 노조에 인터넷이라는 무기를 이용할 것을 제안했고, 정보통신 활동가들이 매달려 하룻밤 만에 발전 노조 투쟁 특별 홈페이지(http://baljeon.nodong.net)를 만들어 냈다.

게시판의 위력은 대단했다. 다른 조합원들은 대부분 벌써 업무에 복귀

했는데 우리들만 지방 도시를 전전하고 있는 것은 아닌지 불안해했던 조합원들의 갈증이 한꺼번에 게시판에 쏟아져 나왔다. 서로의 모습을 눈으로 확인할 수 없는 조합원들은 인터넷에 들어가 지도부의 지침을 전달받고, 조별 상태를 확인하고, 전자우편을 통해 보고했다. 게시판에는 하루에만 2,000~3,000개의 글들이 올라왔다. 가족들이 올린 글이 더욱 감동적이었다. 사랑하는 아내와 아이들이 "힘내서 꼭 이기라." 하는 글을 열심히 올렸다. 아내들이 조합원들을 대신해 거리에서 시위하는 모습을 보며 조합원들은 눈물을 흘렸다. 전국에서 투쟁을 지지하고 격려하는 노동자들의 글이 쏟아져 들어왔고, 노동자들 사이에는 발전 노조 조합원들을 자기 집에서 재워 주자는 운동이 벌어졌다. 해외에서 전해지는 연대 메시지도 큰 힘이 되었다. 조합원들은 정보의 바다 인터넷에서 감동의 눈물을 흘리며 하루를 보내기도 했다.

영상 활동가들은 '민영화저지미디어활동단'을 조직했고, 일반 방송에서 외면받는 노동자들의 파업을 국민에게 전하는 유력한 대안 매체로서 인터넷을 활용했다. 발전 노조 위원장은 명동성당 농성장에서 매일 조합원들에게 전하는 영상 메시지를 찍어 인터넷에 올렸다. 발전 노조 파업 38일 동안 100개가 넘는 동영상이 인터넷에 올랐고 매일 수만 명이 이 동영상을 봤다. 발전 노동자들의 투쟁이 한국 노동자들에게 신화와 같은 영웅담으로 가슴 깊이 남게 된 것은 이용근 씨와 같은 정보통신 활동가들의 쉼 없는 노력이 있었기에 가능한 일이었다.

"매스미디어는 보수 언론"

노동정보화사업단은 그런 투쟁 활동을 무료로 지원하는 것을 원칙으로 한다. 이 대목에서 당연히 나올 수밖에 없는 질문이 있다.

"그럼 도대체 무엇으로 먹고사나?"

이용근 씨는 환하게 웃으면서 대답한다.

"그래도 한 달에 60만 원씩 받습니다. 98년 20만 원부터 시작해서 매년 정확하게 10만 원씩 올랐어요."

부천에서 해고노동자회 의장을 지낼 무렵 사무실을 같이 사용하던 부천노동문제연구소 간사 정현주(39) 씨를 만나 1993년에 결혼했다.

"첫애 낳을 무렵이 가장 어려웠어요. 우유 떨어지는 것도 그렇지만, 쌀이 떨어질 때는 느낌이 또 달랐어요. 저금통의 동전 한 닢까지 남지 않았을 때는 정말 위기감이 느껴지더군요. 처가 참 고생 많이 했어요. 애 낳고 6개월 만에 일을 시작했지요. 그때 6개월 된 아이를 맡아 주는 보육 시설이 없었다면 지금의 내가 없었을 겁니다. 고생을 많이 하며 살아온 처가 지금도 몸이 많이 안 좋아서 그게 제일 마음에 걸려요."

목이 잠긴 듯 이용근 씨는 잠시 쉬었다가 말을 이었다.

"사실 같이 고민을 많이 했어요. 처랑 같이 '잠시 활동을 쉬고 일시적으로라도 돈을 벌어야 하지 않겠느냐'는 얘기도 했지만, 활동을 잠시 중지하면 그것이 곧 영원히 중지하는 것이 되고 마는 예를 주변에서 많이 봐서 조금 더 견뎌 보자고 하면서 여기까지 온 거예요."

이용근 씨는 "매스미디어는 보수 언론"이라고 단정 지었다. 대중매체를 자본가 집단이 소유하고 운용하기 때문에 소외된 층의 목소리를 반영하지 않고 가진 자들의 목소리를 일방적으로 전달하는 역할을 할 수밖에 없다는 것이다. 노동자들에게 하고 싶은 말 한마디를 부탁했다.

"인터넷의 쌍방향 통신이라는 것이 민주주의를 한 발짝 진보시킬 수 있는 중요한 매체라고 얘기하잖아요. 누구나 자신의 주장을 올릴 수 있고 여론 형성의 주도자가 될 수 있다는 것이지요. 노동자들도 그 일에 적극적으로 참여해야 할 때입니다." 2002. 11. 20.

● ● ●

노동정보화사업단은 2003년 노동네트워크와 통합됐고, 그 뒤 노동넷방송국을 개국해 노동 미디어 영역으로까지 활동을 넓혀 가고 있다. 여전히 상근 활동가들은 평등한 관계를 유지하고 있어, 이용근 씨 역시 특별한 직책 없이 사무기획을 총괄하는 일, 노동넷방송국 기획·편집 일을 하고 있다.

"인터넷의 쌍방향 통신이라는 것이 민주주의를 한 발짝 진보시킬 수 있는 중요한 매체"라는 생각은 어떻게 변했는지 묻자, "기술 자체가 곧바로 사회를 발전시키는 것은 아니다. 최근 정부나 자본쪽이 인터넷을 통제하고 상업화하려고 시도해 인터넷이라는 매체가 민주적 성격보다는 돈벌이 수단이나 사회를 통제하는 새로운 수단이 될 위험성도 함께 있는 만큼 그에 맞서 싸우려는 노력이 필요하다."라고 했다. 인터넷 로그 기록 보관을 의무화하는 '통신비밀보호법' 개악이나 인터넷 실명제, 개인 정보를 손쉽게 상업적으로 이용하려는 시도 등에 맞선 싸움에 노동넷 역시 에너지를 쏟고 있음은 물론이다.

직격 최루탄, 그리고 카드 한 장

전국여성노동조합 조직국장 **박남희** 씨, 크리스마스가 올 때마다 생각나는 여인

1991년 4월 26일, 명지대학교 학생 강경대 군이 시위 도중 백골단의 쇠파이프에 난타당해 심장막 내출혈로 죽은 뒤 몇 달 동안 수많은 소중한 생명이 거의 같은 시기에 우리 곁을 떠났다. 박승희, 김영균, 천세용, 박창수, 김기설, 윤용하, 이정순, 김철수, 정상순, 김귀정……. 그때 우리 가슴에 묻어야 했던 이름들은 미처 다 헤아릴 수도 없다.

그해 가을 어느 날, 한 여성 노동자가 사무실로 나를 찾아왔다. 그해 봄, 날마다 몇 차례씩 열리는 시위에 나갔다가 시청 뒷골목에서 직격 최루탄을 맞아 화상을 입고 이제 겨우 회복됐는데, 정부를 상대로 손해배상 청구를 혼자 해 보려고 하니 그 일을 좀 도와줄 수 없느냐는 것이었다. 당연히 도와야지, 그게 내 일인데…….

아하, 이 노동자는 나를 무시하는구나

그 뒤 꽤 오랫동안 그 노동자를 만났지만 나는 그가 웃는 것을 한 번도 보지 못했다. 함께 식사를 한 적도 있었지만 농담 한마디라도 건넬 수 있는

짬을 도무지 내 주지 않아 억지로 웃겨 볼 수도 없었다. 아, '곁을 내주지 않는다'는 말이 이런 거로구나. 책상머리를 지키고 앉아 노동 상담이란 걸 하면서 생각대로 올곧게 살아가지 못하는 지식인이라는 자격지심이 있는 내가, 치열하게 사는 노동자를 만날 때 당연히 느낄 수밖에 없는 열등감 때문이겠지만 '아하, 이 노동자는 나를 무시하는구나.'라고 결론짓는 수밖에 없었다. 그러면서도 일은 계속 진행돼 띄엄띄엄 만났다.

　소송이 진행되면서 증인 문제가 벽에 부닥쳤다. 최루탄이 직격으로 날아와 그의 가슴에 맞고 터졌다는 당시의 상황을 증언해 줄 사람이 필요했다. 증인이 없으면 정부를 대리해 소송을 진행하는 검사는 "주장만 있지 입증이 없다."라고 버틸 것임에 틀림없었다. 그런데 사건이 터지던 그 순간, 사람들이 시청 뒷골목에서 지나가는 자가용을 세워 그를 태우고 황급히 신촌 세브란스병원 응급실로 떠날 무렵, 어떤 젊은 여성이 귀에 대고 속삭인 말을 그가 기억해 냈다.

　"내가 모두 봤어요. 혹시 나중에라도 내 도움이 필요하면 '나사청'으로 연락하세요. 나사청이에요, 나사청. 세 글자를 꼭 기억하세요."

　나사청은 '나라사랑청년회'의 줄임말이다. 우리는 나사청에 연락을 했다. "1년 전쯤 모월 모일 모시에 시청 뒷골목에서 이러저러한 일을 직접 본 사람을 찾노라." 하고. 며칠 뒤 나사청에서 드디어 사람을 찾았다는 연락이 왔다. 그래서 그가 나사청 회원과 함께 증인신문을 준비하러 내 사무실로 왔다. 긴 생머리에 보름달처럼 환한 얼굴을 한 아주 좋은 인상의 여성이었는데 유치원 선생님이라고 했다. 증인의 도움으로 우리는 대한민국 정부와 맞선 소송에서 이길 수 있었고, 그는 그렇게 받은 배상금 가운데 꽤 많은 금액을 자신이 속한 노동단체에 기부했다.

그해 연말 성탄절 무렵, 나는 크리스마스카드를 한 장 받았다. 그 노동자가 우편엽서 뒷면에 정성스럽게 그림을 그려, 다시 편지 봉투에 넣어 보낸 것이었다.

"고맙다는 말을 늘 하고 싶었습니다. 그러나 말보다는 노동자로서, 이 땅 민중의 자식으로서 더 열심히 사는 것이 진실로 고마움을 갚는 것이라고 생각합니다. 이 엽서는 오늘 하루를 꼬박 들여 만든 겁니다."

아, 그랬구나. 나를 무시하거나 싫어한 것은 아니었구나. 화상으로 흉하게 얼룩진 가슴을 안고 평생을 살아가야 할 사람에게 헤픈 웃음을 기대했다니……. 나는 참 부끄러웠다.

카드를 받은 날 오후, 마침 그에게서 전화가 왔다.

"카드 잘 받았습니다. 하루 종일 걸려 만들었다는 거요. 참 고맙습니다."

나의 인사치레를 듣더니 그가 말했다.

"아, 그거요? 다른 카드까지 다 만드는 데 하루 종일 걸렸다는 뜻예요."

"그래? 난 또 내 카드 하나 만드는 데 하루 종일 걸렸다는 줄 알고 괜히 좋아했잖아."

내 말을 듣고 그가 까르르 웃었는데, 그를 알고 난 뒤 처음 듣는 웃음소리였다.

10년 전에 크리스마스카드 한 장으로 나를 크게 감동시켜, 해마다 이맘때가 되면 꼭 생각나게 하는 사람이 바로 박남희(40) 씨다. 오랜만에 그를 만나 10년 전에 받은 크리스마스카드 얘기를 꺼냈더니 내게 묻는다.

"도대체 내가 그 카드에 뭐라고 썼어요?"

카드에 쓰인 문장을 내가 토씨 하나 틀리지 않게 외우자 박남희 씨는 거의 뒤집어지면서 웃었다.

"내가 정말 그렇게 썼단 말이에요? 요즘 같으면 그런 거창한 표현 함부로 쓰지 않을 텐데. 까르르……."

매 맞는 것이 운동인 줄 알았던 시절

우리는 20년 전의 어느 날로 돌아갔다.

"그날이 아마 2차 범국민 대회 '백골단 철폐의 날'이었을 거예요. 현장 친구들과 조를 편성해서 나갔어요. 나이 어린 남자 노동자의 손을 꼭 잡고 다녔는데, 시청 앞 중심에 있다가 그 무렵 시위 진압에 물대포가 막 나오기 시작했을 때잖아요……. 물대포에 계속 뒤로 밀려서 사람들이 몇 명 안 남았어요. 갑자기 빨갛고 동그란 게 띠익 날아오더니 가슴에 정통으로 맞고 터지는 거예요. 정신을 잃고 쓰러지면서도 '저 어린 친구가 맞지 않아 참 다행이다. 엄마한테는 연락하지 말아야지……' 그런 생각을 했어요."

봉제 노동자인 박남희 씨가 우리 사회에서 노동운동이라는 일을 본격적으로 시작한 곳은 톰보이 상표 옷을 만드는 구로공단의 성도섬유였다.

"85년이었나, 불순분자로 몰려 열한 명이 해고당했는데, 그때는 날마다 회사에 출근 투쟁하러 가서 매 맞는 것밖에 몰랐어요. 옛날에는 매 맞는 것이 운동인 줄 알았다니까요. 성도섬유에서 해고된 뒤에도 구로공단에 있는 회사 서너 곳을 더 다녔는데, 다니는 회사마다 블랙리스트에 올라 있는 것이 발각되면 하루 종일 얻어터졌어요. 거, 왜 정해진 코스 있잖아요. 회사에 출근하면 남자들 몇 명이 달려들어 달랑 들어서 아무도 없는 곳에 가둬 놓고, 제 발로 나가라고 하면서 주로 머리만 때리는 거예요. 아무도 없으니까 누가 알겠어요. 그러다가 사람들 퇴근하면 떼거지로 달려들어 두들겨 패고, 차에 태워 먼 쓰레기장에 내다 버리고……. 그때는 왜 그걸 다 참고 살았는지 몰라."

지금 같으면 상상도 못 할 일이지만, 불과 20년 전만 해도 여성 노동자들이 회사 안에서 주머니에 손을 집어넣고 다닌다는 이유로 생산 과장에게 불려 가 뺨을 맞는 시절이었다. 우리의 자랑스러운 여성 노동자들이 폭압에 눌려 '인간답게 살기 위한 노동운동'을 포기했다면 지금 이만큼 당당한 모습은 불가능했을 것이다.

"구로공단의 큰 회사에 들어가기가 어려워지면서 독산동의 작은 회사에 들어갔어요. 처음에는 미팅 모임을 만들었고, 그 모임이 나중에 산악회로 발전했어요."

산악회가 중심이 돼 옷만사(옷을 만드는 사람들)가 탄생했고, 옷만사는 몇 년 뒤 청계피복 노동조합과 함께 서울의류제조업 노동조합으로 거듭나는 밑거름이 됐다.

노동자로보다 여성으로 살기가 더 힘들다

1989년부터 1992년까지 옷만사를 대표하는 위원장으로 열심히 일한 박남희 씨는 그 뒤 '서울여성노동자회' 실무자를 거쳐 전국여성노동조합 조직국장을 맡고 있다.

"87년에 여성노동자회를 처음 만들었을 때는 나도 비웃는 사람이었어요. '하찮은 일에 왜 저렇게 훌륭한 선배들이 매달릴까' 하는 어리석은 생각을 하다가 서른을 넘기면서 우리 사회에서 노동자로 살아가는 것보다 여성으로 살아가는 것이 더 힘들다는 것을 깨달았지요. 93년에 내가 직접 찾아가서 여성노동자회에 가입했고, 95년부터는 실무자로 일했어요."

박남희 씨가 있는 전국여성노동조합(http://www.kwunion.or.kr)은 "일하는 여성이면 업종과 나이, 성별 모든 것을 가리지 않고 누구나 참여할 수 있는 곳"이다.

"여성 노동자 네 명 가운데 세 명이 비정규직이고, 종업원 열 명 미만 회사에서 일하는 사람이 70퍼센트예요. 이런 상황에서 여성 노조는 필연이에요. 여성의 고용 조건과 현실에 가장 알맞은 형태의 조직으로 만들어졌어요. 학교에서 일하는 도서관 사서, 영양사, 조리사, 과학 조교, 호텔 룸메이트, 학원 강사, 미화원, 파견직 여사무원, 공부방 교사……. 우리 구성원들은 정말 다양해요. 누구든지 가입만 하면 함께 활동할 수 있어요. 여러분, 살맛 나는 일터를 만드는 전국여성노동조합으로 오세요!"

박남희 씨는 그 일을 "앞으로도 아주 오랫동안 할 거예요."라고 했다. 나는 그 말을 믿는다. 2002. 12. 18.

● ● ●

박남희 씨는 전국여성노동조합 조직국장으로 일하다가 현재는 위원장을 맡고 있다. 여전히 비정규직 여성 노동자를 조직하는 일에 전념하고 있고, 일하는 여성 누구나 가입하는 노조를 만드는 데 힘쓰고 있다. 직책이 바뀌었어도 외부와의 일이 조금 늘었을 뿐 하는 일에는 큰 변화가 없다고 한다.

3

"지금까지 살아오는 동안 지난해 파업 때처럼 열심히 살아본 적은 없습니다.
어려움이 많을 것이라고 미리 짐작했지만, 어렵다고 피해 간다면
이다음에 아이 앞에 당당한 아버지로 설 수 없을 거라는 생각을 했어요.
어느 조합원 말대로, 잃은 것은 돈이요, 얻은 것은 인생이지요."

2003. 01~2003. 12

"정확히 102억 2,100만 원이오!"

엄청난 가압류에도 '개전의 정이 없는' **전승욱** 씨, 해고 뒤에도 회사 간부들의 밥상을 바꾸다

나는 내 귀를 의심하면서 다시 한 번 물어보았다.

"가압류당한 금액이 얼마라고요?"

전승욱(40) 씨는 웃으며 답한다.

"102억 원이오. 처음에 14억 원, 다음에 25억 8,000만 원, 세 번째로 62억 4,100만 원이었으니까……."

나는 얼른 계산기를 꺼내 눌러 보았다. 정확하게 102억 2,100만 원이다. 전승욱 씨는 그 돈을 갚기 위해 앞으로 남은 생을 다 바쳐야 할지 모른다.

고1 때 광주민주화운동에 참여하다

전남 흑산도에서 태어나고 자란 전승욱 씨가 목포로 유학을 나와 고등학교를 졸업하고 제대한 뒤 한국전력공사에 입사한 것은 1987년 12월이었다. 흑산도 내연발전소에서 집채만 한 큰 엔진을 사다리를 타고 오르내리기 시작한 지 3년 만에 소음성 난청에 걸렸다는 진단을 받았다.

"회사에서는 '본래부터 귀에 질병이 있었다'는 각서를 쓰라고 요구하더군요. 그러면 직업병이 아니니까 저를 작업 전환시켜야 할 의무가 없어지는 거지요. 각서를 쓰면 고향인 흑산도에서 계속 일하게 해 주겠다면서……."

각서를 마다한 전승욱 씨는 1991년에 여수 화력발전소로 작업 전환 조치됐고 노동조합에 대한 관심이 차츰 높아질 즈음 국회 앞에서 배를 가른 전력 노조의 인물 이준상 씨가 여수 화력발전소로 오면서 함께 의기투합했다.

강직한 공무원이던 아버님의 모습을 어릴 적부터 보고 자란 전승욱 씨가 "회사와 어용 노조 집행부에 맞서며 동료 직원들이 인간으로서의 존엄을 지키는" 노동조합에 관심을 가진 것은 어찌 보면 당연한 귀결이다.

"아버님은 한마디로 딸깍발이(신이 없어서 마른날에도 나막신만 신는다는 뜻에서, 가난한 선비를 가리키는 말)셨어요. 30여 년의 공직 생활 동안 청렴결백의 상징처럼 사셨지요. 명절 무렵 동네 사람들이 집에 생선 한 마리라도 들고 오면 사람이 무안해할 정도로 '쓰잘데기 없이 그런 걸 뭐 하러 갖고 왔느냐, 당신이나 집에 가져가서 잘 먹으라'고 마구 역정을 내셨어요. 소흑산도 출장소에 가서 10년 넘게 계시다가 나오실 때 섬사람들이 걷어 준 전별금도 모두 돌려주고 명단만 갖고 오셔서는 '이것만 있으면 된다'고 하시던 모습이 기억나요. 일본에 밀항해서 유학까지 갔다 온 분이셨는데……."

라디오 드라마 〈광복 20년〉을 아버지와 함께 들으며 자란 전승욱 씨는 초등학교 때 유신헌법을 배우면서 선생님께 "국회의원의 3분의 1을 대통령이 뽑는데 이것이 어떻게 민주주의냐?"라고 따지기도 했다. 약자는 도와주고 강자한테는 강해야 한다는 생각이 어릴 적부터 있어서 불량한

선배들에게는 절대로 굴복해 본 적이 없는 그에게 친구들은 공부고 운동이고 무엇이든 가리지 않고 잘한다고 '도사'라는 별명을 붙여 주기도 했다.

목포에서 고등학교 1학년에 다닐 때 광주민주화운동이 일어났다.

"그날이 5월 20일인가, 21일인가. 석가탄신일이어서 학교에 안 가고 시내에 나갔는데 광주에서 시위대 차량이 목포로 내려온 거예요. 그런데 지금 생각해도 참 이상하지요. 나는 그 차를 보자마자 친구들에게 '니들은 가. 나는 저 차 타야 돼'라고 말하고 바로 그 버스에 올라탔어요. 그 차들이 가게 앞에 서면 빵이 무더기로 올라오고…… 담배 가게 앞에 서면 담배가 보루로 올라오고…… 시민들이 그렇게 응원을 하더군요. '광주 사람들이 죽어 가니까 구하러 가야 한다'고 8톤 트럭으로 갈아타고 광주로 들어가다가 막혀서 돌아왔어요. 그때 우리 앞차는 들어갔는데…… 생과 사가 거기서 갈린 거지요."

간호사 김시자 씨 분신에 충격받다

1996년 1월 12일, 한국전력 노동조합 한일병원 지부 위원장이던 간호사 김시자 씨가 경주 교육문화회관에서 열린 한국전력 노동조합 중앙위원회 회의장에서 분신자살하는 사건이 발생했다. 그 회의에서 김시자·오경호 두 사람에 대한 징계가 결의될 예정이었는데 집행부가 짠 각본대로 징계가 이루어지기 직전, 김시자 씨는 변론을 통해 "징계는 부당하다. 우리가 떠난 뒤에도 후배들에게 영원히 남을 전력 노조 역사에 또 하나의 오점으로 기억되려는가." 등의 말을 남긴 채 아무도 모르게 밖으로 나갔다. 그리고 잠시 뒤 온몸에 휘발유를 끼얹은 채 불덩어리가 되어 회의장으로 뛰어 들어왔다. 김시자 씨는 동료의 품에 안겨 "이렇게 할 수밖에 없었다. 전력 노조가 하루속히 변하기를 바란다. 양심대로 생활하는 조합원은 행동을 보여 주기 바란다. 정리할 시간이 너무 짧았다. 노조는 아무리 법적이고 상식적인 이야기를 해도 통하지 않았다. 가족 특히 어머님한테 내 모습을 보이고 싶지 않다. 가족에게 죄송스러울 따름이다."라는 말을 남기고 숨졌다.

전승욱 씨는 김시자 열사 이야기를 하면서 마치 옷깃을 여미듯 자세를 바로잡았다.

"한마디로 충격이었어요. 전력 노조에서 이런 일이 벌어지다니……. '양심대로 행동하라'는 김시자 열사의 말이 정말로 비수가 돼 가슴에 와 박히더군요. 김시자 열사 아니었으면 오늘의 발전 노조는 없었을 겁니다."

잠시 고개를 숙였다가 하늘을 보는 전승욱 씨 모습을 보다가 나는 또 울컥 목이 잠긴다. 2002년 가을, 무주의 한 연수원에서도 나는 그의 똑같은 모습을 보았다. 강당 맨 앞줄에 앉아 있던 그가 강의를 듣다가 잠시 고개를 숙이는가 싶더니 이내 하늘을 쳐다보는데 어느새 눈에는 눈물이 그렁그렁 맺혀 있었다. 그날 강의 내용은 별것도 아니었다. 다만, 파업을 그렇게 허무하게 접고 난 뒤 해고되고 가압류당하고서도 한 달에 사나흘 정도밖에 집에 들어가지 못한 채 열심히 뛰어다니는 활동가들의 마음가짐이 그만큼 비장했던 거다. 누가 감히 두산중공업 배달호 열사의 죽음을 비웃을 수 있으랴…….

2002년 2월 파업 때 전승욱 씨는 발전 노조 남동 본부 조직쟁의국장으로 조합원들을 이끌었다. 파업이 시작되자마자 수배가 떨어졌지만, 전국에 흩어져 산개 파업을 벌이는 조합원들을 부지런히 만나러 다녔다.

"전국을 싸돌아다니다가 3월 10일에 대전 시외버스 터미널에서 잡혔어요. 딱 열흘만 더 있다가 잡혔으면 좋았을걸. 그때 영흥·분당이 흔들리던 시기여서 그 지역 한 번만 더 돌아야 했는데……. 경찰서 유치장에 잡혀 있을 때 회사 총무부장이 찾아왔어요. '그래도 얘들이 최소한의 싸가지는 있나 보다' 했더니 '이런 역할 맡기는 싫은데……'라면서 해고 통지서를 주는 거예요. 하하! 생일도 교도소에서 맞았어요. 파업이 진행 중일 때는 마음이 평온했는데 조합원들이 그렇게 허무하게 파업을 끝내고 복귀한 뒤에는 많이 괴로웠어요. 준상이가 교도소로 면회 오더니 아무 말 없이 협상안을 면회실 유리창에 딱 붙이고 보여 줘요. 나는 그걸 보고 '차라리 위원장더러 직권 조인하라고 해라. 그걸 합의안이라고……. 조합원 투표에 붙이지 말고 위원장 혼자 직권 조인하고, 혼자 나쁜 사람 되는 게 낫다'고 했어요. 정말 탈옥하고 싶어지더군요."

전승욱 씨는 해고된 상태다.

"파업 시작하자마자 수배, 해고, 재산 가압류가 일사천리로 진행됐어요. 가압류는 해제했다는 말도 있는데 아직 통보는 못 받았고요. 직원이 모두 100여 명밖에 안 되는 여수 화력에서 열여섯 명이나 해고됐고 가압류 금액도 우리가 최고예요."

어려울 때일수록 기본으로!

복직된 사람들도 있지만 전승욱 씨는 "개전의 정이 전혀 없다."라는 이유로 아직 복직되지 않았다. 그러나 해고·구속·가압류 어느 것도 그의 힘찬 발길을 막을 수는 없는 것처럼 보인다.

"회사 간부들은 식당에서도 따로 차려 주는 상에서 밥을 먹었어요. 이런 것부터 바로잡아 줘야 되겠다 싶어 그렇게 하지 말라고 했는데 이 사람들이 말을 안 듣는 거예요. 그래서 그 식탁을 아예 걷어내 버렸습니다."

"해고된 뒤, 최근에 그런 일을 했다는 거야?"

"그럼요. '당신들은 밥값 더 내고 먹느냐?' 그렇게 따졌지요. 이제는 모두 식판에 타서 잘 먹고 있어요."

전승욱 씨는 당분간 '김시자열사추모사업회' 활동에 주력할 계획이다.

"지난 파업 때도 서울대에서 나오자마자 모란공원에 가서 전태일·김시자 열사 묘부터 찾아뵈었어요. 김시자 열사 묘 앞에서 '이제는 정말 자신 있게, 떳떳하게 왔습니다'라고 마음속으로 말했는데……. 파업이 그렇게 끝나 버려서……. 그 파업 생각만 하면 속이 뒤집어져요. 이제는 전력산별 노조 건설이라는 목표가 더욱 분명해진 거예요. 지난 파업 때도 수력·원자력이 같이 싸웠으면 이겼을 겁니다."

"복직이 안 되는 바람에 할 일이 더 많아졌"다는 그에게 마지막 말을 부탁했다.

"어지러울 때 한몫 챙기는 기회주의자는 늘 있어요. 파업 뒤에 승진하는 사람들 많잖아요. 그러나 어려울 때일수록 기본으로 돌아가야 합니다. 싸워야 얻는 겁니다."

그는 또다시 싸우기 위해 부지런히 대의원 대회 장소로 발길을 돌렸다.

2003. 01. 29.

• • •

전승욱 씨에게 가해진 가압류는 2003년 배달호 열사의 죽음이 미친 파장이 커 회사가 자진해서 거두어들였다. 그렇다 해도 "저한테 가해진 제한은 죽을 때까지 풀리지 않아요."라고 전승욱 씨는 덧붙였다. 복직은 2004년 하반기에 이루어졌으나, 2006년 있었던 파업으로 같은 해 9월에 해고 되어, 복직 2년 만에 다시 해고 노동자가 되었다. 현재는 발전 노조에서 조직쟁의실장을 지내며, 노조 활동을 계속하고 있다.

범생이, 호랑이 되다

금융 노조의 투쟁 현장마다 무대 뒤에서 '빨빨거리고 돌아다니는' **이생호** 씨를 볼 수 있다네

1997년 여름, 여성민우회가 벌인 노동법 교육에 이어진 뒤풀이가 끝났을 때, 자기 차로 나를 사무실까지 바래다주겠다고 나선 여성이 있었다. 그이가 운전하는 차의 조수석에 앉아 사무실까지 오는 동안 입을 꾹 다물고 있을 수는 없지 않은가. 나이가 꽉 차다 못해 한참 넘쳐 버린 여성에게 누구나 묻는 진부하고도 상투적인 물음을 나도 했다.

"왜 아직 결혼 안 했어요?"

그 여성은 대수롭지 않다는 듯 답했다.

"하 소장님 같은 남자를 아직 만나지 못했기 때문이라고나 할까……."

어쭈, 이 사람 보게……. 나는 적잖이 당황했다. 그런 표현은 흉허물 없이 아주 친한 사이에서나 입에 올릴 수 있는 말이거늘. 그 한마디 말로 이생호(39) 씨는 나에게 평생 잊히지 않는 사람이 되었다.

이생호 씨를 그렇게 잊지 못하는 사람은 나 혼자가 아니었다. 사진을 찍으러 온 『한겨레21』의 박승화 기자도 렌즈를 들여다보다 말했다. "아, 얼굴이 기억나는 것 같군요." 이건 또 무슨 말인가. 『한겨레21』이 창간될 무렵 이생호 씨가 한겨레 사옥에 있는 서울은행 만리동 지점에서 근무했

다는 것이다.

살아 있는 호랑이

사람들은 이생호 씨에게 그의 이름을 빗대어 '살아 있는(生) 호랑이(虎)'라는 별명을 붙여 주었다. 그를 만나 단 몇 분만 이야기해 보면 그것이 괜한 별명이 아니라는 것을 단번에 알아차릴 수 있다. 사람이 도대체 말을 가리지 않는다. 목구멍까지 올라온 말을 자기 잇속이나 차리겠다고 다시 집어삼키는 짓 따위는 이생호 씨 사전에 없다.

우리나라 노동조합 가운데 최근 들어 금융 노조만큼 열심히 싸운 조직도 드물다. "총파업 두 번씩이나 한 노동조합 있으면 나와 보라고 해!" 잘했거나 못했거나 그것이 금융 노조의 자신감이다. 그 대부분의 투쟁 현장마다 집회가 진행되는 무대 뒤에서 빨빨거리고 돌아다니는 이생호 씨를 볼 수 있었다.

이생호 씨가 서울은행에 취업한 것은 남자 직원들과의 차별로 악명 높은 '여행원' 제도가 남아 있던 1983년 4월이었다. 집과 은행만 오가면서 짬 나면 산을 열심히 찾아다니는 '범생이' 생활을 하다가 1988년, 친구의 권유로 민족학교에 나가면서 세상을 보는 눈을 떴다.

"그곳에서 지하철·의료보험 노조 활동을 하는 사람들과 어울리며 배우는 모든 것이 새로웠어요. 민족학교 다음은 소모임 활동으로 이어졌고, 나중에는 은행 안에도 소모임들을 만들었어요. 그때 같이 활동하던 사람들과 함께 결국 지금까지 온 거예요."

문화패 소모임 활동, 노동조합 분회장을 거쳐 1997년, 노동조합 23대 집행부가 출범할 때 여성부장으로 결합했다가 1년 뒤쯤 교육부장을 맡은

이생호 씨 앞에는 산더미 같은 일들이 기다리고 있었다.

"국제통화기금 체제에 놓이면서 서울은행이 퇴출 금융 기관 가운데 하나로 거론되자 고객 예금이 엄청나게 빠져나가기 시작했어요. 지점에 총회하러 다니며 조합원들 만나 보면 '손님 바짓가랑이 붙잡고 하루에도 몇 번씩 울었다'는 거예요. 그 상태로 며칠 더 가면 퇴출 조치와 무관하게 은행이 저절로 문을 닫을 수밖에 없겠더라고요. 노동조합에는 조합원들을 조직하면서 은행도 살려내야 하는 두 가지 사명이 떨어진 거지요. '상생의 시대를 열자'는 슬로건은 그래서 나왔어요. 300개가량 되는 점포를 간부 한 사람이 스무 개 정도씩 나눠 맡아 아침저녁으로 다니면서 조합원 총회를 열었어요. 은행 노조로서는 특이하게 우리는 현장 활동을 시작한 거지요."

'전선'에서 어머니의 임종을 맞다

국제통화기금 사태를 만난 한국 경제의 전선 맨 앞에서 서울은행 노조가 그렇게 열심히 싸우고 있을 때 어머니가 돌아가셨다.

"온통 그 일에만 매달려 새벽에 집을 나오면 한밤중에나 겨우 들어갈 때였는데 엄마가 폐암 진단을 받으셨어요. 9개월 뒤 돌아가실 때까지 거의 찾아뵙지도 못했어요. 일주일에 한 번꼴로 가서 엄마 옆에서 자고 나오는 것이 고작이었어요. 엄마 돌아가신 날은 대의원 대회 전날이었어요. 대의원 대회를 준비하는데 임종하실 것 같다고 연락이 와서 집에 들어갔지요. 다음날 새벽에 돌아가셨어요."

부모님에 관한 말을 들을 때마다 나는 궁금해지는 것이 있다.

"어머니는 생전에 생호 씨에 대해서 어떤 생각을 하셨어요? '딸아이 하나 잘 키웠다' 그렇게 생각하셨나? 아니면 '저 철딱서니 없는 딸이 언제나 철이 드나' 그런 걱정을 하셨나?"

"처음에 내가 활동하기 시작했을 때는 내 얼굴도 쳐다보지 않을 정도로 반대하셨어요. 방바닥에 굴러다니는 광주항쟁 비디오나 자료집들 보시고는 '나쁜 짓 하고 다닌다'고 걱정도 많이 하셨어요. 그렇지만 나중에는 다 이해하셨어요. 6남 3녀 가운데 내가 막내인데 나 혼자만 결혼을 안 했잖아요. 엄마가 누워서도 저만 보면 자꾸 우셔서 얼굴을 마주하고 앉아 있을 수가 없었어요. 2주 정도 곡기를 끊고 계시다가 돌아가시는 바람에 유언 한마디 남기지 못하셨지만, 마지막에 나를 보시고 반응을 한 번 보이시더라고요. 내가 '엄마' 하고 부르니까 눈물을 딱 한 방울 흘리고 돌아가셨어요."

어머니의 죽음을 슬퍼할 겨를도 없었다. 서울은행과 제일은행에서 40퍼센트 가량 인원을 감축할 것이라는 발표에 이어 공적 자금 받은 금융 기관 인원 32퍼센트 감축, 다섯 개 은행 퇴출 등이 그 뒤를 따랐다. 서울은행 노조가 독자적으로 파업을 준비하다가 다른 은행 노조들과 합류하며 1998년 9월 총파업을 맞았다.

"명동성당부터 우리 건물 앞 입구까지 3만 명이 모였어요. 처음에는 은행별로 하기로 했는데 그걸 원천 봉쇄하니까 명동으로 쏟아져 들어온 거지요. 무대 준비도 제대로 못 했어요."

서울은행 노조는 자신들이 쓰려고 준비한 무대 장치를 들고 명동성당 가장 깊은 곳으로 들어갔다. 이생호 씨는 무대를 세우는 일부터 시작해서 무대에 올라갈 사람들을 섭외하고, 율동패를 배치하고, 집회가 원활하게 진행되도록 하는 일을 맡았다.

금융지주회사 설립에 반대하는 2000년 7·11 총파업을 거치며 지금까지 오는 동안 정말 숨 돌릴 틈도 없었다.

"홍콩상하이은행(HSBC)이 서울은행을 인수하겠다고 나섰다가 포기하고 자빠졌지요, 다음에는 '도이치방크'에 자문을 맡겨 해외 매각한다고 했다가 실패했지요, 너도나도 매입하겠다고 나서서 마지막에 세 군데가 남아 실사하다가 하나은행 합병이 발표됐지요, 합병 반대 투쟁을 했지만 결국 속전속결로 합병됐지요. 그 많은 일들을 어떻게 다 감당하면서 굴러 왔는지 우리도 신기하다니까요."

하나은행과의 합병, 숨 가쁜 흔적

며칠 전까지 서울은행 본점 간판이 걸려 있었으나 이제는 하나은행 명동 사옥으로 이름이 바뀐 건물의 텅 빈 층에 자리 잡은 노조 사무실에서 생호 씨가 최근 몇 년 동안 걸어온 숨 가쁜 흔적을 대충 짚어 보는 데도 꽤 오랜 시간이 걸렸다. "하나은행과의 합병이 마지막 고비였겠군." 내 말이 채 끝나기도 전에 이생호 씨는 손을 가로저으며 말을 막았다.

"마지막이라고요? 이제부터 시작이에요. 며칠 전에도 행장실 앞의 농성을 했어요. 양쪽 은행 직원들을 서로 섞는 교차 인사 발령을 금요일 밤 11시 19분에 낸 거예요. 월요일 아침에 들어가서 항의 농성을 시작했지요. 발령을 취소하지는 못했지만 대상자들을 불러 일일이 상황 설명을 하고, 앞으로는 신규 점포와 통합 점포에만 교차 발령을 하고, 부득이한 경우에는 노동조합과 사전에 충분히 협의하겠다는 약속을 문서로 받아내면서 끝났어요."

인사 고과 평가 방법, 임금 수준, 승진 연한, 동일 직급 직원들의 나이, 여직원 차별 문제에서부터 직원들 정서까지 모든 것에 차이가 나는 두 은행이 통합된 이후, 하나은행 중심으로 굉장히 빠르게 체제가 바뀌고 있는 지금, 노동조합에 할 일이 쌓였다고 숨을 몰아쉬면서도 이생호 씨는 "우리는 그래도 나은 편"이라고 다른 노동자들에게 미안해했다.

"금융 노조에서는 해고된 사람도 몇 명 안 돼요. 그 사람들을 넉넉히 감싸 안을 수 있을 만큼 노조 역량도 충분하고…… 수억 원씩 가압류당한다거나 하는 일도 아직 없어요. 문제는 비정규직·계약직 노동자들이에요. 금융 노조가 그 사람들을 조합에 가입시키기로 한 것은 그런 측면에서 의미가 있다고 봐요. 노동자 내부의 불평등을 스스로 해소하기 위해 힘을 기울여야 할 때예요. 그걸 못 해 내면 우리 노동운동의 미래는 없을 거예요."

그렇게 말하는 우리의 '살아 있는 호랑이' 이생호가 결혼할 가능성은 당분간 없어 보인다. 2003. 02. 19.

● ● ●

이생호 씨는 지금 현장에서 조합원으로 활동하고 있다.

"전태일은 내가 살린다"

이소선 여사 구속에 죽음을 결단했던 **민종덕** 씨, 노동상·문학상 등 우직하게 기념 사업 추진

운명의 여신은 마치 도둑고양이처럼 어두운 길모퉁이에 숨어 있다가 날카로운 발톱으로 사람을 낚아채어 또 다른 운명으로 끌고 들어간다. 1974년 어느 날, 민종덕(51) 씨는 늘상 들르던 헌책방에서 무심코 집어 든 낡아 빠진 월간지를 읽다가 '운명의 여신'의 날카로운 발톱에 걸렸다.

"헌 잡지에서 우연히 전태일 기사를 읽은 거야. '노동자가 분신했다'는 사실이 눈에 확 들어오더라고. 그때서야 오래전 신문에서 어렴풋이 기사를 읽은 기억도 나고……. '이 사람의 죽음을 사람들이 없던 일로 그냥 지나쳐 버리지는 않았을 것이다' 그런 생각이 들더라고. 그래서 기사에 나와 있는 도봉구 쌍문동의 주소를 물어물어 찾아가 이소선 어머니를 처음 만났지. '나 이 글 읽고 감동받았다. 이 뜻을 계속 이어가야 하지 않겠는가' 그런 얘기를 처음 만난 어머니에게 했어."

이소선 여사에게 엄청난 의심을 받다

나는 도원결의처럼 영화나 소설의 비장한 한 장면을 떠올리며 "그렇게

말하니까 어머니가 뭐라고 하시던가요?라고 물었다.

"어머니가 엄청나게 의심하시지."

우하하, 우리는 웃음을 터뜨렸다.

"누구 소개로 온 것도 아니고, 듣도 보도 못한 놈이 와서 그런 얘기를 하니까 당연히 의심하지. 내가 '어디어디서 일을 하고 있다'고 얘기해 주니까 그때 노조 간부인 이승철 씨한테 나를 한번 지켜보라고 한 것 같애. 그렇게 한참 살펴보고 나서 '끄나풀은 아니다' 판단했나 봐."

강증산의 고향, 정읍의 '손바래기'라고 시루봉이 있는 동네에서 태어난 민종덕 씨가 서울로 올라온 계기는 여느 노동자들과 크게 다르지 않았다.

"60년대 말에 도열병이 싹 쓸어 버려 도저히 살 수가 없게 됐지. 5남 2녀 모두 일곱 남매였는데, 시골에서는 더 이상 안 되겠다 생각하고 모두 서울로 올라와 삼양동에서 살았어. 방 두 칸을 얻어 여덟 명이 살았지. 시골에서 중학교 다니다가 그만두고 왔으니까, 처음에는 공부하고 싶어 이곳저곳 많이 알아보다 고등공민학교에 혼자 찾아가 접수하고 열심히 다녔어."

그가 헌책방을 유난히 자주 들락거린 것도 공부하고 싶다는 생각 때문이었으니 청계피복 노조와 운명적으로 만난 것도 어찌 보면 그 열망 때문이다. 그 무렵 많은 평화시장 노동자들이 그랬다. 공부하고 싶다는 일념으로 청계피복 노조 노동 교실을 찾았다.

이소선 어머니와 양승조 씨가 중심이 되어 청계피복 노조의 전투성을 회복하자는 움직임이 시작됐을 때 민종덕 씨도 그 활동에 참여했다.

"'전태일 열사 추도식을 묘에 가서 제사만 지내는 식으로 하는 것은 진정한 추도식이 아니다. 추도식을 노동 현장, 노동 교실에서 해야 한다'며

집행부 반대를 무릅쓰고 그런 일들을 추진했지. 그때 비판의 대상이 된 사람들은 지금도 그 생각하면 참 섭섭했다고 말해. 인간관계로는 다 친구 사이고 그랬으니까……."

집중적으로 권력의 탄압이 시작되던 1977년에 총무부장으로 청계피복 노조 살림을 맡았다.

"탄압이라는 것이 옛날에는 집행부만 조지면 됐는데, 밑에서 계속 사람들이 올라와 새로운 집행부를 구성하니까, 쟤네들도 '힘이 어디에서 나오나' 알아봤겠지. 노동자들이 모이는 곳, 공부하는 곳, 그 중심이 이소선 어머니와 노동 교실이니까 여기를 쳐야겠다……. 그래서 이소선 어머니를 구속하고 노동 교실을 봉쇄한 거야."

민종덕 씨가 이소선 어머니를 만나던 무렵부터 노동 교실 투쟁·노동 시간 단축 투쟁·임금 인상 투쟁 등에 관한 이야기는 인터넷 전태일기념 사업회 사이트 '커뮤니티'에서 '70민노회'를 찾아 '민종덕 이야기마당'을 들어가면 자세한 내용을 볼 수 있다. 가장 중요한 그때의 활동에 대해서는 "그 글들을 참고하면 된다."라고 그냥 넘어가려기에 가장 인상에 남는 한 대목만 설명해 달라고 부탁했다.

3층서 투신했으나 살아남다

"죽음을 결단한 적이 있었지. 77년에 노동 교실 빼앗겼을 때……. 그때는 진짜 죽으려고 했어. 우리가 사실 그동안 이소선 어머니한테 많이 기대서 싸웠잖아. 박정희 때도 쟤네들이 어머니가 밉기는 했지만 함부로 탄압할 수 있는 상대는 아니었는데, 그 어머니를 구속시켜 버렸단 말이야. 우리가 배우고 공부하고 연대하는 해방 공간·보금자리인 노동 교실을 우리에게서 앗아갔단 말이야. 그것이 도저히 용납이 안 되더라고. 적어도 내가 전태일 열사의 뜻을 좇아 뭘 해 보겠다는 사람인데, 내가 노조 간부로 있을 때 어머니 빼앗기고 노동 교실 빼앗기고……. 니들이 어머니를 구속시켰다면 그만한 정치적 부담을 가져야 한다. 그런 생각이 들었지.

그때 엄청난 조직력을 가진 것도 아니니 몸을 던져 싸울 수밖에 없지 않겠느냐는 생각을 했어. 우리가 힘이 없다고 자꾸 다른 데 의지해서 싸울 게 아니다, 이제 당사자가 결단을 해야 할 때다, 죽기로 싸우자, 그렇게 된 거야. 전태일이 위대한 것은 말한 것을 그대로 실천했기 때문이다, 이제는 죽어야겠다, 생각하고 선언문도 '결사 선언'이라고 해 놓고 투쟁한 거야. 근 한 달 가까이 쟤네들이 노동 교실을 봉쇄했는데, 사람들을 조직해서 뚫고 들어갔지. '경찰이 들어오면 뛰어내리겠다'고 했지만 애들이 주저하지 않고 들어오더라고……. 그래서 3층에서 뛰어내렸지. 그때 머리부터 떨어졌으면 죽었을 텐데, 이상하게 엉덩이부터 땅에 떨어진 거야. 병원에 입원해 있느라고 다른 사람 다 구속될 때 나 혼자만 안 된 거지."

자칫 잘못하면 민종덕 씨를 이렇게 살아서 만나지 못할 뻔했다는 생각에 이야기를 듣는 동안 가슴이 서늘해졌다. 사람들은 모두 자기 기준에 따라 다른 사람을 차별한다. 우리도 사람을 차별하는 그런 기준이 있다. '남을 위해 자신의 온몸을 던져 본 적이 있는 사람'과 '그런 경험이 전혀 없는 사람'으로…….

선출직 사무장으로 1980년 노조 강제 해산 조치, 아프리 농성(청계피복 노조가 아시아·아메리카 자유노동기구 '아프리' 사무실을 점거해 농성 투쟁한 사건)을 겪은 민종덕 씨는 '구속될 사람 다 구속되고 수배될 사람 다 수배된' 엄혹한 상황에서 사람들과 모여 계속 지하에서 활동했다. 유화 국면을 맞아 활동가들이 다시 수면 위로 올라와 1984년에 청계피복 노조를 복구하면서 위원장을 맡았다.

"노조가 산산조각 난파선이 됐잖아. 사람들이 그 조각을 끌어 모아 수리를 했는데, 내가 나이도 많고 노조 경험도 있다고 위원장을 맡으라고 한 거야. 전태일 열사 친구 세대가 아닌 첫 세대가 노조 집행부를 맡은 거지. '서노련'(서울노동운동연합) 만들면서 사람들이 날더러 또 서노련 위원장을 해야 한다고 해서 나는 청계 노조 위원장을 그만두고 황만호가 맡았지. 서노련 하자마자 85년 9월에 바로 구속됐지. 징역 2년 살고 87년 6월항쟁 뒤 나왔을 때는 김영대가 위원장을 하고 있었어."

거두절미하고, 오늘의 전태일기념관이 이나마 모습을 갖춘 것도 모두 민종덕 씨 덕이다.

전태일과 문학이 연결 안 된다고

"82년엔가 전태일기념관건립위원회를 만들었는데, 그 실무를 맡았지. 문익환 목사님이 회장이었고 나는 직책이 간사인가 그랬어. 노조 강제 해산 뒤 아무것도 없는 상태에서 추도식을 하려도 뭔가 이름이 있어야 할 거 아냐, '가족 주최' 이렇게 할 수는 없잖아. 쟤네들의 탄압 예봉을 피하기 위해 건물을 짓기 위한 위원회라는 뜻으로 기념관건립위원회를 만들었고, 사회선교협의회 사무실에 책상 하나 빌려 일을 봤지. 그때 출판되자마자 판금된 『전태일 평전』을 뿌리고 다니며 판매하는 일을 많이 했어. 그러다 노조가 생기고 건물이 생기니까 85년쯤인가 건립위원회를 발전적으로 해체하고 기념사업회로 바꾸면서 내가 운영위원장을 맡은 거지."

전태일노동상과 전태일문학상도 그가 없었다면 아예 태어나지 못할 뻔했다.

"전태일문학상은 88년에 내가 얘기를 꺼냈는데 비판들이 많았지. 전태일하고 문학하고 잘 연결이 안 된다는 거야. 그렇게 얘기들이 되면서 전태일노동상도 같이 생각하게 된 거지."

민종덕 씨는 아직까지 '전태일'이라는 이름을 기억하는 사람들의 중심에 우뚝 서 있다. 전태일기념사업회 이름 아래 전태일기념관 한 귀퉁이에서 우리가 만나 전태일문학상을 이야기하게 된 것은 모두 그의 덕이다. 자기 혼자만의 공은 절대 아니라고 겸손하게 강조하지만, 민종덕 씨가 없었다면 오늘의 전태일기념사업회·전태일기념관·전태일문학상·전태일노동상은 없었을 것이다. 그것에 대해 이의가 있는 사람은 언제든지 나에게 와서 따져도 좋다. 2003. 03. 19.

• • •

민종덕 씨는 1992년까지 전태일기념사업회 운영위원장을 지냈고, 현재는 생업을 병행하면서 전태일기념사업회 상임이사로 활동하고 있다.

"노조 경험은 아름다운 짐"

10여 년 전에 만났던 간호사 **김용금** 씨가 외국 간호사 자격 취득을 준비하는 이유

안중초등학교는 비교적 쉽게 찾을 수 있었다. 김용금(40) 씨에게 전화를 하니 "후문 쪽에서 기다리면 곧 나가겠다."라고 했다. 그런데 후문에 서서 한참이나 기다렸지만 사람이 나오지 않는 것이다. 김용금 씨가 나한테 전화를 하더니 "지금 어디에서 기다리고 있느냐?"라고 묻는다. 서로 한참 동안 지형지물을 설명하는데 뭔가 앞뒤가 잘 맞지 않는다. 불길한 예감이 언뜻 머리를 스치는 순간, 김용금 씨가 "혹시, 지금 경기도 평택시 안중면에 있는 안중초등학교에 가 계신 것 아니에요?"라고 물었다. 내가 "그렇다."라고 하자 전화기 저쪽에서 거의 비명에 가까운 소리가 들렸다.

"아이쿠, 이를 어째. 제가 있는 곳은 충남 안면도에 있는 안중초등학교예요."

갑자기 머릿속이 아득해지면서, 하늘이 핑 돌았다. 교육 정책 담당자들에게 부탁하노니, 똑같은 학교 이름 좀 제발 짓지 마시라.

아뿔싸! 평택에서 안면도까지

부랴부랴 차를 돌려 남쪽으로 달리는 동안, 10여 년 전 일들이 고속도로 가로등처럼 차례차례 머리를 스치며 지나갔다. 강서병원이 노동조합을 본격적으로 탄압하기 시작한 1991년 무렵에 김용금 씨를 처음 만났다. 노조 위원장과 사무국장만 몇 번 만나다가 상임집행위원회 간부들을 한자리에서 처음 만난 날, 위원장을 따라 들어간 병원 근처 식당 뒷방에서, 이충희 위원장이 그날 조합원들에게 했던 말은 아직도 귀에 생생하다.

"우리는 지금 노동조합 설립 이래 가장 큰 시련에 부닥친 것인지도 모릅니다. 며칠 전, 병원이 부위원장님에게 행한 부당한 조치는 노동조합을 본격적으로 탄압하겠다는 신호탄이나 마찬가지입니다. 떡장수 할머니와 호랑이 이야기를 동지 여러분은 모두 잘 알고 있을 거예요. '떡 하나 주면 안 잡아먹지' '팔 하나 주면 안 잡아먹지' 하는 호랑이의 말을 차례로 듣다가 떡장수 할머니가 끝내는 어떻게 되고 말았는지 잘 아실 거예요. 우리가 지금 여기에서 물러선다면, 우리 노동조합도 마침내 그 떡장수 할머니 꼴이 되고 말거예요. 오늘은 그동안 여러분이 만나고 싶어 했던 하 선생님도 오셨으니까……"

어느 재치 있는 여성 조합원이 재빠르게 위원장의 말을 잘랐다.

"생각보다 미남이네요. 결혼하셨어요?"

모두들 웃음을 터뜨렸다. 배를 잡고 방바닥에 누워 데굴데굴 구르는 흉내를 내는 사람도 있었다.

그날이 아마 김진숙 부위원장 생일이었지. 소점자 법규부장은 내 이야기가 다 끝난 뒤 "너무 감상적이다."라고 지적했지. 두 시간쯤 지난 뒤, 위원장이 "하 선생님이 오늘 다른 약속이 있어서 가셔야 한다니까, 보내드

205

려야겠지요?"라고 외치자, 구석 자리에 앉아 내 이야기에 고개를 끄덕이며 열심히 들어 주던 한 여성이 "싫어요!"라고 크게 외치기도 했지…….

강서병원 노동자들의 대화에서는 "우리 교선부장님"이란 말이 유난히 자주 나왔는데, 그 교선부장이 바로 김용금 씨다. 그로부터 얼마 뒤, 강서병원 노동자들은 차가운 콘크리트 바닥에서 밤샘 농성을 시작했고, 그 뒤 1년 조금 넘는 세월 동안 그 노동자들은 소설책 몇 권을 쓰고도 남을 만큼의 온갖 일을 겪었다.

간호사는 천직이었다

정말 오랜만에 김용금 씨를 만나 간호사가 된 이유를 물었다. 사람을 알게 된 지 10년이 지나서야 그 이유를 묻다니.

"고등학교 3학년이 막 될 무렵, 아버님이 돌아가셨어요. 나한테는 참 중요한 시기였는데. 병환으로 고생하는 아버님과 식구들 모습을 보면서 간호사가 되겠다는 결심을 했어요. 그런데 가정 형편이 어려워져 고등학교를 다니다 그만둘 수밖에 없었어요. 천안국제방직에 야간학교가 있다는 말을 듣고 취업했지요. 9개월 일하면서 돈을 모아 1년 뒤에는 다시 학교로 돌아올 수 있었어요. 4남 2녀 중 내가 넷째였는데, 우리 정말 고생 많이 하면서 자랐어요."

이야기를 듣는 동안 "내가 만나는 사람들은 왜 이렇게 한결같이 어린 시절이 불우한가. 도대체 왜……" 하는 생각으로 가슴 한구석이 시려 왔다.

간호대학에서 학보사 편집장과 과 학생회 부회장으로 활동하다가 졸업한 뒤, 취업한 첫 직장이 바로 강서병원이다.

"가자마자 수술실로 배치됐어요. 수술실 일이 힘들긴 하지만 보람이

있어요. 응급수술 환자가 오면 그때부터 사람들이 바쁘게 움직이기 시작하지요. 그 뒤에도 나는 응급실, 수술실, 중환자실에서만 일했는데, 아무래도 나는 그런 힘든 일에 맞는 적성을 갖고 태어났나 봐. 호호……."

김용금 씨는 웃었지만, 듣고 있는 나는 사춘기 시절 일기장 한 귀퉁이에 적어 넣었던, "나는 불행한 인간일까? 아마 나는 불행한 인간일 것이다."라는 구절이 떠오르면서 잠시 마음이 무거워졌다. 자신의 운명이 불행할 거라는 예감은 보통 사람들에게 어린 시절 잠깐 스쳐 가는 감상에 불과하지만, 실제로 인생을 그렇게 사는 사람도 있다. 어찌 보면 간호사라는 직업이 김용금 씨에게는 정말 천직인지도 모른다.

강서병원에 노동조합이 설립된 것은 1990년이었다. 노동조합과 병원의 마찰이 시작되면서부터 원장은 아예 병원에 발길을 끊었다. 동네 작은 의원에서 시작해 종합병원으로까지 키워 온 자신의 병원에 노동조합이 생기는 꼴은 차마 두고 볼 수 없다는 격이었다. 중소 규모 병원 경영자가 노동조합을 극도로 혐오하는 이유는 대부분 그 때문이다. 자신이 일생을 걸고 키워 온 병원에 노동조합이 생겨 '분탕질을 한다'고 받아들이는 것이다.

노동조합 활동을 열심히 하는 직원들은 이 부서 저 부서로 마구 이동되었다. 노동조합 파괴 전문가로 이름을 날린다는 사람이 병원 관리자로 채용되더니 전에 없던 폭행 사건이 벌어지기도 했다. 의사가 퇴직을 해도 새 의사를 채용하지 않았고, 입원 환자 수가 줄었다는 핑계로 병동 수가 하나씩 줄더니 급기야 폐업을 했다.

"이틀 휴무하고 92년 2월 28일 출근했는데, 병원이 문을 닫은 거예요. 원장은 매년 의사 고액 납세자 순위 1, 2등을 다투던 사람이었는데, 경영이 어려워졌다고 병원 문을 닫았어요. 노동조합 꼴은 차마 못 보겠다는 거지요."

강서병원 노동자들은 그 뒤 여러 직장을 전전해야 했다. 김용금 씨만 해도 한양대학교병원, 서울간호병원, 도영병원, 길병원을 거쳤고 초등학교 기간제 보건교사로 일하기 시작한 뒤에도 신현북·효성서·대정·역곡초등학교를 거쳐 지금 안중초등학교에서 보건교사로 일하고 있다.

"따뜻한 말 한마디라도 듣고 싶어서 보건실로 찾아오는 아이들이 있어요. 대부분 어려운 집안 아이들이지요. 내가 하는 말 한마디가 그 아이의 젊은 시절을 조금이라도 따뜻하게 하는 데에 보탬이 돼야 한다는 생각을 해요. 저는 기간제 교사라 전교조에 가입할 수 없지만, 가끔 행사에 따라가서 거들기도 하지요. 양호교사가 보건교사로 바뀌는 싸움 과정에 나는 머릿수 하나 보탤 자격도 없다는 게 서러웠어요. 그렇지만 앞으로 잘해 낼 거예요. 잠 못 자면서 콘크리트 바닥에서 철야 농성했던 경험들이 나를 지켜 주고 있으니까요. 어느 시인이 그랬지요. 짐이 무거워 투정을 했는데, 알고 보니 그 짐 때문에 자기가 바르게 중심을 잡으며 걷고 있더라고…… 노동조합 경험은 내 인생에 그런 의미를 갖고 있어요."

왜 휴대폰을 없애 버렸나

김용금 씨는 휴대폰이 없다. 연락하려면 아주 힘이 든다. 휴대폰을 없애 버린 이유를 물었다.

"전화는 많이 오는데, 기다리는 사람 전화가 안 와서요……"

세상에 이런 사랑이 또 있을까. 김용금 씨가 그 사람을 기다린 세월은 벌써 17년째다. 간호대학교 학생 시절 실습 나갔던 병원에서 만난 사람과 아직도 줄기찬 연애를 지속하고 있고, 그 긴 세월 동안 두 사람 마음이 흔들린 적은 한 번도 없었다니, 알 만한 사람은 다 아는 그 사랑의 긴 역사에 관해 이야기하자면 따로 또 한 권의 소설이 필요하다.

김용금 씨는 지금 외국 간호사 자격시험을 준비하고 있다.

"선진국에서는 할머니 간호사도 새로 취업할 수 있더군요. 여기에서는 내 나이만 되도 벌써 간호사로 취업하기 힘들어요. 외국 간호사 자격을 따면 환갑이 지나도 외국에 가서 간호사 일을 계속할 수 있을 것 같아서요……"

막히는 고속도로를 피해 굽이굽이 국도와 지방도로를 따라 서울로 올라오는 밤길에서, 나는 호호백발 할아버지가 된 내가 할머니 간호사 김용금 씨에게 진료를 받는 모습이 떠올라 자꾸 눈앞이 흐려졌다. 그때도 우리는 만나서 말하겠지.

"문래동 칼국숫집 기억 나? 비 내리던 날, 여럿이 가서 칼국수를 먹고,

비빔국수를 후식으로 나누어 먹었지. 강서병원 사람들이 우리 집에 사 들고 왔던 인삼벤자민은 수십 년을 잘 자라 지금은 고목이 되었어. 그때 우리 참 젊었지……." 2003. 04. 09.

• • •

김용금 씨는 태안군의 안면초등학교에서 보건교사를 하고 있다. 정규 수업이 끝나고 진행되는 '방과 후 학교' 업무를 총괄하면서 늘어난 일 때문에 외국 간호사 자격시험은 잠시 중단한 상태라고 한다. 지금은 핸드폰도 다시 생겼고, 당시 17년을 이어 오던 연인과도 결혼을 앞두고 있다는 소식을 조심스럽게 전했다.

"기독교에서 사용자란 없다"

극동방송·기독교TV에서 파란을 겪고 '라디오21'에 안착한 다재다능 의욕 과잉 **김용민** PD

2002년 10월 어느 날, 충북 옥천 숲속에 있는 기도원에 기독교TV 직원들이 모였다. 회사의 기업 구조조정에 대한 방안을 논의하기 위해 열린 수련회였다. 행사가 시작되기 전, 몸집이 남산만 한 사내 하나가 마이크와 앰프를 열심히 설치하더니 "아아, 마이크를 시험하겠습니다." 목청을 가다듬기 시작했는데, 그 '마이크 시험'이 족히 30분은 걸렸다. 그가 성대모사를 시작하자 직원들이 모두 파안대소 뒤로 넘어가며 "와, 똑같다. 똑같애. 이번에는 아무개 부장 좀 해 봐."라고 앞 다퉈 주문을 했다. 그러면 큰 몸집의 사내는 천연덕스럽게 흉내를 냈다. 그가 누구 흉내를 얼마나 잘 내는지 나로서는 알 턱이 없으나, 직원들 원성이 자자한 직장 상사들이 차례로 도마에 오르고 있다는 것 정도는 충분히 알 수 있었다. 그렇게 단 한 번의 만남으로 평생 잊히지 않을 만큼 깊은 인상을 남긴 사람이 김용민(30) 씨다.

김장환 목사와의 악연

중·고등학교 시절을 라디오 마니아로 보낸 김 씨는 대학 1학년 때부터 라디오방송의 작가·리포터 일을 시작했다.

"극동방송 리포터 일을 하느라 늘 녹음기를 가지고 다닐 때였어요. 성수대교가 무너졌는데 제가 바로 그 근처에 있었거든요. 공중전화를 잡고 극동방송에 '다리가 무너졌다'고 생중계를 했지요. 다리를 막 건너온 사람들에게 인터뷰를 땄어요. 다른 방송사들은 한참 뒤에야 다리 건너온 사람들을 열심히 찾아다녔고……. 한마디로 제가 '특종'을 한 거지요."

대학 졸업 전인 1998년 8월, 극동방송에 PD로 취업했다. 창원, 속초를 거쳐 서울 본사로 발령을 받았는데, 방송사 전체가 김장환 목사의 개인 비서실처럼 운영되는 실태를 보고 그는 선교 방송과 자신의 정체성에 대한 깊은 고민에 빠질 수밖에 없었다. 김장환 목사의 자서전 『그를 만나면 마음에 평안이 온다』를 만드는 일을 맡았다가 오히려 그는 평안을 잃었다. 자신의 홈페이지에 교회 부조리에 대한 소신 발언을 강화하기 시작한 때가 그 무렵이다.

"2000년 10월, 여의도순복음교회 조용기 목사 아들이 연예 스포츠 신문 『스포츠 투데이』를 만든다고 했을 때, 한 월간지에 실린 조용기 목사의 인터뷰 기사를 보고 격분하지 않을 수 없었어요. 교회 성도들로부터 문화 선교 헌금으로 거둔 돈이 청소년에게 유해한 언론 매체를 만드는 데 쓰이는 것은 도저히 합리적 설명이 불가능한 일인데도, 자기 아들 일이라고 계속 두둔하더군요."

여의도순복음교회는 극동방송에 공문을 보내 김용민 씨에 대한 조처를 촉구했다. 홈페이지를 없애라는 회사의 요구에 그는 사건의 전말을 자

신의 홈페이지에 상세히 올리는
것으로 답했다. 홀쩍 예비군 동원
훈련을 떠났다 돌아온 김용민 씨
에게 김장환 목사의 면담이 기다
리고 있었다.

"한마디로 '종교개혁을 하려
면, 마르틴 루터처럼 밖에 나가서
해라' 그거였어요. 자주적 의사 표
현 구조가 없는 극동방송에는 더
이상 미련이 없더군요. 사표 쓰고
나왔지요."

평소 김용민 씨의 능력을 눈여
겨본 기독교TV 상임고문 권유로
2001년 2월 기독교TV에 입사했
는데, 세상은 도대체 그가 편하게 일할 수 있도록 내버려 두지 않았다.

"감경철 사장 친정 체제가 들어선 뒤 회사를 사유화하기 위한 수순에
직원들이 순순히 따르지 않자, 회사는 기자들과 기술감독을 신용카드 영
업 부서로 발령을 내는 만행을 저질렀어요. 새 사옥을 짓는다면서 교인
들을 상대로 모금을 시작했을 때 직원들은 '기독교TV가 건물 한 층을 임
대해 사용할 뿐인 개인 소유 건물을 지으면서, 그것이 마치 선교 활동에
사용되는 기독교TV 사옥인 것처럼 교인들을 상대로 모금을 하는 것은
희대의 사기극이다'며 실상을 폭로했지요. 그 와중에 회사가 서울 강남
의 대치동 사옥에서 쫓겨나는 일이 벌어졌는데, 구조조정 핑계를 만들기
위해 회사가 의도적으로 위기 상황을 조장한 측면이 짙었어요. 열심히

맞서 싸웠지만 대한민국에서는 흑자 경영 회사에서도 기업 구조조정을 하겠다고 나서면 노동자들은 뾰족한 대책이 없더군요. 2002년 11월에 직원들 절반 이상이 명예퇴직을 하면서 결국 싸움이 끝났어요."

노동자성은 기독교의 근간

김용민 씨 얼굴에 잠시 허탈한 기색이 감도는가 싶더니, 어느새 다시 활짝 생기를 띠면서 말한다.

"중요한 고비마다 나에게 올바른 선택을 할 수 있도록 도와준 아내가 고맙습니다."

어라, 총각인 줄 알았는데 2002년 11월에 결혼한 신혼이란다. 중학교 때 교회에서 처음 만났다는 부인 정현주(28) 씨와는 어떻게 연애를 했을까.

"영화 〈봄날은 간다〉 보셨어요? 그 영화에서 남자와 여자 역할만 바꾸면 우리와 아주 비슷한 상황이 됩니다. 나는 강원도 속초에 있는 라디오 방송 PD였고, 그 사람은 서울에 살았고, 서울과 속초를 오가면서 서로 그리워하다가 한 번 헤어졌다가……. 영화에서는 헤어지지만 우리는 결혼한 거지요. 어려운 상황에 놓일 때마다 지혜로운 선택을 할 수 있도록 나한테 도움을 줬어요. 극동방송 그만둘 때나 기독교TV 그만둘 때나 모두."

기독교TV를 그만두고 얼마 지나지 않아 인터넷방송 라디오21의 모집 공고를 봤다.

"'여기야말로 내 뜻과 취지에 딱 맞는 곳'이라는 생각이 확 들더라고요. 면접 때 '계속 종교개혁을 하면 되지, 왜 다른 개혁에 눈을 돌리느냐'고 물었는데, '나는 둘 다 할 거다'라고 답했어요. 수구 세력에 맞서 사회를 변화시켜야 한다는 요구가 분출되는 상황에서 '종교·언론·정치는 다

같은 맥이지 다른 것이 아니다'고 답했습니다."

김용민 씨는 인터넷방송 라디오21 제작3팀장을 맡았다. 〈뉴스 앤 커피〉〈뉴스21〉〈노동과 꿈〉을 제작한다. 라디오21은 내홍을 겪었는데 "그 상황을 언론에 공개할 수 있는 범위 안에서만 설명해 달라."라고 부탁했다가 우선 핀잔부터 들었다.

"언론에 공개할 수 있는 범위……. 기본적으로 인터넷 매체는 다 열려 있어야 합니다. 문을 닫고 쉬쉬하는 것은 네티즌 코드에 맞지 않아요. 처음 설립하면서부터 라디오21은 수평적 리더십을 강조했어요. 라디오21에서는 모든 직원이 정규직이에요. 직원 워크숍에서 김갑수 대표(잠깐, 이 김갑수 씨는 많이 알려진 영화배우 김갑수 씨나 시인 김갑수 씨가 아니다)와 직원들 사이에 의견 충돌이 있었어요. 김 대표가 상심해서 며칠 쉬다가 직원들이 일괄 사표를 냈다가 결국 김 대표가 물러나기로 한 것인데……. 저는 주로 김 대표 뜻을 대변하는 입장이었지만 노동자에게 사형 선고나 다름없는 일괄 사표가 요구되는 것을 보고 고민에 빠졌지요. 아내와 어떻게 하면 좋을까 상의했는데 '상식대로 해라. 어느 편에 서는 것이 상식이냐, 그럼 그만둬라' 그렇게 말하더군요. 고민의 몫이 당장 그 사람에게 넘어가야 하는 상황인데도 그렇게 말해 주더라고요."

라디오21은 일단 원만하게 일을 잘 풀어낸 것으로 보인다.

"직원들은 좋은 방송 만들기에 전념하고, 경영상 어려운 문제들은 비대위가 책임지고 수습하는 것으로 아주 보기 좋게, 아름답게 풀렸어요. 김갑수 전 대표는 본래 방송 진행자로 발군의 실력을 가진 MC예요. 경영자라는 잘 맞지 않는 옷을 잠시 입은 것뿐이었지요. 기회는 위기를 통해 나온다는 말을 절감했습니다. 개혁 언론다운 위기 대처 능력을 보여 준 거지요. 걱정하지 말고 지켜봐 주십시오. 라디오21 잘해 낼 겁니다."

부담스러울 정도로 지나친 선명성

옆자리의 안효진 작가에게 김용민 씨가 어떤 사람이냐고 물었더니 딱 여덟 글자로 정의한다. "다재다능 의욕 과잉." 역시 작가는 다르다. "의욕 과잉 때문에 주변 사람들이 피곤할 때는 없느냐."라고 되물었더니 "없다. 본인의 건강도 돌보지 않은 채 열심히 일한다는 뜻이다."라고 자른다.

김용민 씨와 헤어져 여의도를 빠져나오다가 그가 기독교방송의 이진성 PD에 대해 "따뜻함과 정의로움을 같이 갖춘 사람"이라고 말한 것이 생각나 이 PD에게 전화를 해서 물었다.

"김 PD를 어떻게 생각하세요?"

"음악·종교·시사를 동시에 아우를 수 있는 몇 안 되는 PD 가운데 하나예요."

'아니, 체격 큰 사람들끼리 서로 칭찬하기로 짰나?' 싶어 "김 PD의 단점에 대해서도 말해 달라." 했더니 "교회 개혁에 대한, 부담스러울 정도로 지나친 선명성."이라고 답한다.

내가 알기에 이진성 PD야말로 기독교방송 안에서 교회 개혁에 가장 과격한 입장을 갖고 있는 사람이다. 그런데 그 사람이 "지나치게 선명하다."라고 말할 정도라면……. 에구, 무서워라. 앞으로 나는 김용민 씨를 만날 때마다 신발 끈을 고쳐 매고 옷깃을 다시 여며야겠다.

"기독교에서 노동자 의식을 더 강조해야 돼요. 일하지 않는 자는 먹지도 말라는 말씀이 있잖아요. 노동자성은 기독교의 근간이에요. 사용자도 당연히 노동자여야 합니다. 자기가 노동자라는 의식이 전혀 없는 사용자가 노동자를 탄압하고 열악한 환경에 몰아넣는 겁니다. 노동자의 반대 개념은 사용자가 아니라 반노동자예요. 이 땅에 노동 정의가 실현되기 위해서는 모든 사람이 노동자성을 회복해야 합니다."

그렇게 말하는 김용민 씨야말로 진짜 노동자다. 2003. 04. 23.

• • •

김용민 씨는 현재 시사평론가 활동과 대학 강의로 바쁘다. KBS 라디오 〈생방송 오늘〉 〈김구라의 초저녁쇼〉, SBS 라디오 〈백지연의 SBS 전망대〉 〈이수경의 파워 FM〉 등 다수의 프로그램에 출연하고 있고, 국민대학교와 한양대학교, 대진대학교에 출강하고 있다.

민주노총에서 대부업을 한다고?

천만 노동자와 결혼한 조직부장 **한혁** 씨, 공개 구혼을 하다

나에게 아마추어무선(HAM)이라는 취미가 있다고 말하면 사람들이 아주 뜻밖이라는 반응을 보인다. 방구석에서 헤드폰을 끼고 앉아, 세계 구석 구석에서 들려오는 소리에 귀를 기울이는 짓이 내가 하는 일과 잘 어울리지 않는다고 생각하는 것이다. 내 차에 달린 아마추어 무선안테나를 알아보는 노동 운동가가 딱 한 사람 있었다. 한국통신 계약직 노동자들을 만나러 갔을 때, 민주노총 마크가 선명한 투쟁복을 입은 사내가 나에게 말을 걸어왔는데, 그의 입에서 나온 몇 개의 단어만으로 나는 그가 아마추어 무선사라는 것을 단번에 알아차릴 수 있었다.

고등학교 때부터 싹이 보이다

민주노총 서울 본부 조직부장 한혁(34) 씨를 만나기로 한 이유는 바로 그 동류의식 때문이다. 그는 "5월 1일 노동절에 임시 무선국을 열어 전 세계 노동자들과 교신하고, 한국 노동자들의 투쟁 사진이 담긴 QSL 카드(아마추어 무선사들이 교신을 한 뒤 주고받는 엽서)를 보내고, 8·15통일축전 때는 북의

5월 1일 노동절 집회에 참석한 한혁 씨.

HAM과 기념 교신을 해 보는" 야무진 꿈을 갖고 있다. 그 아무에게도 얘기해 보지 못한 꿈을 주고받을 수 있는 것만으로도 우리는 금세 각별한 사이가 됐다.

민주노총 서울 본부에 전화를 해서 다짜고짜 "한혁 씨가 어떤 사람이냐?"라고 물어보았다.

"그 사람 민주노총하고 결혼한 사람입니다. 토요일 딱 하루만 집에 가고 일주일 내내 민주노총 서울 본부에서 먹고 자는데, 언제 쓰러질지 모르는 사람입니다."

내가 역시 사람 보는 눈은 있다.

민주노총 서울 본부 교육실에서 책상을 가운데 두고 마주 앉아 녹음기와 수첩을 꺼내 들다가 한혁 씨와 나는 동시에 피식 웃었다.

"이거 꼭 조사받는 분위기네. 수사 기관에서 조사받아 본 경험은 있지?"

"그럼요. 저 이번에 사면 복권됐습니다."

한혁 씨의 부모님은 본래 지방 중소도시에서 작은 사업을 하고 있었는데 전국체전이 열리면서 오래된 기와집을 멋진 건물로 개축해야 한다는 시청의 지시를 따랐다가 송사에 말려드는 바람에 가세가 완전히 기울었다.

"중학교 2학년 때 부모님이 '자식 공부는 시켜야 한다'며 서울로 올라왔어요. 무척 어렵게 살았지요. 겨울에 난방을 못 해서 방 안 주전자의 보리차가 얼 정도였으니까요. 이모와 이모부가 일찍 돌아가셔서 어릴 때부터 이종사촌 형제들과 우리 남매가 모두 한집에 살았어요. 제가 고3 때는 네 명이 모두 고등학생이어서 어머니가 아침에 도시락을 여덟 개나 싸야 했어요."

사춘기에 접어들어 한껏 예민해진 그의 눈에 비뚤어진 우리의 교육 현실이 잡히기 시작했다. 학교 성적 때문에 자살하는 중·고등학생이 1년에 100명이 넘는다고 할 때였다.

"공부를 열심히 하는 것은 사회적 타살에 동조하는 것이다, 그런 고민이 되더라고요. 혼자 고민하면서 책을 많이 읽었어요."

헌책방에서 『전태일 평전』을 찾다가 우연히 고등학교 선생님 한 분을 만났다.

"그 선생님이 광주항쟁 자료집을 빌려 주셨어요. 학교 도서관 뒤에 가서 혼자 그 책에 실린 사진들을 보면서 막 울었어요. 『현대인과 소외』『말콤 엑스』도 그때 읽었지요. 사회 시간에 '임금이 인상되면 물가가 인상된다'고 가르치는 선생님에게 '왜 거짓을 가르치냐?'고 대들었더니 친구들이 '시험에 안 나오는 문제는 쉬는 시간에 물어보면 안 되냐?'고 나무라더군요."

　고등학교 2학년 때 혼자 유인물을 만들어 학내에 뿌렸다. "자판기 수입 금을 공정하게 사용하자, 학생 복지를 위해 쓰여야 할 돈이 다른 곳에 흘러들어 가고 있다, 학내 민주화가 필요하다."라는 내용을 A4 종이 한 쪽에 빽빽이 적어 300장을 만들었다. 새벽에 혼자 학교에 들어가 교실 게시판마다 붙이고 학생들 책상 속에 집어넣었다.

　"선생님이 내 가방을 뒤져서 두 번째 유인물의 초안을 찾아냈어요. 그때 정말 되지게 맞았어요. 어머니가 불려 오셨는데 교감 선생님이 '가난하게 자란 애들이 대학교 들어가면 화염병 던지고 그런다'고 하는 거예요. 잘못했다고 빌고 있다가 그 말 들으니까 도저히 못 참겠더라고요. '하고 싶은 대로 해 봐라. 끝까지 싸우겠다'고 박박 대들었더니 오히려 처분을 근신으로 낮추더군요."

　고등학교 2학년이 끝날 무렵, 대학에 갈 거냐 아니면 노동 현장에 들어갈 거냐를 놓고 심각한 고민에 빠졌지만, 철학이 그를 붙들었다.

　"녹두에서 나온 『세계철학사』를 읽었어요. 세상을 바꾸려면 철학을 공부해야겠다는 생각이 들더군요. 이과에서 문과로 바꾸고 재수를 했지요. 1년 동안 학력고사 점수를 80점쯤 높여서 철학과에 입학했습니다."

운전기사 뽑는 줄 알고 민주노총 들어와

그가 다닌 대학은 이른바 명문이지만 학벌 없는 사회를 지향하는 뜻에서 굳이 밝히지는 않겠다. "평범하기 그지없는 운동권 학생"으로서 독일 교과서를 가지고 세미나를 하다가 동독이 망하는 모습을 봤다. "독일 놈들은 관념적이라 안 된다니까……." 다시 소련 교과서를 가지고 세미나를 하는데 소비에트가 해체됐다. 부모님에게 해 드릴 수 있는 마지막 효도라 생각하고 11학기 만에 졸업장을 받았다.

1997년, 박석운 씨가 운영하는 노동정책연구소에 기자로 들어가 2년 1개월 동안 일했다.

"취재한답시고 돌아다니면서 많이 보고 배웠지만, 주변부에서 떠돌고 있다는 느낌을 떨쳐 버릴 수 없었어요. 99년에 그만뒀는데 선배한테 민주노총 서울 본부에서 사람 뽑는다는 연락이 왔어요. 차를 곧 살 예정인데 운전할 사람이 필요하다는 거예요. 그 정도라면 내가 할 수 있겠다 싶었지요. 처음에는 정말 운전기사 뽑는 줄 알고 왔다니까요."

말이 멋있어서 조직부장이지 온갖 힘든 일을 다 해야 하는 직책이라는 것을 알 만한 사람들은 다 안다. 사무실 형광등 고치는 일부터 신규 노조를 조직하고 투쟁을 지원하는 일까지가 모두 그의 몫이다. 민주노총에 들어와 처음 맡았던 싸움이 바로 현대중기 사건이었다.

"저하고 나이 차이가 20년 이상 나는 선배님들이었어요. 나이 쉰 넘은 분들이 450일간의 파업 투쟁을 끝내면서 한결같이 '정말 소중한 것을 얻었다. 세상 보는 눈이 바뀌었다. 50년 넘게 갖고 있던 가치관이 송두리째 바뀌었다. 우리처럼 나이 먹은 사람들이 앞서 싸우지 않았기 때문에 젊은 사람들이 저렇게 고생하는구나 깨달았다'고 말씀하시는 것을 들을 때, 우리 노동운동의 희망이 느껴져요."

그가 해 주는 그런 이야기들은 한도 끝도 없이 이어진다.

"명동성당에서 한국통신 정규직 파업이 벌어지고 있을 때였어요. 밤에 사무실에 혼자 돌아와서 민주노총 홈페이지를 들여다보는데 '이랜드 노조도 민주노총 노조입니다. 한국통신 투쟁하는 데 갔더니 우리는 얼굴 한 번 보기 힘들었던 민주노총 지도부가 다 와 있더군요'라는 글을 이랜드

조합원이 올렸어요. 그 글 읽는데 막 눈물이 나오더라고요. 지도부가 잘 못했다는 것이 아니라 얼핏 대기업 중심처럼 보이는 민주노총이 갖고 있는 여러 한계들 속에서 나타나는 현상이지만, 민주노총의 녹을 먹고 있는 사람으로서…… 반성했습니다."

그 싸움의 한 귀퉁이에 나도 가끔은 있었다는 것으로 위안 삼으며 그의 얘기를 계속 들었다.

"서울지방노동청을 점거해야겠다는 연락만 달랑 받고 방배역으로 혼자 갔어요. 재능교사 노조 조합원들이 '민주노총에서 사람이 왔다'고 우르르 몰려오는 거예요. 아무 경험도 없는 여성이 대부분이었잖아요. 300여 명과 함께 노동청으로 들어갔지요. 지도부가 와서 교섭하는 동안 우리는 복도에 앉아 농성을 하고 있는데, 무척 덥더라고요. 굉장히 추운 날이었어요. 너무너무 화가 나는 거예요. 이렇게 따뜻한 곳에 앉아서 일하는 공무원들이 제대로 일을 처리하지 않는 바람에 노동자들이 추운 곳에서 벌벌 떨며 싸움을 해야 하는구나……. 그때 재능교육 농성장에는 회사가 전기까지 다 끊어 버렸거든요."

'꼬라지' 걱정한 어머니의 500만 원

이야기의 방향을 그의 요즘 생활로 돌렸다. 그가 매일 잔다는 숙직실도 둘러봤다. 알뜰하게 박봉을 모아 무이자 대부업을 한다는 소문의 실체에 대해서도 물었다.

"돈을 쓸 시간이 없으니까 통장에 조금 모인 것뿐이에요. 사무실에서 급히 돈이 필요할 때 제 통장에서 꺼내 쓰기도 하지요. 졸업할 때 어머니가 '너 사는 꼬라지 보니까 앞으로도 험한 일하며 살 것이 분명한데, 엄마가 마지막으로 해 주는 것'이라면서 500만 원을 주셨어요. 그 돈이 바탕이 된 거예요."

그의 어머니는 동네 사람들에게 "아들놈 하나 잘 키워 놨다가 천만 노동자한테 빼앗겼다."라고 말씀하실 만큼 그를 이해해 주시는 분이다. 여러 형제들 중에 맏이였던 그가 뭘 하나 사 달라고 조를 때마다 부모님은 "동생들 놔두고 너 혼자만 가질 거냐. 항상 너보다 더 어려운 사람들 생각하면서 살아라. 공부를 열심히 해야 하는 것도 많이 배워서 남에게 줘야 하기 때문이다."라고 가르치셨다. 한혁 씨는 그 가르침이 자기 운동의 출발이라고 했다.

"이번 기회에 공개 구혼을 해 보는 것이 어때? 기사 제목에 '공개 구혼'이라고 넣어 달라고 부탁할까?"

내 말에 그가 갑자기 꾸벅 큰절을 하면서 큰소리로 말했다.

"고맙습니다."

마지막으로 할 말을 부탁하자 그는 이렇게 말했다.

"지면 아깝게, 왜 저 같은 놈을 만나기로 하셨습니까?"

지면이 아까운지 아닌지는 독자가 판단할 일이다. 2003. 05. 07.

●●●

한혁 씨는 나중에 저자에게 편지를 보냈는데, 다음은 그 내용의 일부다.

드리지 못한 말씀이 있어 솔직히 자백하겠습니다. 재정 문제와 관련해서 철이 들어가면서 저는 두 가지 원칙을 생각했습니다. '자력갱생'과 '무소유'입니다. "운동한답시고 최소한 주변 사람들에게 민폐는 끼치지 말자. 내 건강한 노동으로 먹고살 것이며 행여 타인의 노동에 기생하며 살진 말자."라는 것과 "돈이건 내 몸뚱이건, 능력이건 내 것이라고 생각하지 말자. 그 모든 것은 이 더러운 자본가 세상을 뒤엎기 위한 투쟁에 쓰여야 할 소중한 혁명의 자산이며, 혁명이 내게 잠시 관리를 위탁한 것일 뿐이다."라는 것입니다.

어렸을 때부터 책탐이 참 많았습니다. 특히 대학에 들어가고 나서는 선배 집에 가서 맘에 드는 책을 때로는 애원해서 때로는 훔쳐서 들고 나오기 일쑤였습니다. 그런 저를 보면서 어느 선배가 호통을 치더군요. "활동을 하는 놈이 언제라도 떠날 수 있도록 보따리 하나면 족하지 뭐 그리 욕심이 많으냐."라고……. 물론 그 선배가 강조하고 싶었던 것은 '보안' 문제였겠지만, 문득 "입속엔 말이 적어야 하고, 머릿속엔 생각이 적어야 하고, 뱃속엔 밥이 적어야 한다."라는 불경의 한 구절이 떠올랐습니다. 자본주의를 뒤엎겠다는 놈이 '자본주의적 소유욕'에 찌들어 살고 있구나 하는 뼈아픈 반성이었습니다. 그 뒤론 재정 문제에 대해서도 자력갱생의 원칙은 철저히 지키더라도 통장에 쌓이는 돈을 결코 '내 것'으로 생각해선 안 된다고 스스로를 다그치고 있습니다(근데 솔직히 아무리 노력을 해도 그놈의 '소유욕'이란 게 칼로 무 베듯 잘라지지는 않아 고민스럽습니다).

한혁 씨는 민주노총 조직부장에서 서울 본부 대외협력국장을 거쳐 지금은 서울 본부 미조직비정규사업국장을 맡고 있다. 대부업은 돈이 다 떨어져서 못 하고 있다고 한다.

파업은 삶의 가장 강렬한 느낌표!

강남성모병원 파업으로 맺어진 **황인덕·주순여** 부부, "잃은 것은 돈이요, 얻은 것은 인생"

217일 동안 장기 파업을 벌인 노동자들의 삶에서는 도대체 어떤 일들이 벌어졌을까? 실제로 겪어 보지 않은 사람은 그 몇 백분의 일도 상상할 수 없을 것이다. 여의도성모병원, 강남성모병원, 의정부성모병원이 모여 있는 가톨릭중앙의료원(CMC)의 노동자들은 꽃피어 만발한 늦봄부터 낙엽 떨어지는 가을을 지나 한겨울 추위를 견뎌 내야 했던 많은 나날들 동안 수백 편의 소설을 쓰고 영화를 만들었다.

끝내 대화를 거부한 신부님·수녀님……

2002년 12월 24일 밤, 성탄대축일 전야 미사를 한 시간 앞두고 전국보건 의료산업 노동조합 가톨릭중앙의료원 한용문 파업대책본부장이 217일 동안의 장기 파업을 끝내는 파업 중단 선언을 하는 순간, 400여 조합원들이 노숙 철야 농성을 벌이던 명동성당 들머리는 눈물바다가 되었다. 아무런 문서 합의도 없이 깃발을 내리고 농성 천막을 철거하는 모습을 보면서, 끝내 대화를 거부한 신부님·수녀님·병원 관리자들 중에 회심의 미소를 지은 이가 있었다면 천벌을 받을 일이다. "그럴 리 있겠느냐?"라고 반문하는 사람들이 있겠지만, 구속, 수배, 해고, 무노동 무임금, 손해배상 청구, 가압류, 병원 출입금지 가처분 신청, 경찰 병력 투입과 강제 해산 등 가능한 노조 탄압 행위가 모두 동원된 파업 과정이나 조합원들이 현장에 복귀한 뒤 당하는 일들을 보면, 딱히 "그렇지 않다."라고 자신 있게 말할 수 있는 사람도 없을 것이다.

파업 때문에 해고된 스물세 명의 노동자들 중에서 서울 지역에 있는 두 병원의 해고 노동자 열여덟 명이 서울지방노동위원회에 제기한 부당해고 및 부당노동행위 구제 신청 심문회의가 열린 지난 4월 29일, 반나절이나 걸린 심문회의가 거의 끝나 가는 '최종진술' 시간에 다른 노동자들과는 좀 다른 내용의 진술을 하는 선량한 얼굴의 남자 노동자가 있었다. 대부분 그 시간에는 자신의 해고 사유에 관해 설명하는 것이 보통인데 그는 "파업이 좋아서 파업을 하는 노동자는 없을 것입니다."라고 말문을 열더니, 파업에 대한 병원의 대응 방식이 얼마나 비합리적이었는지, 병원의 비이성적 대응이 노동자들의 삶에 얼마나 큰 비극을 초래했는지에 대한 설명만 하고 자리에 앉았다. 그는 "병원에 대한 자부심과 긍지를 잃은 조합원들은 지금 정신적 공황 상태에 있다."라고 표현했다. 자신의 해고 사유에 관한 설명은 한마디도 하지 않은 채 최종진술을 끝낸 황인덕(35) 씨는 결국 그날 구제되지 않은 몇 명의 간부에 포함됐다.

"결혼은 노동조합의 선물"

황인덕 씨와 그의 부인 주순여(30) 씨를 함께 만났다. 남편 황인덕 씨는 강남성모병원의 간호부 보조원이자 보건의료 노조 강남성모 지부 조직부

지부장이고, 부인 주순여 씨는 같은 병원 외과 중환자실 간호사이자 노조 조합원이다. 두 사람이 만나서 가까워지게 된 사연에 대한 궁금증부터 풀어 보는 것이 당연한 순서다.

"처음에는 얼굴만 알고 지냈어요. 저는 노동조합 전임자였고 이 사람은 평조합원이었다가 나중에 대의원을 했는데, 노동조합 활동하면서 보니까, 밤 근무 끝낸 뒤에도 내려와서 열심히 도와주는 모습이 참 성실해 보이더라고요."

황인덕 씨가 설명하는데 내가 참지 못하고 채근을 했다.

"결정적 순간이 있었을 거 아니에요? 흔히 말하는, 필이 와서 팍 꽂힌 때가 언제였어요?"

황인덕 씨는 잠시 생각해 보는 표정이 되더니 말한다.

"2000년 6월에 파업 전야제를 치렀는데 우리 병원 역사상 처음으로 1,000명 이상이나 모였어요. 한껏 긴장된 분위기가 지속되다가 다음날 새벽 파업 시작 직전에 협상이 타결됐지요. 조합원들이 모두 돌아가고, 간부들은 남아서 설치했던 무대도 치우고 뒷정리를 했어요. 그날 둘이 한강변에 가서 이런저런 얘기를 했는데…… 아무래도 그날이 결정적이었던 것 같아요. 우리 결혼은 노동조합의 선물이에요."

사람들이 꽉 찼다 빠져나가 텅 빈 공간에서 그 행사를 주관했던 사람들이 덩그마니 남았을 때 가슴 가득 밀려오는 쓸쓸하고 외로운 묘한 느낌을 잘 아는 사람은 그날의 분위기를 짐작하고도 남을 것이다. 황인덕 씨가 말하는 동안 옆에 앉은 주순여 씨는 동의한다는 표정으로 내내 웃었다.

두 사람은 2000년 9월 16일 결혼했다. 상대방의 어떤 점들이 마음에 들었는지 물었더니 차분한 말씨로 서로 칭찬하기에 여념이 없기에 내가 말을 자르며 끼어들었다.

"아직도 서로에 대한 환상에서 깨어나지 못했군요?"

그 말에 주순여 씨가 눈이 동그래지더니 따지듯 묻는다.

"그걸 왜 환상이라고 생각하세요?"

두 사람은 천생연분이다.

부부가 같이 밥을 먹을 수 있는 기회는 일주일에 두세 번이 채 안 된다. 그것도 일부러 시간을 맞춰야 가능하다. "남편의 노동조합 활동에 불만은 없느냐?"라고 아내에게 물었다.

"제 기본적인 생각은, 자신이 옳다고 확신하는 일, 자신이 하고 싶은 일은 하면서 살아야 한다는 거예요. 이 사람은 자신이 좋아하는 일을 하고, 나는 또 내가 좋아하는 일을 하고 있으니까 별 불만은 없어요."

간호사 일이 주는 위로와 기쁨

주순여 씨가 좋아하는 일이란 무엇일까?

"감히 천직이라고까지 말하지는 못하지만, 간호사 일에는 보람이 있어요. 기본적으로 남을 도와주는 일이니까요. 환자를 만나 학교에서 배운 대로 대소변 씻는 일부터 온갖 의료 처치를 하면서 그 환자가 나아 가는 모습을 보는 것, 그 일을 통해 내가 오히려 위로와 기쁨을 얻기도 하는 것, 그런 일을 열심히 하면서 살아갈 수 있는 직장이 있다는 것, 그것이 참 좋아요."

그 말을 들으며 나는 노동위원회 심문회의 최종진술에서 "병원에서 일하면서 간호사가 정말 제 적성에 맞는 일이라는 것을 깨달았습니다. 새로 바뀐 유니폼 세 벌이 지금도 비닐에 싸인 채 옷장에 걸려 있습니다. 다

시 돌아가 그 옷을 입고 일하고 싶습니다."라고 울먹이던 간호사가 생각
나 목젖이 울컥 잠겼다.

"저는 남편이 옳다고 믿는 일에 대한 기본적인 신뢰가 있어요. 비록 지
난번에 '앞으로 한 번만 더 잡혀가면 내가 같이 안 산다'고 말하긴 했지
만……."

황인덕 씨는 파업 기간에 병원 로비를 침탈한 경찰들에게 잡혀가 4개
월가량이나 갇혀 있다가 집행유예로 나왔다. 남편이 병원 로비에서 붙
잡혀 가는 순간에도 부인은 중환자실에서 열심히 일했다. 의사들의 파
업과 달리 병원 노동조합의 파업은 필수 진료가 꼭 필요한 부서의 조합
원들을 파업에서 스스로 제외시킨 채 진행되기 때문이다.

영화 〈빌리 엘리어트〉의 감동처럼

2002년 6월 29일, 파업 중이던 병원 로비에서는 두 사람의 아들 민하의
돌잔치가 벌어졌다. 그 소문을 미리 들어 알고 있던 터라 "어떻게 돌잔치
를 파업 현장에서 할 생각을 했지요?"라고 물었는데, 아, 그것은 얼마나
어리석은 질문이었던가.

"아기를 아빠에게 보여 주고 싶었어요. 마침 돌 무렵이라 떡이나 좀 돌
리고 가려고 생각했어요. 아빠가 체포 영장이 발부돼 밖에 못 나가고 병
원 로비에서 먹고 잘 때여서 가족끼리 간단히 식사나 하자는 생각이었는
데……."

부인의 말을 황인덕 씨가 받아 이었다.

"우리가 돌잔치를 준비한 게 아니었어요. 그때 차수련 위원장님도 계
셨는데, 제가 어딜 갔다 왔더니 조합 간부들이 상을 차렸더라고요. 그날

2002년 6월 강남성모병원 로비의 파업 현장에서 열렸던 황인덕·주순여 부부의 아들 민하의 돌잔치.

민하가 볼펜하고 쌀을 손에 잡았어요. 조합원들이 축가도 불러 주고, 사진도 찍고. 한용문 지부장님이 정리하는 노래를 조용하게 불렀는데, 그날 조합원들이 참 많이 울었어요. 축의금도 많이 받았어요."

설명을 듣던 내가 거든답시고 끼어들었다.

"축의금 받는 그런 일을 또 챙겨 준 사람이 있었군요?"

우문현답의 행진은 계속된다.

"조합원들이 봉투도 없이 그냥 호주머니에서 돈을 꺼내 찔러 줬어요."

영화 〈빌리 엘리어트〉의 감동도 이것에는 훨씬 못 미치리라.

남편 황인덕 씨에게 마지막 말을 부탁했다.

"지금까지 살아오는 동안 지난해 파업 때처럼 열심히 살아본 적은 없습니다. 어려움이 많을 것이라고 미리 짐작했지만, 어렵다고 피해 간다면 이다음에 아이 앞에 당당한 아버지로 설 수 없을 거라는 생각을 했어요. 어느 조합원 말대로, 잃은 것은 돈이요, 얻은 것은 인생이지요. 앞으로 더 열심히 싸워야지요."

"남편이 해고됐는데 이제 어떻게 할 거예요?" 나의 짓궂은 질문에 주순여 씨는 "복직 투쟁 한다잖아요." 그렇게 말하며 까르르 웃었다. 그늘 없이 활짝 웃는 얼굴에 '헌법재판소 필수공익사업장 직권중재 합헌 결정' 기사가 문득 겹쳐 보였다. 하느님, 앞으로 또 얼마나 많은 착한 노동자들이 잘못된 제도의 희생양이 되어야 합니까. 2003. 05. 21.

* * *

강남성모병원, 여의도성모병원, 의정부성모병원은 2002년 임금 인상, 사학 연금 사용자 부담, 인사위원회 노동조합 참여 등을 요구안으로 수개월 동안 교섭하였으나 결국 합의하지 못하고 파업에 들어갔고, 스물네 명의 해고자가 발생했다. 2005년 7월 처음 열일곱 명이 복직되면서, 최종 다섯 명을 남기고 모두 복직되었다. 황인덕 씨를 포함한 다섯 명은 노동 현장에서 활동하면서 복직 투쟁을 하고 있다. 황인덕 씨는 전국보건의료산업 노동조합에서 약 10개월 일하다가, 현재는 민주노동당 최순영 의원 보좌관으로 일하고 있다.

"학부모는 노조 간부처럼 뛴다"

대중운동의 새로운 지평을 말하는 '서통' 해고자 출신 **배옥병** 씨

배옥병(47) 씨와 함께 나눴던 이야기가 녹음된 테이프를 몇 번이나 들으면서 '도대체 이 사람 입에서 나오는 말에는 버릴 내용이 없다.'라는 느낌을 받았다. 그것은 배옥병 씨가 지금까지 살아온 삶의 밀도가 그만큼 높다는 뜻이다.

그이의 어릴 적 이야기부터 옮겨야겠다.

"칠갑산이 있는 마을에서 자랐어요. 5남매의 장녀였는데 국민학교 4학년 때 가정 형편이 힘들어져서…… 학교를 더 이상 다닐 거냐, 말 거냐 그렇게 됐거든요."

목소리가 떨리는가 싶더니 금세 울음이 섞여 나오면서 두 눈이 빨갛게 충혈됐다.

"머스마 동생 두 명을 두 살 때부터 제가 키웠어요. 농사짓고, 밭 매고, 논 매고, 나무하면서…… 엄마 노릇 다 했어요."

배옥병 씨는 또 목이 잠겼고, 듣고 있는 나도 숨을 고르느라 애썼다.

사람들을 조직하기 위해 자취를 생각하다

명절 때만 되면 서울 구로공단에서 내려온 수십 대의 관광버스 귀향 행렬
이 보란 듯이 마을 앞을 지나는 모습을 몇 해 동안 지켜보다가 열아홉 살
되던 1975년 추석에 서울로 올라와 (주)서통에 취업했다.

"처음에는 열심히 일만 하는 모범 사원이었지요?" 그동안 다른 노동자
들을 만난 경험을 무기 삼아 나는 그렇게 물었다. 역시 예외가 아니다.

"언제 미싱 탈까 그 생각만 했어요. 미싱사 언니들이 하라는 대로 다 했
어요. 꽤 안 부리고 정말 열심히 일했어요. 언니들 잠 잘 때 나가서 열심
히 배웠어요."

어느 날 외출 나갔다 오던 친구들이 새문안교회 대학생들이 개설한 '새
얼야학' 광고 전단을 받아왔다. 유종일 씨(현 한국개발연구원 국제정책 대학원 교
수) 같은 사람들이 그때 야학 교사였다.

"사람들을 조직하려면 자취를 해야겠다 생각했어요. 기숙사 밥은 말도 못 하게 불결하고 모두들 너무 지겨워했어요. 라면, 수제비도 그렇게 좋아했는데, '야, 우리 집에 뭐 먹으러 가자' 그런 핑계로 사람들을 데려올 수 있었으니까……."

그렇게 시작된 활동이 1980년 봄을 맞았다. 기숙사 옥상 뙤약볕에 1,500명이 모여 농성을 시작했다. 노동부와 회사 사람들이 밧줄을 타고 옥상에 올라오고, 밀고 당기고 하다가 문이 부서져 찻길로 쏟아져 나온 사람들에게 전경들이 최루탄을 쏘아대는 바람에 팔이 부러지고 살이 찢어지는 부상자가 50여 명이나 생기고, 며칠 동안 밥도 안 먹은 상태에서 최루탄을 맞고 기절한 배옥병 씨를 빼앗길까 봐 잔디밭에 눕힌 채 노동자들의 농성이 진행됐다. 역사를 이렇게 간단하게 기술하는 것은 거의 죄악이다. 5월 17일 밤 10시에 노조를 설립하고 배옥병 씨가 위원장을 맡은 지 두 시간 뒤에 계엄령 전국 확대가 선포됐으니 계엄령과 동시에 시작된 노동조합이 그 뒤 겪은 일들을 이 제한된 원고에서 몇 분의 일이라도 제대로 기록한다는 것은 불가능하다.

12월 8일, 군복 입은 여자들이 집으로 찾아오더니 배옥병 씨를 서빙고 합동수사본부로 데려갔다. 28일 조사받는 동안 노동조합 사무실은 X자로 못을 박은 채 폐쇄됐고 회사에서는 하루에 세 번씩 안기부, 노동부, 회사가 "배옥병은 빨갱이라 사형당할 것이고, 나머지 포섭된 사람들은 무기징역 아니면 최소한 20년 형을 받게 될 것이다."라고 협박하는 교육이 자행됐다. 그때 사표를 내고 회사를 떠난 사람들은 20년도 더 지난 지금까지도 그 일을 미안해한다. 자기는 너무 무서웠노라고, 그러다가 자기들도 당장 어떻게 될 것 같아서 사표를 내고 회사를 떠날 수밖에 없었노라고, 그것이 지금까지 평생 자신을 짓누르는 죄의식이라고 사람들은 지금도 만나 서로 얘기하며 눈물짓는다.

배옥병 씨는 평조합원 신분이 됐지만 노동절 행사를 치르고, 임금 인상 투쟁과 노보 '상록수'를 만드는 활동을 하느라 잠시의 쉴 틈도 없었다. 그러다가 1981년 6월에 '국가보위특별조치법' 위반으로 구속됐다. 배옥병 씨의 이름을 내가 처음 들은 것이 그 무렵이다. 나는 당시 배옥병 씨와 함께 구속됐던 활동가 이목희 씨에게 더 주목했다. 전두환 정권이 만든 제3자개입금지 조항이 처음 적용된 사례였고, 나 역시 그런 제3자의 아류였기 때문이다.

배옥병 씨는 1년 6개월 만기 출소한 뒤 바로 해고됐다. 구속된 날 이후 다시 회사로 돌아가지 못했다.

"감옥에서 나오자마자 60명쯤이 모여서 이틀 밤을 얘기로 샜어요. 그런데 해고 경험이 열 번도 넘는 사람들이 있는 거예요. 기숙사에 있다가 어느 날 갑자기 '서통' 해고자라고 알려지면 바로 해고되고, 기숙사에서 이불 보따리 들고 나와서 그 밤에 갈 데가 없었다는 거예요. 대부분 시골에서 올라온 사람들인데 그 짐을 들고 밤길을 헤맸다는 거예요. 나는 감옥에 있으면서 오히려 더 편했던 거예요……."

이야기를 하다가 듣다가…… 우리는 또 울었다.

1980년대, 그녀의 눈부신 광채를 기억하네

1980년대 초 어느 날, 인천의 광야서점에서 배옥병 씨를 처음 봤다. 그 서점을 경영하던 후배가 짙은 감색 트렌치코트를 걸치고 서가의 책을 살피고 있던 한 여성을 가리키며 "바로 그 유명한 서통의 배옥병 씨."라고 넌지시 가르쳐 주었다. 잠깐 스치듯 훔쳐본 그 모습을 20년 넘는 세월

노동운동을 경험한 이라면 모두가 기억하는 맥스테크 노동조합 사건 당시의 걸개그림.

동안 내가 생생하게 기억하는 까닭을 이번에 비로소 알았다. 그 무렵 배옥병 씨가 연애를 하고 있었던 거다. 사랑에 빠진 사람만이 가질 수 있는 눈부신 광채가 그의 온몸에서 뿜어져 나오고 있었던 거다. "함께 일할 수 있는 사람을 만나 결혼을 하고, 계속 활동할 수 있었으면 좋겠다."라는 생각을 하고 있던 차에 YH 무역 노조의 박태연 씨 소개로, 그 무렵 민주노동자연맹 사건으로 들어갔다가 8·15특사로 막 세상에 나온 송병춘 씨를 만나 이듬해 1984년 1월에 결혼했다.

배옥병 씨는 1980년대 최초의 공개 노동운동 조직 노동자복지협의회를 거쳐 여성노동자회에서 계속 활동했다. 여성노동자회와는 처음부터 같이 시작했고, 10년 동안 밑에서부터 주욱 올라가 조직부장, 부회장, 회장을 지냈다.

1988년 8월 '3·8 세계여성의날 기념 한국여성대회'에서 여성단체연합은 1회 권인숙 씨 이래 2회 올해의 여성상으로 맥스테크 노동조합을 선정했다. 그때 그림패 둥지가 그려서 내걸었던 걸개그림 〈맥스테크 민주노조〉를 사람들은 기억한다. 노동운동을 한다면서 "모르면 간첩" 소리를 듣는 '맥스테크 노동조합' 사건(1987년 12월 회사의 불법 위장 폐업에 맞서 여성 노동자 전 노조원이 55일 동안 농성을 전개하여 위장 폐업을 철회시킨 사건이다. 이 투쟁에 여성노동자회가 함께하면서 여성노동자들의 연대 의식을 북돋웠다)은 배옥병 씨가 처음에 상담하러 찾아온 사람을 만난 것으로부터 시작된 일이다.

감히 말하건대, 배옥병 씨가 당시 구로동에서 활동하고 있지 않았다면 맥스테크 민주 노조 사건은 없었을지도 모른다. 배옥병 씨는 그렇게 언제나 자신이 있는 곳에서 최선을 다했다.

학교운영위원회 일을 훈련처럼

후일담이 끝나고, 배옥병 씨가 지금 하고 있는 새로운 지평의 대중운동에 관한 이야기가 현재 진행형으로 진행되니까 말씨가 단연 활기를 띤다. 생각 같아서는 이번 기사를 1·2부로 나눠 두 번에 걸쳐 쓰고 싶었다.

"95년도부터 학부모 자생단체 임원을 맡았고, 96년도에 학교운영위원회가 만들어졌는데, 정말 학교가 썩은 사회의 축소판 같다는 걸 알았어요. 대중이 어디에 있는지 딱 보면, 자신이 대중운동을 어떻게 해야 하는지 알 수 있어요."

도서실 활성화, 졸업 앨범 공개 입찰, 교복 공동 구매, IMF 직후 대책 없이 늘어난 결식아동 지원, 위탁 급식의 심각한 문제를 해결하기 위한 '학교급식전국네트워크' 건설 등 학교운영위원회 일을 배옥병 씨는 모두 하나하나 훈련처럼 이뤄 냈다. 아무리 작은 결정이라도 학급 모임·학년

모임을 거쳐 의견을 수렴했다. '학부모신문'도 만들어 정기적으로 발행하고 있다. 이야기를 듣는 동안 내 눈앞에는 노동조합의 수많은 소모임과 상집회의 모습, 노보를 발간하던 배옥병 씨의 모습이 자꾸 겹쳐졌다.

배옥병 씨는 지금 대학생이다. 어릴 적 이야기를 군이 앞에서 옮긴 이유는 그 때문이다. 어릴 적 눈물겨운 한을 기어이 풀었다.

"97년에 여성노동자회 그만둔 뒤, 조금 시간 여유가 생겼어요. 고민하다가 7개월 만에 중학교·고등학교 과정 검정고시를 마쳤어요. 성공회대학교에 양심수 특별전형이 있다고 해서 사회과학부에 지원했는데, 뜻밖에 됐어요."

그가 한 '고민'이란 다른 많은 노동자에 대한 왠지 모를 미안함이다.

상반기 동안 교육행정정보시스템(NEIS) 문제와 급식 식중독 사건 때문에 정신없이 뛰어다니느라 학업을 게을리 했다고 반성하는 그에게 후배한테 하고 싶은 말을 부탁했더니 "내가 무슨⋯⋯."이라면서 뒤로 뺐다. 나는 "피고에게 최후진술의 기회를 드리겠습니다."라며 강권했다.

"지금 자기가 속한 곳에서 올바른 가치관을 계속 유지해 나가면서 사회를 변화시키는 일에 참여하는 것이 자신의 길이라고 생각했으면 좋겠어요. 그렇게 생활 속의 운동을 일상화시키는 것이 이 사회를 건강하게 유지하는 밑거름이라 생각해요."

배옥병 씨를 만나고 나오면서 "지금 내 생활 속에서 일상화된 운동은 무엇일까?" 곰곰 생각했다. 2003. 06. 03.

• • •

배옥병 씨는 성공회대학교 사회과학부를 졸업하고, 학교급식전국네트워크 상임대표로 활동 중이다. 학교 급식과 관련해 안전한 먹을거리를 공급하기 위해 전국을 대상으로 학교급식지원조례 제정에 힘쓰고 있다.

"이건 아니다" 354일 대장정

전국축협 노조 제주양봉축협 지부 최후의 노조원 **김영심·김신자·정향숙** 씨의 악과 깡

전국축협 노동조합 제주양봉축협 지부에 처음 연락했을 때, 정향숙 씨는 "절대로 인터뷰하지 않겠다."라고 사흘 동안이나 마다했다. 나는 "무작정 제주도에 갈 테니, 그리 알고 있으라." 하고 애원했는데, 약속 하루 전날 정향숙 씨가 전화를 했다.

"지금 제주 지역에서 파업 중인 사업장이 두 곳 있는데, 오셔서 교육 좀 해 주세요. 농성 천막에서 해야 하는 강의라 환경은 열악할 거예요."

그 교육을 하지 않으면 인터뷰에 응하지 않겠다는 표현만 없었을 뿐, 이것은 상호주의에 입각한 위협이나 다름없다. 퍼시픽호텔과 로얄호텔에서 일하는 노동자들이 설립한 금자탑 노동조합과 안마사로 일하는 시각 장애인들이 설립한 제주통합안마원 노동조합 노동자들이 모여 있는 농성 천막에서 두 시간 강의를 하고 나서야 어렵사리 세 사람의 여성 투사들을 만날 수 있었다.

"개인으로 큰소리치는 것보다 노동조합 자격으로 요구하는 것이 옳다"

"오늘이 파업 며칠째지요?"

"354일째요."

마치 합창하듯 한 박자의 어긋남도 없이 한목소리로 답했다. 아침에 눈을 뜨면 파업 일자를 헤아리는 것으로 하루를 시작한 지 벌써 354일째다. 단 세 사람뿐인 조직이 그 긴 파업을 이끌어 오고 있는 것이다.

지부장 김영심(31) 씨에게 상투적으로 물어본 부모님 이야기에서도 우리 역사의 아픔은 뚝뚝 묻어 떨어진다.

"4·3사건 때 아버님 쪽으로 할머니, 할아버지, 아버지 형제 분들이 모두 돌아가시고 고모님 한 분만 남았어요. 대학 다니면서 4·3사건이나 노동 문제에 대해 새로 깨달은 내용을 부모님께 말씀드리면, 노인회나 계모임에 가서서 다른 어른들을 설득하는 일에 자부심을 느끼셨어요."

부지부장 김신자(32) 씨의 부모님은 양봉업을 하신다. 당연히 제주양봉축협의 조합원이고 임원도 지내셨다. 일반 회사로 치자면 기업 임원의 딸이 노동조합 간부로 '방방 뛰는' 형국이지만, 아버님은 딸에게 "네가 그일이 옳다고 생각한다면 축협 출자금을 포기할 수도 있다."라고 말씀하셨다.

사무장 정향숙(29) 씨의 부모님은 과수원을 하신다.

"이번에 밭 하나 갈아엎었어요. 열매도 따지 않은 귤나무들을 다 뽑아버렸어요. 귤 따야 할 무렵에 동생 일로 과수원에 가압류가 들어왔거든요. 25년 동안 키운 밭을 한순간에 갈아엎었어요."

이 대목에서는 설명이 필요하다. 정향숙 씨의 동생은 지난 한라병원 파업에 참여했다가 부모님과 친척의 재산까지 가압류당했다고 언론에 보도

왼쪽부터 정향숙 사무장, 김신자 부지부장, 김영심 지부장.

된 바로 그 사람이다.

세 사람은 모두 1997년 초에 제주양봉축협에 취업했고, 노동조합이 설립된 것은 1999년 1월 28일이다. 노조 가입 대상 서른다섯 명 전원이 조합원으로 가입했다. 김영심 씨는 부위원장을 맡았고 두 사람은 그때까지만 해도 평조합원이었다. 1999년 4월부터 김영심 씨는 서울 본부 노조 사무실로 올라가 여성부장, 여성국장, 부위원장을 차례로 지냈다.

2002년 초부터 제주 지부의 간부들이 조합원들과 별다른 협의도 없이 퇴직금누진제 폐지에 합의하는 등 제대로 활동하지 않는 바람에 조합원들의 불신이 쌓였다. 2002년 6월에 김영심 씨가 서울 본부 노조 전임을 마치고 제주에 내려왔을 때, 제주 지부에는 조합원이 단 세 사람밖에 남아 있지 않았다. 조합원들은 박봉에서 조합비만 떼인다고 생각했고, 축협 전무가 나서서 직원들에게 노조 탈퇴를 강요하자 축협 간부들과 연줄이 있는 많은 조합원들은 대부분 탈퇴할 수밖에 없었다.

"그 전무라는 사람은 왜 그러는 걸까요?"

답은 간단했다.

"이기적인 사람인 거지요."

"왜 그때 노조에서 탈퇴하지 않았어요?"라고 물어보았다.

"노조는 있어야 한다고 생각했어요. 개인으로 큰소리치는 것보다 노동조합 자격으로 요구하는 것이 옳다고 생각했어요."

나도 물론 그 당연한 명제를 알고 있지만 똑같은 상황에서 과연 끝까지 조합원으로 남을 수 있었을까? 함부로 장담할 수 없는 일이다.

인간 앰프, 일당백 김영심

새 출발 하자는 각오로 김영심 씨가 제주 지부 지부장을, 김신자 씨가 부지부장을, 그리고 정향숙 씨가 사무장을 맡았다. 전 조합원의 간부화가 이뤄진 셈이다.

2002년 6월 24일, 전국축협 노조는 상경 파업에 돌입했다. 전국에 있는 축협 노조 조합원들이 모두 서울에 집결해서 파업을 벌이는 것이다. 김영심 지부장은 제주양봉축협의 전무에게 "24일까지 단체협약이 체결되지 않으면 조합원 세 사람은 모두 서울에 올라가 파업에 참여한다."라고 통보했다. 전무는 "꿀 검사도 해야 하는 시기이니 24일 하루만 갔다 오면 안 되겠느냐." 했고 김영심 지부장은 "올라가 봐야 안다."라고 답했다. 그렇게 시작된 파업이 지금까지 354일째 이어지고 있다. 나중에 파업 방침이 지역별 투쟁으로 변경되면서 세 사람은 7월 중순에 제주도로 내려왔다. 다른 지역은 대부분 가을 무렵 파업이 끝났지만 제주 지부는 변함없이 그 파업을 진행하고 있다.

세 사람은 2002년 8월 1일자로 해고됐다. 파업에 참여하느라고 무단결근을 했다는 것이 해고 사유였다. 그 해고에 대해서는 지방노동위원회, 중앙노동위원회를 거쳐 행정소송이 진행 중이다.

제주양봉축협에서는 세 사람을 해고한 뒤 "교섭할 노조원이 없으니 교섭할 수 없다."라고 주장하다가 법률적으로 세 사람의 조합원 자격이 계속 유지된다는 걸 알고는 교섭에 응했다. 교섭이 몇 차례 이어지다가 한국양봉축협과 합병이 얘기되는 와중에 2003년 1월 9일 드디어 "세 사람을 복직시키고, 임금도 모두 지급한다."라는 내용의 복직 합의서를 체결했지만, 제주양봉축협 쪽에서는 "다른 직원들이 모두 희망퇴직을 신청했으니, 세 사람도 희망퇴직을 신청하라."라고 요구하면서 복직을 이행하지 않고 있다.

"파업 이후 354일 동안 임금을 한 푼도 못 받았을 텐데, 어떻게 살았어요?"

"그동안 모은 돈 까먹으면서 검소하게 살 수밖에 없지요. 지난 5월, 본부 노조에서 생계비가 약간 지원돼서 이제 숨 좀 쉬고 있어요. 하하."

그 어려움이 얼마나 컸으랴만 대답하는 표정에는 바늘 끝만큼의 어둠도 없다. 요즘 제주 지역 투쟁 현장에서는 세 사람 중에 한 명이라도 안 보이면 사람들이 안부를 묻는다. 출산 예정일을 불과 며칠 앞둔 만삭의 몸인 김영심 지부장만 잠깐 활동을 쉬고 있다.

세 사람에 대한 평을 각각 들어봤다. 김영심 씨는 한마디로 '짱감'이다.

"지도력이 있어요. 한라병원 파업할 때 노조 지도부가 용역 깡패들에게 둘러싸여 갇혀 있는 상황에서 지부장님이 저녁 7시부터 새벽 4시까지 여덟 시간 동안 앰프 시설도 없이 대오를 이끌었어요. 경찰들도 다 놀랐어요. 제주도에 이런 사람 없다고⋯⋯. 그때 붙여진 별명이 인간 앰프, 일당백이에요."

김신자 씨는 무엇보다 사람이 좋다.

"꼼꼼한데다 세심한 관찰력과 예리한 판단력이 있어요. 성격이 좋아요.

누구든지 선입견 갖지 않고 보는 사람이에요."

정향숙 씨는 맺고 끊는 것이 확실하다.

"추진력 있고 불의를 전혀 용납하지 않는 성격이에요. 딱 이거다 싶으면 계속 밀고 나가고, 아니다 싶으면 거기서 바로 끊어요."

정향숙 씨는 대학교에서 카지노 경영에 관한 특수관광산업을 전공했다. 블랙잭, 룰렛, 바카라, 테이블·논테이블 게임 들이 모두 그의 손 안에 있다.

"교수님들도 내가 손이 좀 빠르니까 당연히 그쪽 전공을 살릴 줄 알고 계셨어요. 카지노에 있었으면 돈 많이 벌고 시집도 갔을 거예요. 지금도 원하면 취업할 수는 있지만, 미련은 없어요."

30년보다 더 꽉 찼던 1년의 시간

마지막 말을 한마디씩 부탁했다.

"우리가 제도 싸움에 취약하다는 것을 느꼈어요. 중앙노동위원회가 지방노동위원회에 조정 권한을 넘겨 버린 잘못 때문에 우리 일이 어려워진 것인데, 그 잘못에 대한 판단을 다시 지방노동위원회에 물어볼 수밖에 없는 것은 너무 부당하잖아요. 노동자는 정말 악으로, 깡으로 싸워야 하지만 제도권에서 겨룰 수 있는 역량도 동시에 갖춰 나갔으면 좋겠어요."

"30년 동안 살면서 느꼈던 것보다 1년 동안 더 많이 느끼고 배웠어요. 앞으로 내가 어떤 삶을 살든지 많은 도움이 될 거예요."

"노동운동에도 남녀 차별이 있더라고요. 얘기하다가 무심코 여성 동지를 아가씨라고 부르는 사람도 있어요. 저는 그런 꼴 진짜 못 봐주거든요."

이야기를 마치고 녹음기를 주섬주섬 챙기는데, 누군가 말했다.

"우리는 그냥 '이건 아니다'라고 말하고 있을 뿐이에요."

그것이 354일의 파업을 지켜 온 작은 원칙이다. 2003. 06. 18.

● ● ●

인터뷰 당시 진행 중이었던 소송에서 법원은 '부당 해고' 판결을 내렸다. 그러나 2003년 10월 제주양봉축협이 파산 선고를 받으면서 복직 투쟁을 할 명확한 대상이 없어졌고, 세 사람은 해고 노동자 상태에서 복직 투쟁의 방향을 고민 중이다.
현재 김신자 씨는 민주노총 제주지역 본부 상근자로, 정향숙 씨는 제주양봉 지부에서 육아 휴직을 받아 잠시 활동을 쉬고 있고, 김영심 씨는 민주노총 제주지역 본부 부본부장을 지내고 있다.

"농한기엔 농민운동 해야지요"

밭 갈아엎는 농업 현실을 갈아엎고픈 자랑스러운 농민 부부 **김재관·조미옥** 씨

후배를 만나러 전북 부안까지 가는 고속도로에는 신기할 정도로 계속 장대비가 내렸다. 서울 사무실 직원들이나 부안 후배와 가끔 통화하면서 물으면, 그곳에는 장대비가 그렇게 계속 오지는 않는다고 했으니, 아마 그날 내가 비구름을 계속 따라다녔지 싶다. 부안 톨게이트에 들어서서야 빗발이 좀 가늘어졌다. 농사를 짓겠다고 농촌에 내려가 열심히 살다가 그곳의 처자와 결혼하고 20년 세월이 지나는 동안 이제 말씨까지 그곳 사람이 다 된 자랑스러운 후배, 부안군농민회 김진원 회장, 그의 소개로 조미옥(34) 사무국장을 만났다.

100여 개 농민회 중 유일한 여성 사무국장

운동단체의 사무국장이라면 조직·투쟁·정책을 총괄하는 직책이다. 본인이 역량을 갖추고 있어도 가정에서 이해하지 못하면 여성이 하기에 어려운 일이다. 조미옥 사무국장의 남편 김재관(44) 씨 역시 농민회 활동을 하면서 부인의 활동을 잘 이해하는 "한마디로 열심히 일하며 사는 농촌

부부"라는 것이 김진원 회장이 굳이 자기 대신 두 사람을 추천한 이유다.

우리나라 100개 가까이 되는 농민회에서 조미옥 씨는 유일한 여성 사무국장이다. 지난 6월 20일, 농민회가 전국에서 1만 대 차량을 동원해 한·칠레 자유무역협정을 저지하는 상경 투쟁을 벌였을 때, 부안 톨게이트 앞까지 220대의 차량을 이끌고 온 사람이 조미옥 씨다. 집행부와 함께 그 투쟁을 조직하고 지회별 동원 차량 대수를 점검하고 선전 선동으로 대중 집회를 진행했다. 얌전하고 조신해 보이는 조미옥 씨의 가녀린 몸 어디에서 그런 능력이 뿜어져 나오는지 놀랍다.

밖에서 일을 마치고 조금 늦게 농민회 사무실에 들어선 김재관 씨는 인사를 나누면서 "도대체 우리를 인터뷰할 게 뭐가 있다고……."라며 멋쩍어 했다. 김재관 씨는 부안군농민회 산하 세 개 면을 묶은 남부안지회 회장이다.

일찍이 변산의 박형진 씨에게 따로따로 풍물을 배웠던 두 사람은 부안 사랑청년회 풍물 교실에서 처음 만났다. 배우라는 풍물은 안 배우고 연애를 했다고 짐작하겠지만 절대로 아니다. 두 사람을 맺어 준 사람이 김진원 회장이다.

"사모님과 같이 식사나 하자고 전화를 하셨어요. 평소 존경하는 분이 부르니까 좋아서 가슴 설레며 나갔지요. 저만 특별히 부르신 줄 알았는데, 이이가 소매가 다 터진 옷을 입고 같이 나와 있는 거예요. 솔직히 그때까지 저는 아무 느낌이 없었어요. 청년회 회원들이 뭐 부탁하면 잘 들어주는 편안한 농민회 아저씨였거든요."

내가 김재관 씨에게 "그날 옷이라도 좀 제대로 입고 나가시지, 왜 터진 옷을 입고 나가셨어요?"라고 물었더니 선하게 웃으며 답한다.

"못 입을 정도로 뜯어지던 안 했으니까……."

나는 이런 사람 정말 존경한다.

청년회 활동을 거쳐 부안군농민회 간사 일을 시작한 조미옥 씨가 드디어 마음을 정하고 김재관 씨에게 연락을 해서 두 사람은 맺어졌다. 결혼식은 부안초등학교 운동장에서 추수대동제 행사 중에 전통 혼례 의식으로 치렀다. 청첩장도 없이 포스터나 홍보지에 전통 혼례식이라고만 알렸기에 진짜 결혼식인 줄 모른 채 전통 혼례 구경하자고 온 하객이 많았다.

농민회 입회, 눈물 나는 사연

김재관 씨가 농민회 활동을 시작하게 된 계기가 궁금했다.

"농활 온 학생들과 같이 마을에 들어온 농민회 사람들을 알게 됐지요. 집집마다 돌아가며 월례 회의가 열리는데 1년 동안 쫓아다녀도 농민회에 넣어 준다 만다 아무 말이 없어요. 뒤에 앉아서 얘기 듣고 있다가, 끝나서 술 한잔 주면 받아먹고, 제 발로 간 사람에게 돌아가란 말은 안 하니까……. 다음 달에 어느 집에 모인다고 일러주면 잊지 않고 있다가 또 가고, 그러다가……."

조미옥 씨가 옆에서 "본인이 할 수 없는 얘기가 있다."라며 거들어 준다.

"길에 아스팔트도 깔리지 않았을 때였어요. 이이가 농민회 모임에 가는 버스를 놓쳤대요. 시간에 맞춰 가려고 포장도 안 된 길을 막 뛰어가니까 발에 땀이 나서, 신고 다니던 검정 고무신을 벗어 양손에 들고 한참 뛰어갔대요. 그렇게 가서 헐레벌떡 앉았는데 그때 입회 원서를 내주더래요. 1년 만에 그걸 받는 순간 눈물이 나더라는 얘기를, 2년 전 어느 술자리에서 후배한테 얘기하면서 울더라고요. 결혼하고 7년 만에야 그 얘기를 듣는데 나도 눈물이 나왔어요."

김재관 씨는 부안군농민회 사무국장을 일찍이 거쳤으니, 부인 조미옥 씨가 남편의 뒤를 잇고 있는 셈이다.

"남편은 선전 선동도 참 잘해요. 그런데 저는 원래 수줍음이 많아서 제대로 못 했어요. 남편이 '처음 내 모습을 보는 것 같다'며 잘 지도해 줘서 요즘은 웬만큼 해요. 지난번 서울에서 지하철 선전전을 나갔는데, 각 지회 회장님들과 집행부를 다 모시고 올라간 사무국장이 뒤에 물러서 있으면 안 되잖아요. 지하철에 있는 무표정한 서울 시민들에게 계속 큰 목소리로 알리고 전단지 나누어 주고 그랬어요."

여름엔 아르바이트, 겨울엔 막노동

이제는 우리 농업 문제에 대한 얘기를 들어 볼 차례다.

"어머니가 2월부터 고추 농사를 지으셨어요. 모종을 사 오면 비싸니까 씨앗을 사다가 직접 싹을 틔워서 모종을 하셨어요. 겨우내 비닐하우스에서 진짜 어린아이 키우듯이 추우면 덮어 주고 바람 안 통하면 열어 주고, 겨울부터 여름 지나 9월까지 일하셨는데, 그렇게 300평에서 수확한 고추로 50만 원 밖에 못 받으셨어요. 운동단체에서 일하는 실무자 한 달 임금도 그만큼은 더 되잖아요. 노인 양반이 몇 개월 열심히 일하고 겨우 그거 버셨다니까 정말 서글프더라고요."

"그 정도도 안 돼서 도저히 손익계산조차 불가능할 때 사람들이 밭을 갈아엎는 거예요. 지난해 가을에는 무금이 비쌌는데 지금 밭에 있는 무는 다 갈아엎는 수밖에 없어요. 수확 비용도 안 나와요. 아는 형님 한 분이 양배추 농사를 5,000평 지었는데 그걸 모두 100만 원에 팔라고 해서, 요즘 날마다 술만 마시고 있어요. 종자 값도 안 되니까."

"저희가 지급보증 섰다가 지금 대신 빚을 갚아 주고 있는 사람도 특작으로 피해를 본 사람이에요. 열심히 벌어서 갚겠다는 의지도 상실한 채 자포자기 상태가 되는 농민이 많아요. 농산물 가격은 계속 하락하지, 뭘 해도 할수록 손해지. 남의 빚 1,500만 원, 그 이자를 갚을 때마다 얼마나 속이 답답한지."

농업 문제에 무식한 나는 "그러면 도대체 어떻게 해결하면 좋겠냐?"라고 턱없이 물었다.

"국제 협약을 잘 맺어야지요. 관계자들이 우리나라 중심으로 고민을 좀 해야지요. 세계무역기구에 휘둘리면서 요구하는 대로 받아 주고 있잖아요. 한·칠레 협정에서 무너지면 다른 나라에도 그것이 표본이 되는 거예요. 외국에서 들어오는 오렌지 때문에 제주 감귤 망하는 거 보세요. 이제 외국에서 들어오는 쌀에 도저히 견딜 수 없게 될 거예요. 농업을 살릴 수 있는 정책을 세워서 정부가 협상에 임해야 하는데, 미국이 요구하는 대로 미리 몇 퍼센트다, 이렇게 다 내주기로 안을 세우고 시작하잖아요."

"여름에는 해수욕장 가서 아르바이트하고 겨울에는 '노가다' 하는 농민들도 많아요. 그렇게 돈 버는 것이 당장 생활에 작은 도움은 되겠지만, 우리 생활을 바꿀 수 있을 만큼 큰돈은 절대로 안 돼요. 농번기에는 열심히 일하고 농한기에는 농민운동을 열심히 하는 것이 결과적으로 전체 농민이 사는 길이고, 우리 농업을 지키는 길이에요."

이야기가 끝나 갈 무렵, 온몸이 흙투성이가 된 회원이 사무실에 들어섰다. 김진원 회장이 "논은 어떻디여?" 하고 물으니 "아까 가 봤을 때 막 넘치고 있었으니까, 지금쯤 다 물에 찼을 거요."라고 답하면서 소파에 털썩 주저앉는다. "농사일은 이래서 슬퍼⋯⋯."라고 중얼거리며 피곤에 지친 듯 두 손으로 얼굴을 쓸어내렸다.

농민회 사무실을 떠나 고속도로를 달리면서도 그 회원의 얼굴이 눈에 선한데, 라디오 음악 프로그램 진행자는 살가운 목소리로 속삭였다.

"커피 한 잔을 들고 창가로 가서, 내리는 빗줄기를 바라보세요. 잠시 생활의 여유를 느껴 보세요. 사랑은 비를 타고 온다고 했던가요."

듣고 있다가 입에서 저절로 욕이 나온다. 에라 이⋯⋯. 2003. 07. 02.

● ● ●

부안 핵폐기장 문제로 활동가들 사이의 갈등이 깊어지는 일이 발생해, 김재관 씨와 조미옥 씨는 눈물 나는 노력으로 가입했던 농민회 활동을 지금은 하지 않고 있다고 한다. 모두가 잊어 가고 있을 부안 핵폐기장 문제는 다른 형태로 남아 진행 중인 듯하다.

"간사님, 제발 좀 쉬세요"

SBS 노조 **추혜선** 간사, '업계 최고'라는 이름이 부끄럽지 않다

1987년, 서울지하철공사에 처음 노동조합이 설립됐을 때 그 노조에 사환으로 취업하기로 마음먹었다가 뜻을 이루지 못한 아픈 경험이 있는 나로서는 노동조합에서 일하는 간사들을 보는 눈이 애틋할 수밖에 없다. 사람들이 입을 모아 "업계 최고의 간사"라고 치켜세우는 이가 SBS 노동조합의 추혜선(34) 씨다. "내 인생에는 이야깃거리가 전혀 없다."라고 마다하는 추 씨를 송영재 노조 위원장의 응원에 힘입어 불러 앉혔다.

광주민주화운동과 사촌 오빠

상투적으로 어릴 적 이야기부터 물었다.

"전남 완도에서 태어나 중학교 3학년 때 광주로 나왔어요."

우리 세대는 이 대목에서 그냥 지나치지 못하고 물어봐야 하는 질문이 있다.

"그럼 80년 5월에는 어디에 있었나요?"

"완도에서 초등학교 5학년에 다니고 있을 때였어요. 관광버스들이 잔

뜩 세워져 있는 읍사무소 앞에 고등학생 오빠들이 교련복을 입고 모였어요. 오빠들이 싸우러 간다고 차에 올라타고 부모님들은 말리고……. 그 오빠들이 떠났다가 해남 어디에서 죽었다더라는 소문도 들리고……. 전남대에서 학생회 간부를 하던 사촌 오빠가 광주에서 완도까지 걸어걸어 피신을 왔어요. 밭에 싸 놓은 짚더미를 파고 오빠를 숨겨 주었어요. 정보과 형사들이 집에 들락거리는 와중에도 엄마가 몰래 밥을 해다 줬지요. 그 오빠가 짬 날 때마다 왜 광주항쟁이 일어날 수밖에 없었는지 얘기해 줬어요. 최규하·전두환 이름도 그때 들었어요. 학교에 가서 친구들한테 그 얘기를 해 주면 아이들은 내 주위에 모여 눈을 동그랗게 뜨고 듣곤 했어요. 선생님한테 들켜서 '다음부터 그런 얘기하면 혼난다'고 야단도 맞았지요. 그때부터 교과서를 믿지 못했고, 의심 많아지고, 감수성 예민해지고……. 한창 그럴 나이인데 서정주를 좋아할 수 없었어요. 김지하를 좋아하게 되고……. 내 삶에 영향을 미친 최초의 기억은 그거예요. 대통령이 되는 사람의 과거가 이렇게 살인도 하고 그럴 수 있는 것이로구나. 뭔가에 집착하고 매몰되는 심성은 그때 생겼을 거예요. 병원에서 치료를 받아야 할 만큼 사춘기를 유난히 심하게 앓은 것은 그 때문이었을 거예요. 80년 5월 광주에 대해서 자유로울 수 있는 사람이 누가 있겠어요."

이야기를 들으면서 나는 영화 〈꽃잎〉의 소녀가 생각나 눈앞이 자꾸 흐려졌다. 추 씨가 세상을 바라보는 진보의 뿌리는 그렇게 깊었다. 광주에 와서 중·고등학교를 다니면서 민족문학작가회의가 주최하는 백일장에서 상도 타고 그랬다는 얘기를 하다가 추 씨는 거의 짜증을 냈다.

"이런 얘기 계속해야 돼요? 나는 제대로 살지 못했어요. 별로 깊이 있게 살지 못했다고요. 돌아보면 아픔과 후회만 많고……."

내가 그냥 중요한 대목만 짚어 달라고 했더니 "진작 말해 주지 그랬어요. 나는 또 모두 자세히 얘기해야 되는 줄 알았잖아요. 어쭙잖은 대학 얘기는 빼지요."라고 말하더니 자신의 궤적을 일사천리로 짚었다.

"나에게는 왜 그런 전투력이 생기지 않는가"

제대로 된 노동 소설을 하나 쓸 수 있겠다는 생각으로 청바지 공장에서 시다 생활을 했다. 민족문학작가회의 문학 교실에도 다녔다. 아이 하나를 데리고 매번 늦게 와서 추 씨와 함께 뒷자리에 앉던 여인이 한 사람 있었다. 자신의 이야기를 글로 써서 사람들을 울리곤 했던 그 '아람이 엄마'가 바로 공선옥 씨다. 공선옥 씨는 『창작과비평』에 소설을 발표했고, 추 씨는 『신동아』에 시를 발표했다.

사회과학 출판사에도 다녔고, 한국민족예술인총연합 간사 일도 했다. 지금 하라면 신명 나게 잘할 수 있는 일들이었지만 그때는 어린 나이에 하기에 너무 힘든 일들이었다.

"윤정모 선생님이 황새울에 사실 때였어요. 가끔 사무실에 나오시면

깔판 밑에 지폐 몇 장을 넣어 주시면서 따뜻한 거라도 사 먹으라고 말씀해 주시고, 유기농으로 재배한 콩을 한 줌씩 쥐어 주기도 하셨어요.”

추 씨의 자취방에 모여 사람들과 함께 학습을 하면서 고민은 더욱 깊어졌다.

“뭔가 열정은 가슴에 가득 차 있는데 풀리지 않았어요. 진보적인 문학 활동을 하는 사람들이나 노동 현장 사람들을 만나면 죽고 싶을 정도로 고민이 됐어요. 나는 왜 이렇게 길 잃은 아이처럼 서성거려야 하는가. 그 사람들의 눈은 이글이글 타오르는데 나에게는 왜 그런 전투력이 생기지 않는가. 나는 구조가 잘못된 인간이 아닌가⋯⋯.”

그는 다시 이야기를 멈췄다.

“이렇게 시시콜콜 다 들어야 해요? 아유, 진짜 얘기하기 싫어 죽겠네.”

내가 “언론 노조에 오기까지 들으려면 아직 멀었나?” 했더니 “아직 멀었다.”라고 했다. 아, 추혜선 씨의 삶에 비하면 나의 삶은 얼마나 단조로운가.

어느 날 버스 안에서 급성 위궤양으로 쓰러져 광주 집으로 내려갔다. 사무 전문직 노동운동에 대해 고민하는 사람들, 진보정당운동을 하는 사람들과 어울리다가 광주 KBS 노동조합에 간사로 들어갔다. 노보를 처음 만들고, 지부장 대회 활동을 돕고, 서울에 출장 가 있는 날이 많은 지부장을 대신해 광주전남언론사노조협의회에 참석하기도 했다.

결혼을 하고 큰 아이를 낳았지만 결국 남편과 헤어졌다.

“이혼한 얘기 기사에 써도 될까요?”

“쓰세요. 아픈 만큼 성숙해진다잖아요.”

물어본 사람이 참 바보 같다.

강원도 속초에서 지역 신문사 기자로 일하기도 했다. 특종을 하는 짜

릿함도 몇 번 느껴 봤다. 지역 유지들로부터 "속초에서 살지 못하게 하겠다. 어디서 개뼈다귀 같은 게 굴러들어 와서 말썽이냐?"라고 협박을 받으면 "지금 계속 해보겠다는 거예요?"라고 맞받아치며 싸우기도 했다. 퇴근 뒤에는 공립 도서관에 가서 그때 신설된 지방 행정고시 준비를 했는데 도서관에서 좋은 자리를 놓고 쟁탈전을 벌이던 남자가 지금의 남편이다.

SBS 노조에 사람이 급히 필요하다면서 언론노조연맹 최문순 위원장을 비롯한 몇 사람이 등을 떠밀었다. 본인은 얼떨결에 왔다지만 추 씨야말로 준비된 간사였다. 당시 SBS 노조는 오기현 위원장이 황무지에 깃발을 꽂고 "나를 따르라." 하던 분위기였는데, 위원장과 함께 발에 걸리는 일들을 정말 신 나게 했다. 평소 말이 없던 점잖고 깐깐한 PD 오기현 위원장은 퇴임식에서 "추 간사가 없었으면 힘들었을 것입니다."라고 지나가는 말처럼 한마디 했다. '아, 저 사람이 나를 그렇게 생각했었구나.' 추 씨는 감격했다.

이야기 도중에 김혜리 전 부위원장이 전화를 했다. "추 간사에 대해 기탄없이 말해 보세요."라고 졸랐다. "몸을 돌보지 않고 너무 많이 일해서 주변 사람들이 걱정하고 있어요. 너무 정열적인 여성이에요."라고 칭찬하던 김 씨는 "인터뷰해서 신문에 났다가 혹시 다른 곳으로 스카우트되는 거는 아니지요?"라고 걱정한다.

위원장보다 간사를 더 많이 찾는다

SBS 노조는 언론사 최초로 여성 부위원장 제도를 도입했다. 아직도 여러 가지로 불리한 지위에 있는 여성들을 조직할 수 있었던 일을 생각하면 추 씨는 가슴이 뿌듯해진다. 언론사 노조 간사들의 모임을 적극적으로 꾸리는 사람도 그다.

"우리 노조 위원장님과 사무국장님은 '언론사 간사 노조 만들어서 추 간사가 위원장 해라' 그래요. 우리 노조 분위기가 그래요. 건강한 노조라고 자부해요. 아직 언론 산별 노조에 들어가지 못했지만 그것이 윤리성의 잣대가 될 수는 없다고 봐요. 조금 덜 정치적일 뿐이지 원칙을 저버리고 손가락질당할 만한 일을 한 적은 없어요. 간사가 며칠 힘들게 일하면 '제발 좀 쉬라'고 얘기해 주는 이런 노조 없어요. 당연히 SBS 노동조합사에 부끄럽지 않은 사람으로 남을 수 있도록 노력해야지요."라고 말하는 추 씨의 눈가가 촉촉이 젖는다.

SBS 노조 송영재 위원장에게 "간사가 너무 일을 많이 하니까 위원장으로서 불편한 점은 없느냐?"라고 짐짓 물었다. 송 위원장은 펄쩍 뛴다.

"전혀 그렇지 않습니다. SBS 노조 출발했을 때부터 거의 모든 일을 함께해 온 사람이에요. 여성 조합원들이 위원장한테는 하지 않는 이야기를 추 간사한테는 와서 다 말합니다. 그런데 요즘은 젊은 남자 조합원들까지 나보다 추 간사를 더 찾는 거 같아요. 하하."

추 씨는 "노동운동도 사람 살아가는 현장에서 하는 것이기 때문에 따뜻한 마음씨를 지녀야 성공할 수 있다는 아마추어 같은 생각을 버리지 않고 싶다."라고 했다. 요즘도 다른 노조 위원장들을 만나면 "간사 건강 검진해 주고 있나요?"라고 따져 묻는 추 씨는 마음이 따뜻한 진짜 노동자다. 2003. 07. 16.

● ● ●

추혜선 씨는 2006년 1월까지 만 7년 넘게 SBS 노조 간사를 하다가 몸이 아파 여섯 달을 쉬었고, 2006년 6월에 언론개혁시민연대에 결합해 사무차장으로 일하고 있다.

나는 왜 정신병에 걸렸나

회사의 일상적 폭행과 협박에 적응 장애 진단까지 받은 청구성심병원 노조 **권기한** 씨

청구성심병원 임상병리사 권기한(36) 씨를 만난 뒤, 나는 그 병원에 대한
가슴 뭉클한 아름다운 기억을 모두 포기한 채, 권 씨의 서러운 사연들만
적기로 결정했다. 세상에 어떻게 이런 일이 있을 수 있을까……

권 씨에게 청구성심병원 노동조합에 대한 최초의 기억을 물었다.

"98년 4월 7일, 노조 총회가 병원 로비에서 열렸을 때 병원쪽 남자 직
원들과 수상해 보이는 청년들이 조합원들을 괴롭히기 시작했어요. 저는
다른 약속 때문에 그곳을 떠날 수밖에 없었는데, 그 뒤 며칠 동안 '내가
그때 적극적으로 맞서야 하는 상황에서 빠져나왔다'는 자책이 머리에서
떠나지 않는 거예요. 노조에 찾아가 이정미 지부장에게 내가 할 일이 없
겠느냐고 물었지요. 비상대책위원회 조직부장을 맡았어요."

극기 훈련장에서의 폭행 사건

1998년 5월, 병원이 주최한 극기 훈련 뒤풀이 자리에서 병원 간부들이 "노
동조합이 병원을 망하게 한다."라면서 험담을 늘어놓기 시작했다. 권 씨

는 그게 아니라고 눈총을 받으면서도 열심히 설명했다. 주임 한 사람이 권 씨에게 시비를 걸더니 느닷없이 주먹이 날아왔다. 서너 대 맞고 뒤로 넘어졌다가 일어서는데 다른 직원들이 권 씨를 붙들었다. 싸움을 말리느라고 그랬다지만 권 씨만 붙들고 늘어졌으니 꼼짝 못하고 계속 맞을 수밖에 없었다. 여성 조합원들은 손으로 눈을 가리고 비명을 질러댔다. 방 밖으로 끌려 나와 폭행이 계속됐다. 권 씨는 맞고 쓰러지고, 맞고 쓰러지기를 되풀이했다.

"한 20분 계속됐을 거예요. 나중에는 탈진이 돼서 못 일어나겠더라고요. 간호부장과 간호감독은 여성 조합원들이 밖으로 나오지 못하게 문고리를 꼭 붙잡고 있었어요."

뇌진탕, 안면부 및 흉부 찰과상 진단을 받고 입원 치료를 받았다. 사람들이 각종 자료에서 "직원 극기 훈련장에서 폭행 발생"이라고 단 한 줄로 읽고 넘어간 사건의 진상은 그랬다.

1998년 8월 6일 파업 전야제가 열렸고 권 씨가 사회를 맡았다. 병원 쪽에서 전원을 꺼 버리고 천장에서 갑자기 구정물이 쏟아지는 일이 벌어지기도 했지만 어렵사리 전야제를 끝냈다. 밤 1시께, 조합원들이 분임 토론을 하고 있는데 갑자기 전기가 다시 끊겨 암흑천지가 되면서 병원 직원들이 들이닥쳤다. 경리부장이 검정 비닐 봉투에 담아 온 똥물을 던졌고 소방 호스에서 물이 뿌려졌다. 의자, 물병, 신발 등 온갖 집기들이 조합원들 있는 곳으로 날아왔다.

"이게 사실인가 싶더군요. 조합원들은 깔판을 들고 소방 호스에서 뿜어져 나오는 물과 날아오는 집기들을 막았지만 사람의 힘으로 버틸 수 있는 게 아니었어요. 식칼 테러도 그때 발생했어요."

그날 밤 MBC 9시 뉴스에는 청구성심병원 영안실 직원이라는 남자가

문신을 한 몸으로 칼을 빼 들었
던 모습이 생생하게 방영됐다.

　1998년 12월 24일 크리스마스
하루 전, 병원에서 정리해고를 단
행했다. 권 씨를 포함해 해고된 직
원들은 모두 조합원이었다.

　"해고된 뒤 어느 날, 당직하는
동료를 만나러 임상병리과에 갔
는데 총무부장, 경리부장, 업무주
임, 경비까지 다섯 명이 찾아왔어
요. 제 멱살을 붙잡고 '여기는 니
가 있을 곳이 못 돼' 욕하면서 주
먹으로 때리더군요."

　권 씨가 신고를 해서 파출서에
가서 조사를 받았지만, 이상하게

가해자인 병원 총무부장의 진술만 주로 받았다. 경찰서에서는 "초동 수
사에서 쌍방 과실로 왔으니까 그렇게 처리하겠다."라고 했다. 당시 권 씨
를 폭행했던 다섯 사람 중 네 명은 아직도 병원에서 일하고 있을 뿐만 아
니라, 경비에서 주임으로, 주임에서 과장으로, 부장에서 실장 또는 부원
장으로 모두 승진했다.

과장님은 왜 뒤로 넘어졌을까

병원과 이사장 집 앞에서 거의 매일 집회를 여는 등 복직 투쟁을 벌이다

가 지방노동위원회 심문회의가 열리기 직전에 복직 통보를 받았다.

"100일 만에 복직해서 다니는데 그냥 놔두지 않더군요. 제가 있는 임상병리과 생화학 검사 파트에 세 명이 일하다가 두 명이 퇴사했는데 충원을 하지 않는 거예요. 계속 저 혼자 일하게 하는 거예요."

외래 검사실로 보직이 변경됐지만 불이익은 계속됐다.

"갓 들어온 신입 사원들이 주로 하는 채혈을 저에게 맡기더군요. 제가 가기 전까지 두 명이 하던 외래 채혈을 저 혼자 맡으라고 하더니, 제가 혼자 일하던 곳에는 두 명을 배치했어요. 이의를 제기했더니 그것이 폭언이라면서 나중에 모두 제 징계 사유에 포함시켰어요."

폭행을 가한 사람을 제대로 처벌하지 않는 불행한 사회에서 폭행은 또 다른 사건의 불씨가 된다.

"나를 폭행했던 병원 간부 중에 벌금 30만 원 처분을 받은 사람이 있었어요. 2001년 6월, 임상병리실에서 일하고 있는데 그 사람이 지나가다가 갑자기 자기 혼자 뒤로 넘어지는 거예요. 나는 건드리지도 않았는데……. 병원 게시판에는 내가 과장을 폭행해서 정신적·육체적으로 심한 고통을 받고 있다고 비난하는 게시물이 한 달 동안이나 붙어 있고……. 그 사람이 저를 상대로 형사고소를 하고 치료비·간병비 등 명목으로 1,000만 원이 넘는 손해배상을 청구했어요. 거짓말 탐지기 조사까지 받고 무혐의 처리가 되기는 했어요. 민사소송은 김선수 변호사님이 맡아 주셨어요. 내가 반소를 제기해서 오히려 300만 원을 지급받도록 판결받았지만 아직도 항소심이 진행 중이에요. 그 사람을 무고로 고소하지는 않았어요. 그렇게까지 해야 되나 싶어서요……."

말끝을 흐리는 권 씨의 눈가에는 '나 착한 사람'이라고 쓰여 있다. 권 씨가 정신과 치료를 받은 것은 그 무렵부터다.

"내가 당하는 일이 너무 억울해서 잠이 오지 않더군요. 2001년 9월에 적응 장애 진단을 받았어요. 열심히 다녀서 다 나았는데……. 병원에서 계속 부딪치니까 다시 또 치료를 받아야 하고……."

청소년이 학교에서 집단 따돌림을 당해 자살하거나, 폭행을 당해 남편만 보면 무서워하는 아내의 증상이 바로 적응 장애다. 이 밖에도 임상병리실장에게 출근 카드를 건네주다가 직원들 앞에서 총무과장에게 "남의 출근 카드를 만졌다."라고 멱살을 잡히고 폭행당한 일, '상사에 대한 폭언' 등 열 개나 되는 사유로 정직 징계를 받은 일, 교섭 회의 석상에서 간호과장이 권 씨 얼굴에 물을 뿌린 일, 남자 직원들이 슬그머니 다가와 권 씨의 귀에 대고 "밤에 길가다 만나면 죽을 줄 알라." 하고 속삭이는 일, 미팅 장소에서 권 씨를 쫓아내며 손가락을 펴고 "하나, 둘, 셋 셀 때까지 나가라." 라고 짐승 다루듯 하는 일 등 '일상적 협박'이라고 자료에 간단히 표기된 온갖 사건들에 대해 설명하자면 밤을 새워도 모자랄 지경인데, 이러한 폭행과 위협은 2003년에 들어 더욱 극렬해졌다는 것이 조합원들의 한결같은 증언이다.

동지들을 두고 떠날 수는 없다

사람이 이런 일들을 몇 년 동안 당하면서도 정신적 불균형을 겪지 않으려면 조물주가 인간을 지금과 같은 모습이 아니라 좀 다르게 만들었어야한다. 청구성심병원에 남아 있는 조합원 스무 명 중 정신 질환 진단을 받은 사람은 모두 열 명이고 그중 아홉 명이 현재 근로복지공단에 산재 신청을 하고 결과를 기다리고 있다.

권 씨에게 "노동조합에서 탈퇴하거나 다른 병원에 취업하면 당장 벗

어날 수 있는 고통을 굳이 수년 동안 이겨 내고 있는 이유가 뭐냐?"라고
물었다.

"내가 하는 일은 잘못이 아니라, 잘못을 뜯어고치려는 일이니까요. 동
지들을 두고 떠나는 것. 그것이 나한테는 더욱 힘든 일이에요."

우리 사회는 정신병에 대한 이해가 아직 일천해서 사람들은 대부분 밝
히기를 꺼리는데 언론에 이렇게 공개되는 것이 부담스럽지 않으냐고 묻
는 나에게 권 씨는 오히려 되물었다.

"이렇게 하는 것이 그런 편견을 없애는 일 아닌가요?"

이렇게 살아가는 사람의 부인은 어떤 사람일까 궁금해서 물어보았다.

"집에서 부인은 뭐라고 그래요?"

권 씨가 내게 한 대답은 이렇다.

"처음 만나던 날, 아내가 나한테 그랬어요. 운동은 평생 하는 거라고."

이 짧은 말로 그의 훌륭한 아내에 대한 많은 설명을 생략한다.

'평생 해야 하는 운동'에서 내가 만일 내려선다면, 권기한 동지, 나의
가슴에 비수를 꽂으시오. 내가 그 칼을 기꺼이 받으리다. 2003. 07. 30.

● ● ●

권기한 씨는 2년 동안 치료를 받아 많이 건강해졌다며 "그 뒤 아이도 낳고, 지금 세 살이 되었는
데, 화목"하다고 했다. 권기한 씨뿐만 아니라 산재 치료를 받았던 조합원들 모두 건강하고, 많은
이가 화목한 가정을 꾸려 가고 있다고 한다. 특히 2006년에는 조합원이 60명가량으로 늘었고,
조합원에 대한 탄압이 아주 없는 것은 아니지만 현저히 줄었다고 한다. "옛날 일을 생각하면 지금
도 눈물이 나지만 한편 조합을 성숙하게 하는 데는 좋은 경험이 된다."라고 긍정하는 그는 노동조
합을 더 좋은 곳으로 만드는 꿈을 이어 가는 중이다.

안건모 씨, 계속 그렇게 사시오

연·월차 모아 『작은책』 만드는 버스 운전기사 **안건모** 씨, 몇 사람 몫을 하냐고?

월간 『작은책』 편집장 안건모(46) 씨를 만나러 사옥으로 찾아간 날은 마침 마감 때였다. 정신없이 바쁜 직원들에게 눈치가 보여 안 씨와 함께 마당으로 나왔다. 이야기를 나누는 내내 쓰르라미가 요란하게 울었다.

골목길 주민 독서실이 바꾼 운명

다음날 『한겨레21』 고경태 팀장이 내게 전화를 했다.

"원고가 매번 넘쳐서 편집이 답답해 보일 수밖에 없는데, 좀 줄여 주세요."

원고를 줄이는 일은 새로 쓰는 것만큼이나 고통스럽다. 아까운 내용들을 잘라 낼 때마다 마치 손발이 잘려 나가듯 마음이 아프다. 그래, 이번에는 큰맘 먹고 줄여 보자.

안건모 씨가 운전기사가 되기 전까지 겪어 온 삶을 간단히 정리하면 이렇다. 신문 배달, 무덤 뗏장 나르기, '개동이'(혼들) 의자 공장, 박스 공장, 자전거 공장을 거쳐 '노가다' 경력만도 조적미장공, 형틀목공, 아시바공, 내선전공을 두루 다 해 봤고, 운전 일을 시작한 뒤에는 시내버스를 하기 전까지 가구점, 화장지 납품 회사, 환경 회사 소독차, 자가용 기사를 거쳤다. 거의 반나절 동안 안 씨에게 들은 많은 사연들을 이렇게 단 몇 줄로 정리하자니, 속이 다 쓰리다.

가구점에서 일할 때 옆 가게 경리 사원을 일찌감치 마음속에 점찍었다가 퇴근길에 용기를 내 어렵사리 말을 붙였다. 1년쯤 뒤에는 같이 살 방을 구하러 다녔다.

"성북동 어느 부잣집에 자가용 차 기사로 소개를 받아 갔어요. 지하실 차고 옆에 붙은 작은 방에 살면서 가끔 주인집 빨래도 하라는 거예요. 남편은 운전기사, 아내는 식모를 하라는 거지요. 나는 그 말 듣고 그냥 발돌려 나오는데 집사람이 '여기서 일하자'고 나를 붙들었어요. 집사람은 생활력이 강한 사람이에요. 집에서 전자 제품 조립 부업을 한 적도 있어요. 그 일이 소리가 좀 나거든요. 성질 못된 내가 '잠 못 자게 한다'고 다 팽개쳐 버리니까 집사람이 그걸 몰래 부엌에 들고 나가서……."

말하다 말고 고개를 돌린 안 씨의 눈에 금세 눈물이 그렁그렁 고였다.

"지금은 엄청 후회돼요."

아내가 없었다면 지금의 안건모 씨는 없다.

"일 끝내고 밤늦게 집에 들어가면 아기 혼자 방바닥을 헤매면서 울고 있는데 집사람은 주인집에 일하러 올라가서 없고……. 옮겨야겠다는 생각을 했어요. 짬 날 때마다 연습해서 대형 면허증을 땄지요."

1985년 여름, 스물일곱 살 되던 해에 처음 시내버스를 몰았다.

"처음 운전대 잡고 도로에 나갔는데 정말 신기하더라고요. 야, 내가 이걸 움직이는구나, 마치 집채가 움직이는 것처럼 느껴졌어요."

홍제동에 살 때 집 근처 '호방터' 골목길에 있는 주민 독서실에 들렀다. 기역자 철판으로 짠 책장들 사이에 두꺼운 안경을 낀 사내가 앉아 있었다. 구석진 곳에 꽂혀 있는 『쿠바 혁명과 카스트로』라는 만화책을 꺼내 들었다. 첫 장부터 눈에 확 들어왔다.

"미국에 대항해 마침내 승리를 쟁취한 쿠바의 민중들에게 뜨거운 마음으로 이 책을 바친다."

도대체 누가 미국에 대항해 승리했다는 말인가? 쿠바는 공산주의 국가가 아닌가? 어라, 내가 생각했던 미국이 아니네…….

『태백산맥』을 읽었고 『체 게바라』『찢겨진 산하』『거꾸로 읽는 세계사』『노동의 새벽』을 읽었다.

지금까지 이렇게 감쪽같이 속고 살았구나. 박정희가 독립군 때려잡던 일본 관동군 소좌였다니……. 건국의 아버지라고 굳게 믿었던 이승만이 친일파를 등에 업은 망국의 아버지인 줄 꿈엔들 알았으랴…….

안 씨는 "그 주민 독서실에서 만난 책들이 나를 어둠 속에서 끌어냈다."라고 했다. 주민 독서실은 나중에 겨레사랑주민회로 이름을 바꾸었고 두꺼운 안경의 사내는 지금도 여전히 양천구에서 독서실을 하고 있다.

"참고 살자"라고 혼자 다짐했건만……

"어느 날 내 임금을 계산해 보니까 기본급 이틀치가 비는 거예요. 운수노동자협의회에 찾아갔는데 머리에 쏙 들어오게 설명을 해 주더군요. 그때부터 근로기준법, 단체협약을 외우기 시작했어요. 회사에 연·월차 휴가 보내라, 왜 안 보내냐, 그때부터 혼자 요구하기 시작했어요. 버스 노조는 그때나 지금이나 그런 일에는 관심 없고……."

그렇게 혼자 시작한 싸움을 안건모 씨는 지금까지 10년 넘게 하고 있다. 1992년에 안 씨가 일하던 버스 회사가 다른 회사에 팔린다며, 기사들에게 모두 사직서를 내라고 했다. 노동조합은 뭘 받아먹었는지 조합장이 나서서 기사들 사직서를 받았다. 안 씨는 홍보물을 만들어 동료에게 나눠 주면서 "절대로 사직서를 내지 말자."라고 설득했다. 처음에는 스무 명 정도의 기사들이 모였지만 회사에서 한 사람씩 불러 꼬드겼다. 마지막까지 남았던 단 한 사람 안 씨 혼자만 해고 통보서를 받았다.

우여곡절 끝에 1993년 8월 동해운수에 취업했다. 처음에는 그냥 참고 다니려고 애썼다. 아내가 너무 고생하는 것이 안타까웠다. '참고 살자. 참고 조용히 일만 하자.' 그렇지만 기사 숙소에 쥐가 돌아다니고 휴식 시간도 없이 뺑뺑이를 돌아야 하는 현실이 안 씨를 그냥 참고 일만 하게 내버려 두지 않았다. 지금까지 안 씨는 동해운수에서 온갖 일들을 겪으며 10년째 다니고 있다.

1998년에는 버스 운전기사들의 모임 '버스일터'를 만들어 열심히 활동하다가 무지막지한 테러를 두 번씩이나 당하기도 했다. 숲에 끌려가 각목으로 집단 폭행을 당하다가 온몸이 피투성이가 된 채 철조망을 몇 개나 넘고 언덕에서 굴러 떨어지면서 겨우 탈출했다. 택시 기사들은 피투성이가 된 안 씨를 태워 줄 생각을 않고 모두 도망갔다. 밤늦은 시간에 집 앞에서 각목을 든 괴한들에게 포위돼 기절하도록 얻어맞고 머리가 터져 큰 수술을 받기도 했다. 그 사건의 범인들은 아직도 잡히지 않았다.

그동안 겪은 많은 일들은 안 씨가 '글 쓰는 노동자'가 된 뒤 스스로 기록한 여러 글 속에 나와 있으니 이곳저곳에 있는 안 씨의 글을 찾아 읽어 보기를 권한다. 안 씨가 '책 읽는 노동자'에서 '글 쓰는 노동자'로 한 걸음 더 내딛게 된 것은 『한겨레』 신문의 광고 덕이다.

"96년 어느 날 오전반 일을 끝내고 『한겨레』를 훑어보다가 눈에 띄는 조그만 광고를 봤어요. '일하는 사람들의 글 모음, 1년 구독료 1만 원'이라고 돼 있는데, 솔직히 '햐, 이렇게 싼 책이 있어?' 하는 생각으로 신청했지요. 그 『작은책』에는 진짜 우리들이 살아온 이야기가 있었어요. 뭔가 할 말은 많은데 쓰는 것이 엄두가 나지 않아 그냥 읽기만 하던 나에게 쓰고 싶다는 용기를 갖게 했어요."

와, 정말 많은 데서 일한다!

그렇게 『작은책』과 인연을 맺기 시작해 그 책의 편집장이 됐다. 안 씨는 버스 현장에서 10년 동안 싸워 따 낸 연·월차 휴가를 이제 『작은 책』을 위해 쓰고 있다. 각종 회의에 빠짐없이 참석하고 마감 때는 휴가를 빼서 이틀 정도 사무실에서 살다시피 한다. 올해 연차 휴가는 벌써 다 썼다.

인터뷰를 마칠 때 으레 하는 질문을 했다.

"생활의 원칙이나 좌우명은 무엇인가요? 이렇게 열심히 살아가는 이유가 있다면?"

"그렇게 물어보면 참 할 말이 없어요. 그게 노동자와 지식인의 차이인가 봐요. 지식인은 그런 걸 잘 정리해서 말하더라고요. 전적으로 글을 쓰는 일에 매달려 볼까 하는 욕심이 들기도 해요. 그렇지만 그렇게 되면 노동자 정체성을 잃을 것 같아서……."

사람들은 안 씨에게 "도대체 몇 사람 몫의 일을 하는 거냐?"라고 묻는다. 취미 생활도 다양해서 축구, 바둑, 등산도 꽤 잘한다. 고양시 여성민우회 풍물패에서는 장구를 친다. 안 씨가 "왜 여성민우회가 남자를 차별하냐? 성차별 하지 마라." 하고 요구해서 그렇게 됐다. 고양신문 편집위원, 버스일터 편집장, 고양시민회, 민주노동당 활동도 한다.

안건모 씨, 계속 그렇게 사시오. 그것이 당신의 정체성이오. 2003. 08. 13.

• • •

안건모 씨는 2004년 12월 31일 버스 운전을 그만두면서 『작은책』 편집부에 100만 원 받는 말단 직원으로 들어가 2005년 8월 15일부로 150만 원을 받는 발행인 겸 편집장이 되었다며 "무늬만 사장"임을 강조했다. 20년 동안 버스 운전기사로 생활하며 쓴 이야기를 묶어 낸 책 『거꾸로 가는 버스』가 벌써 5쇄를 넘었다고 한다.

여전히 민주노동당 당원, 전태일기념사업회 이사, 전태일문학상 생활글 부문 심사위원, 민주언론시민연합, 민족문제연구소 회원 등 다양한 일을 해내고 있다.

전화국이여, 계약직 노동자여!

방방곡곡 전화국 계약직 노동자들을 조직해 역사상 가장 길고도 강고하게 싸운 **홍준표** 씨

사람이 소파에 앉은 채 이렇게 편하게 잠들 수 있을까. 며칠째 여의도에서 폭우를 맞으며 노숙 농성을 벌이다 잠시 짬을 내 사무실에 들어와 나를 기다리던 홍준표(42) 씨가 얼마나 달게 잠에 빠졌는지, 차마 깨울 수 없었다. 다른 사람들과 이야기를 나누다가 점심을 먹은 뒤에야 홍 씨와 마주 앉았다.

필자와의 안타까운 기억

누나, 매형, 고모부, 사촌 형제들이 모두 한국통신에서 일하는 '한국통신 가족'에서 자란 홍준표 씨가 1982년 10월 한국통신 협력 업체에 취업한 것은 당연한 순서였다.

"전자식 교환기가 도입되면서 전화들이 한꺼번에 개통돼 물량이 폭주했어요. 새벽에 나가서 밤늦게까지 일했지요. 그러다가 1995년 가을 한국통신에서 도급 업체에 맡겼던 일들을 모두 직영으로 바꾸면서 가설공들이 모두 한국통신 계약직 신분이 됐어요. 협력 업체 소속일 때는 한 달

271

서울 여의도의 민주노총 집회에 참석한 홍준표 씨(왼쪽에서 첫번째).

에 250만 원 정도 벌었는데 한국통신 직고용이 되면서 고용 안정을 핑계로 160만 원으로 임금을 낮추더군요."

국제통화기금 구제금융 태풍을 맞더니 그 임금이 한 달 94만 원으로 또 삭감됐다. 회사 사정이 어려우니 계약직도 함께 허리띠를 졸라매야 하지 않겠냐는 것이 회사의 요구였다. 몇 달만 그렇게 견디면 다시 회복될 것이라던 임금은 1997년이 되자 다시 한 달 85만 원으로 깎였다. 경력 20년 가까이 된 선로가설공들이 상여금 한 푼 없이 한 달 85만 원을 받았다. 그래도 회사의 약속을 믿고 빚내 가며 생활하던 사람들에게 계약 해지가 통보됐다. 회사 인원을 줄이는 구조조정 방침이 정해졌으니 계약직부터 우선 나가라는 것이다.

"관리자들에게 여러 번 얘기해 봤지만 소용없었어요. '이렇게 해서는 안 되겠다' 싶은 생각이 들더군요. 가까운 곳에 있는 전화국 계약직 노동자들부터 만나기 시작했지요. 본격적으로 조직 활동을 시작한 것은 2000년 1월부터였어요. 하 소장님 만난 것도 그 무렵인데, 소장님에 대해서는 정말 안타까운 기억을 갖고 있어요. 충북 칠갑산 근처 학교에서 우리가 모였을 때, 차 끌고 거기까지 혼자 오신 분에게 차비라도 좀 드렸어야 했는데, 그걸 못해서……."

그런 일이 있었다. 칠갑산 기슭에 있는 작은 분교에서 모임을 한다는 연락을 받고 물어물어 그곳까지 찾아갔는데, 운동장 한 귀퉁이 맨땅바닥에 한국통신 계약직 노동자들이 어두운 얼굴로 옹기종기 앉아 있었다.

"이 사람들아, 나는 그래도 교실 한 칸이라도 빌렸는 줄 알았지. 땅바닥에 앉아서 할 거면 뭐 하러 여기까지 찾아들어 와……."

그날 이야기를 시작하면서 목이 잠겼던 기억이 지금까지도 생생하다.

전국 수백 개 전화국마다 적으면 열 명, 많으면 100여 명씩 흩어져 있는 계약직 노동자들을 그렇게 방방곡곡 찾아다니며 불러 모은 사람이 바로 홍준표 씨다. 가장 조직하기 어려운 조건에서 탄생한 한국통신 계약직 노동조합은 역사상 가장 길고도 강고한 투쟁을 벌였다. 할 수 있는 모든 싸움을 다 했다. 길거리 노숙 농성, 한강 다리 고공 농성, 세종문화회관 옥상 기습 시위, 목동전화국 점거 농성, 국회 농성, 그 밖의 수십 차례가 넘는 타격 투쟁과 집중 투쟁……. 홍준표 씨는 위원장으로 처음부터 끝까지 그 투쟁을 이끌었다.

'이 동지를 위해 내가 죽을 수도 있다'

한국통신 계약직 노동조합 이야기를 하면서 정규직 노동조합 이야기를 하지 않을 수 없다. 정규직 노동조합이 2000년 12월 18일 명동성당에서 파업 투쟁을 시작했을 때, 이미 400명 가까운 계약직 노동자들이 명동성당 안에 들어가 있었다. 그중에는 회사에서 정규직과 같은 사무실, 같은 옷장을 사용하고 같은 전봇대에 올라가고 회식도 같이 하면서 겉으로는 전혀 구별 없이 일하다가 파업한다고 하니까 당연히 함께하는 줄 알고 따라온 사람들도 있었다.

"상경 투쟁 지침을 내려 전국에서 올라온 한국통신 계약직만 930명이었어요. 정말 이번에는 한국통신 거대 자본과 한바탕 싸울 수 있겠다고 모두들 기대했습니다. 정규직 노조 간부에게 확답도 받았고……. 그런데 '같이 싸울 수 없으니 나가라'고 했을 때, 그때 저 울었습니다. 그 분노는 정말 엄청났어요. 노동자끼리의 대결 구도로 갈 수도 있었지만, 큰 뜻을 위해서 우리 비정규직 노동자들이 참았습니다."

그 며칠 뒤, 한국통신 계약직 노동조합은 우리 연구소에 전화를 하더니 "한강 다리 위에 올라가 몇 미터 간격으로 떨어져 있어야 집시법에 저촉되지 않느냐?"라고 묻기도 했다.

"4차 상경 투쟁을 벌이던 이동구 동지가 추위에 쓰러져 반신불수가 됐어요. 그 다음날, 한강대교 고공 농성을 결정했지요. 며칠 동안 노숙 농성을 하다가 고려대학교에 모여서 30만 원을 내고 보일러를 땠어요. 얼었던 몸들이 녹으니까 조합원들이 윗옷 벗고 눈물 콧물 흘리면서 정신없이 자는 거예요. 전봇대 오르내린 경험이 많은 조합원 다섯 명이 한강대교 위에 올라간다고 결정은 했는데, 누가 할 것인지는 위원장이 정하기로 했어요. 새벽에 강당으로 내려가 정신없이 자고 있는 이창기 동지를 흔들어 깨웠어요. '창기야, 한강 다리에 올라가는 고공 시위를 하기로 했는데, 네가 올라갈 수 있겠냐?' 이창기 동지가 벌떡 일어나더니 '위원장님,

무슨 말씀을 그렇게 합니까? 당연히 올라가야죠.' 바로 자리 털고 짐 챙겨서 따라오는데, 그때는 정말 '이 동지를 위해 내가 죽을 수도 있다'는 생각이 들었습니다."

교각마다 '구리스'가 잔뜩 발려 있어 지도부는 철수할 것을 지시했지만, 이창기 씨는 "여기까지 왔다가 어떻게 그냥 가냐." 하며 한강대교 아치 위로 올라갔다. 둘둘 말아 어깨에 둘러맨 현수막을 내려뜨렸지만 강풍 때문에 제대로 펼쳐지지 않았다. 이 씨는 자신의 신발을 벗어 현수막 양쪽 끝에 묶었다. 기온은 영하 20도 가까이 떨어졌고 언론사 기자들이 올 때까지 그 위에서 한 시간 동안 철판에 쩍쩍 달라붙었던 이 씨의 발은 동상에 걸릴 수밖에 없었다.

성질 급한 내가 이야기를 듣다가 "목동전화국 얘기는 언제 나오는 거냐?"라고 닦달했다.

"이제 옥쇄 투쟁을 각오해야겠다는 생각이 들더군요. 내가 '5년쯤 징역 살 각오했다'고 말하고 토론을 거쳐 투표를 했는데 조합원들이 94퍼센트 찬성해서 전화국 점거 농성 투쟁을 결정했어요. 일사불란하게 움직이지 않으면 실패하기 쉬운 투쟁이어서 훈련을 많이 했습니다. 한 조에 다섯 명씩 편성하고 휴대전화는 조장만 빼고 모두 반납했어요. 느닷없이 '몇 시, 어느 전화국 정문' 지침을 내려 타격 투쟁하고 흩어지는 훈련을 한 달 동안 수시로 했어요. 날짜는 결행 직전까지도 말하지 않았어요. 2001년 3월 29일, 조합원 마흔 명이 대방전화국으로 위장 투쟁을 가고 본 대오는 오목교 근처 공원에 집결했다가 새벽 3시 조금 지나서 목동전화국으로 들어갔어요. 선봉대 열다섯 명은 그 전날 미리 들어가 화장실에서 열다섯 시간을 숨어 있었어요. 그날 농성 다섯 시간 반 만에 모두 연행된 인원이 언론에는 197명으로 나왔지만, 천장에 숨어서 이틀을 버틴 조합원들도 있고 그렇게 잡히지 않은 사람들이 많아서 실제 들어간 인원은 250명이었어요. 4월이 다 됐는데 눈은 또 왜 그렇게 펑펑 내리는지……."

홍준표 위원장이 쏟아지는 함박눈을 맞으며 옥상에서 구호를 외치던 모습이 눈에 선하다. 이 시대를 살아가는 사람이라면 그런 장면이 담긴 비디오테이프 하나 정도는 소장하는 것이 마땅하다.

정규직 노동자들도 희망으로 보듬어야

홍준표 씨는 민주노총을 이끄는 부위원장이다. 미조직비정규노동자 조직 사업을 책임지고 있다. 대기업 노동자의 기득권에 대한 그의 생각을 듣는 것으로 긴 이야기를 마무리했다.

"우선 실제 상황이 언론 보도나 사람들의 짐작과 많이 다릅니다. 현대자동차 사내 하청 비정규직투위 돕기 1일 호프 표 팔러 갔을 때, 정규직 노동자들이 3,000장을 앞 다퉈 사 줬어요. 이런 일들이 우리에게는 희망입니다. 그런 희망적인 일들을 만들어 갈 수 있도록 노력해야 한다고 깨닫는 활동가들이 점점 많아지고 있습니다. 결국은 노동자와 국민이 '비정규직 문제는 내 문제, 내 가족의 문제다'라고 깨닫는 날이 반드시 올 겁니다."

그날이 과연 올까? 의문을 품는 사람이 어리석은 사람이다. 2003. 08. 27.

● ● ●

홍준표 씨는 지금 송파구 송파전화국에서 비정규직으로 일하고 있다. 현장에 있어서 노조 활동을 전처럼은 못하지만 여전히 민주노총 전국비정규연대회의 지도위원, 한국비정규센터 이사로 열심히 활동 중이다.

전태일을 아느냐? 스즈키를 아느냐?

일본에서 운동 시작한 **스즈키 아키라**, 한국에 와 '노동건강연대 성수동 팀장'이 되기까지

노동 문제 관련 행사가 끝난 뒤 벌어지는 뒤풀이 자리에 여느 남자와는 조금 다른 분위기의 사내가 몇 년 전부터 눈에 뜨이기 시작했다. 자기를 소개하는 시간에 "저는 '스즈키'라고 합니다."라고 또박또박 발음하는 말을 듣고 그가 일본사람인 것을 알았다. 외국 인권단체의 연수 프로그램이나 자신이 쓰는 논문 때문에 가끔 한국 노동자 주변을 기웃거리다가 사라지는 외국 사람들 중 하나겠거니 짐작했는데, 아니었다. 그 뒤 몇 년 동안 산업재해 관련 행사나 집회가 열릴 때마다 그의 모습은 빠짐없이 보였다.

2002년 11월 서울 대학로에서 열렸던 노동자대회에서 동분서주하는 그를 만나 "나중에 인터뷰 한번 하자고 할 테니까 그때 시간 좀 내 줘요."라고 일찌감치 부탁했더니, 그는 특유의 공손한 표정으로 "아, 예예."라고 답하기는 했지만 돌아서서 머리를 갸웃갸웃하며 걸어갔다. 모자를 쓴 그의 뒷모습이 '내가 지금 제대로 알아듣고 대답한 것인지 모르겠네.'라고 궁금해하고 있었다. 그 뒤로 그를 만날 때마다 다짐을 받다가 열 달이나 지나서야 노동건강연대 사무실에서 그와 마주 앉았다.

학생운동에서 노동운동으로

스즈키 아키라(鈴木明·42) 씨의 고향은 높은 산이 많고 눈이 많이 내리는 고장 나가노다. 부모님은 모두 교사를 지내셨다. 반장을 많이 하는 모범생으로 중·고등학교를 마치고 1982년에 메이지 대학교에 진학했다. 일본에도 학생운동이 있을까?

"한국과는 비교가 안 되지만 일본에도 학생운동이 있습니다. 처음에는 관심이 없었어요. 일본 학생운동 내부 투쟁이 너무 격렬해서 부정적인 이미지가 많았거든요. 전공이 일본사였으니까 자연히 역사 서클에 들어갔는데, 어느 날 선배가 '집회가 있으니까 나가자'고 하는 거예요. 그집회에 처음 참석하면서 '이제 나도 학생운동판에 한 걸음 집어넣는구나'라고 생각했지요."

메이지 대학교에서 계약직 경비원으로 근무하는 대만 출신 할아버지가 있었는데 용역 업체가 그를 해고하려 했을 때 학생회는 민족 차별이라고 주장하면서 공개적으로 반대하는 활동을 벌였다.

"일제 시대 때 일본군으로 전쟁에 참여했고 전쟁이 끝난 뒤 계속 일본에 살던 사람이었어요. 학생회에서 할아버지의 체험을 듣는 강연회를 열었는데 그때 정말 많은 느낌을 받았습니다. 일본 제국주의의 피해를 입은 사람의 이야기를 직접 듣기는 처음이었거든요. 일본인의 정체성에 대해 고민하는 계기가 됐어요."

일본 교과서가 '침략'을 '진출'로 바꾸었을 때는 교과서 검정 기관을 규탄했고, 나카소네 정부의 군사 대국화 정책과 일미 안보 조약에 반대하는 활동을 펴기도 했다. 학년이 올라갈수록 학생운동에서 스즈키 씨가 감당해야 하는 몫이 점점 커졌다. 새로운 후배 활동가를 키워야 한다는 의무감으로 졸업하지 않고 계속 학교에 남았다. 다른 학생에게 지도를 맡기는 것이 더 좋은 상황이 됐을 때 대학을 떠났다(아, 어쩌면 우리와 그렇게 똑같았을까). 츄오(中央) 대학교 법학과에 1학년으로 다시 입학했지만, 부모님 두 분이 모두 쓰러져 병원에 입원하는 바람에 고향으로 돌아갈 수밖에 없었다.

"학생운동을 더 이상 계속하기는 어렵고 이제는 노동운동을 해야 한다고 생각했습니다. 저와 같이 학생운동을 했던 사람들은 대부분 노동 현장으로 들어갔거든요."

이쯤 되면 일본 얘기인지 우리나라 얘기인지 구분이 되지 않는다. 노동 현장에 들어갈 준비를 하고 있는데 '산재직업병센터'라는 민간단체에서 일할 사람을 구했고, 주변에 있는 사람들이 모두 권해서 그곳에 들어갔다. 처음에 맡은 일은 방글라데시에서 온 이주 노동자의 산업재해 보상을 돕는 일이었다. 1990년에 그 일을 시작해서 1997년 한국으로 올 때까지 그의 도움을 받은 노동자가 모두 250명쯤 된다.

한국 노동운동을 체험하고 싶은 열망

1989년에 마산의 '한국수미다 노동조합'이 일본에 원정 투쟁을 왔을 때는 1990년 2월 아버지가 쓰러질 때까지 한국에서 온 노동자 네 명과 함께 일본 본사 앞 농성장을 지켰다. 1993년 가을에 과로사 문제에 관한 한일 공동 세미나가 일본에서 열렸을 때 한국병원노동조합연맹의 간부로 세미나에 참석한 최경숙(45) 씨를 처음 만났다. 그 다음해에 최 씨가 일본 지방자치단체 노동조합 국제국에 1년 동안 연수 와 있을 때는 원진레이온 사건에 대한 강연과 과로사 문제에 관한 2차 한일 공동 세미나 준비를 함께하면서 가까워졌다.

1995년 한국에 잠시 들어와 민주노총 창립 전야제 행사에 참석했을 때, 처음 보는 역동적인 장면들과 민주 노조를 기원하는 노동자들의 열기를 직접 느끼면서 한국 노동운동을 체험하고 싶다는 열망에 휩싸였다. 1997년 기어이 한국에 들어와 우리말을 열심히 배우면서 노동과건강연구회 등에서 틈틈이 일을 돕기 시작했는데, 1999년에 강제로 통원 치료 처분을 받은 대우국민차 소속 산재 노동자 이상관 씨가 자살하는 사건이 터졌다. 스즈키 씨는 '산재 노동자 이상관 자살 책임자 처벌과 근로복지공단 개혁을 위한 공동 투쟁'에 참여했다. 155일 동안이나 계속됐던 그 투쟁 기간에 스즈키 씨는 근로복지공단 앞 농성 천막에서 가장 자주 만날 수 있는 사람들 가운데 하나였다.

1998년 5월에 스즈키 씨와 그보다 세 살 연상인 최경숙 씨가 결혼한다고 발표했을 때 사람들은 별로 놀라지 않았다. 그만큼 두 사람이 친해지는 모습은 자연스러웠다. 결혼 생활에 대해 한마디만 해 보라고 하니까, "요리는 주로 경숙 씨가 제 입맛에 맞춰 해 주시니까 먹기가 아주 쉬워요."라고 한다. 내가 "해 주시니까, 라고 표현하는 것은 높임말인 거 알아요?"라며 웃었더니 그가 진지한 얼굴로 말한다. "그것은 제가 감사하는 뜻으로 그렇게 말한 겁니다."

요즘 주로 하고 있는 활동 내용을 설명해 달라고 했더니 주머니에서 명함을 한 장 꺼내 준다. '노동건강연대 성수동 팀장'이 그가 가진 공식 직함이다.

"지금까지는 한국의 산재추방운동을 밖에서 보고 있던 사람이었지만 현장과 가까운 곳에서 제화 노조·인쇄 노조와 함께 활동하게 돼서 매우 기쁩니다. 노동부가 중소영세 사업장 산업안전지도 사업을 한 지 10년 됐어요. 이제 성수동 지역에서 개선 모델을 만들면서 새로운 지향점을 찾아가는 것이지요."

그는 그 일을 앞으로 10년, 20년 동안 계속할 수 있으면 좋겠다고 했다. 경제적으로 최소한의 생활수준만 보장되면 된다고 하는 그의 얼굴을 보며, 마흔 살을 훌쩍 넘긴 그가 청년처럼 순수한 인상을 갖고 있는 것이 당연하다는 생각이 들었다.

한국에서 가장 어려운 건 '비자'

노동자들이 건강을 지키기 위해 가장 중요한 것은 무엇일까.

"혼자 고민하는 것이 아니라, 자기 문제는 동료의 문제이고 동료의 문제는 자기 문제라고 깨닫고 함께 이야기하면서 일하기 좋은 직장을 만들기 위해 주체로 나서는 것이지요."

이런 말은 산업안전보건 활동에 관한 용어 사전이 있다면 집어넣어야 한다.

한국에 와 살면서 가장 어려운 점은 역시 비자 문제라고 했다.

"출입국관리사무소 직원이 경숙 씨에게 '왜 일본으로 따라가지 않느냐?'고 물었어요. '결혼하면 남자 쪽으로 가는 것 아니냐?'며 그렇게 말했어요. 토요일 업무 시간이 지나도록 둘이 계속 직원과 싸우고 있으니까 안에 있던 여직원이 나와서 '제가 처리하겠다'고 해서, 그 여직원에게 한참 우리 뜻을 설명한 뒤에 겨우 비자를 받을 수 있었어요."

사무실을 나서며 노동건강연대 실무자들에게 "스즈키 씨에 대해 한마디만 해 달라." 하고 졸랐다.

"집회에 가면 한국 노동운동에 대한 경외심으로 자세와 눈빛이 달라지는 사람이에요. 외국에서 온 노동자가 '한국 노동운동의 전체주의적 분위기를 이해할 수 없다'고 말하는 것을 듣더니 정색을 하고 '당신이 전태일 정신을 아느냐? 사람들이 죽어 가며 쌓아 올린 한국 노동운동의 역사를 아느냐?'고 따지는 사람이에요."

우리나라 사람들에게 묻고 싶다. 전태일 정신을 아십니까? 사람들이 죽어 가며 쌓아 올린 한국 노동운동의 역사를 아십니까? 2003. 09. 17.

• • •

노동건강연대 성수동 팀장으로 일한 지 5년이 된 스즈키 씨는 "처음 이방인으로서 노동 현장에서 일했던 입장과는 달리 이제는 한국의 노동 현장에서 함께 고민해야 하는 입장이 되는 것 같다."라고 그때와 달라진 점을 이야기했다. 앞으로는 "일본과 한국의 운동이 서로 연대하여 나아갈 수 있도록 다리 역할을 하고 싶다."라는 희망을 내비쳤다. 골치를 앓았던 비자 문제는 규제가 많이 완화되어서 별 문제가 없다고 한다.

자활후견기관 요주의 인물!

보건복지부 행정편의주의와 싸운 **황정란** 씨, "왜 젊은 실무자들을 떠나게 하는가"

몇 년 전 '생산적 복지'란 구호를 처음 들었을 때, 참 이상하다는 생각이 들었다. 어떻게 생산과 복지를 연결시킬 수 있을까? 그것은 마치 네모난 동그라미처럼 형용모순이 아닐까? 복지와 관련된 일을 하는 사람들이 고생하겠구나 싶었는데, 역시 그랬다.

'국민기초생활보장법'이 2000년 10월 시행되면서 전국에 200여 개의 '자활후견기관'이 세워졌다. 생활보호가 필요한 사람들에게 소모적으로 생계 급여를 지급할 것이 아니라 일자리를 만들어 생산적 지원을 하자는 것이 그 취지였다. 자활후견기관이 일종의 주민 일터를 꾸리고 그 사업을 하나의 회사처럼 잘 경영해서 나중에는 그 일터 사람들이 다른 이의 도움 없이 당당하게 살아갈 수 있도록 하자는 것이다.

똑같이 세팅된 200개 자활후견기관

문제는 그 대상자 대부분이 시장 경쟁 체제에서 이미 도태된 사람들이라는 것이다. 지병이 있거나 근로 의욕이 없거나 다른 불가피한 이유로

인력 시장에서 도저히 '게임'이 안 돼 밀려 나온 사람들을 모아, 치열한 자본주의 시장에서 경쟁을 해야 하니 경영이 쉬울 리 없다. 다른 기업 몇 배의 지원을 받아도 성공하면 기적일 텐데 복지에 대한 이해가 아직 천박한 수준이라는 우리 사회에서 그 지원이 제대로 이루어질 리 없다.

보건복지부가 전국 200여 개 자활후견기관에 지원하는 금액과 인력 운용 지침은 모두 똑같다. 불과 몇 십 명을 지원하는 기관이나 무려 몇 백 명을 책임져야 하는 기관이나 실무자는 모두 여섯 명이다. "똑같이 '세팅' 했다."라는 표현이 실감 나는 행정편의주의다.

일률적인 재정과 인력 운용 등의 문제점을 지적하자 그것을 해결하겠다고 나온 보건복지부의 방침은 한 수 위다. 사업 성과를 평가해 점수를 많이 받은 기관에는 돈을 더 주고 낮은 점수를 받은 기관은 퇴출한다는 것이다. 그 평가에 반대하며 한국자활후견기관협회 사무실에서 단식을 하다가 막 끝낸 서대문자활후견기관 실무자 황정란(38) 씨를 만났다.

"보건복지부가 협상 테이블에서 했던 약속들이 제대로 지켜지지 않았어요. '긍정적으로 검토해 보자'고 했다가 관리들이 바뀌면 다시 없던 일이 되고…… 평가에 문제가 많다는 인식이 확산되면서 의식 있는 학자, 전문가들이 평가단 참여를 거부하기도 했어요. 그렇게 꾸려진 평가 단원들에게 우리는 '자활후견기관이 무엇 하는 곳인가'부터 설명해야 했어요. 준비한 자료들은 보지도 않고 한두 시간 간담회처럼 하고 가 버린 곳도 많아요. 그 평가 결과를 놓고 보건복지부가 다시 2차 실사 평가를 해서 인센티브도 주고 퇴출도 시키겠다는 거예요. 기관장들의 조직인 한국자활후견기관협회가 그 평가에 대해 적극적으로 대응하라고 요구해서 우리는 단식을 시작했지요. 협회가 우리 요구를 대부분 수용하기로 해서 6일 만에 단식을 끝냈어요."

성추행 교사 축출에서 건국대 사건까지

이런 일을 해내는 사람들을 만날 때마다 나는 그 치열한 삶의 뿌리가 궁금하다. 만나는 사람들에게 굳이 어릴 적 이야기를 해 달라고 졸라대는 이유는 그 때문인데, 황 씨도 역시 예외가 아니다. 중3 때, 학교 선생님이 여학생을 성추행한 사건이 터졌다. 도저히 용납할 수 없는 일이라고 생각한 황 씨는 다른 학생회 간부들과 함께 교장 선생님 집으로 찾아갔다. 학생들에게 받은 서명 용지를 내밀며 "월요일 애국 조회 때 그 선생님이 학교에 보이면 중3 전체가 학교를 떠나겠다."라고 말했다. 교장 선생님은 "너희들 뜻을 알았다. 노력해 보마."라고 하셨고, 그 선생님은 월요일에 학교에 나타나지 않았다.

같은 울타리에 있는 고등학교에 들어갔을 때 황정란 학생은 이미 몇몇 선생님들에게 '요주의' 대상이었다. 또 일이 터졌다.

"모의고사가 끝난 날이었어요. 학생들이 보고 싶어 하는 영화를 상영하던 극장에서 단체 할인을 해 준다고 해서 여러 명이 가서 영화를 봤는데, 그게 문제가 됐어요. 교련 선생님과 장교 출신 교사들이 발 벗고 나서더니 '주동자를 색출해야 한다'며 사건을 키웠어요. 단체 할인 정보를 처음 알려 준 학생과 돈 건 학생, 두 명이 주동자로 몰려 중징계를 받게 됐어요. 미성년자 관람 불가 영화도 아니었는데, 다른 선생님들이 보호해 주지 않는 것도 화났어요. 그땐 전교조가 없었거든요. 나는 극장에 가지 않았지만, 밤 12시가 다 될 때까지 아이들을 꿇어앉혀 놓고 있는데 도저히 참을 수 없더라고요. 반장인 내가 선생님한테 가서 '지금 꼭 이래야 되느냐? 일단 집에 돌려보내고 내일 다시 얘기하면 안 되냐? 부모님들이 걱정한다. 돌려보내자'고 했더니 어린 것이 반항한다고 주먹으로 때리려고 해서, 때리라고 했어요. 권위가 주는 상처를 짙게 받았던 첫 번째 경험이었을 거예요."

어릴 적 황 씨가 겪었던 이런 일들은 대학교 2학년 때 직접 현장에서 겪었다는 '건국대 사태' 못지않게 내 가슴에 짠하게 와 닿는다. 아, 얼마나 예쁘고 사랑스러운 여학생이었을까. 1985년, 대학에 갔을 때는 "같이 공부해 보자."라며 학생운동을 권유하러 온 선배가 내심 반가웠단다.

"공무원이셨던 아버님은 까맣게 모르고 계시다가 2학년 때 내가 건대 사건으로 구속되는 바람에 처음 아셨어요. 뇌졸중으로 투병하시다가 지난해 돌아가셨는데, 부모님 속을 많이 썩여 드렸어요. 딸 때문에 불려가서 각서도 쓰고 시말서도 쓰셨을 아버지가 의정부교도소에서 나오는 저를 보고는 막 우시더라고요. 그때 처음 아빠의 눈물을 봤는데……."

다음 말은 잇지 못했다. 나는 짐짓 다른 볼일이라도 생긴 듯 딴청을 부렸고, 황 씨는 슬쩍 휴지를 집어 콧등을 훔쳤다. 역시 공무원 출신인 나의 아버지를 생각하며 나는 거의 고문하듯 황 씨에게 물었다.

"돌아가시는 순간까지 아버님은 딸에 대해서 어떻게 생각하셨을까요?"

"거의 포기하시고, 그냥 무난하게 잘 살아 줬으면 좋겠다는 생각이셨을 거예요."

어느덧 팔순을 훌쩍 넘기신 나의 아버지 역시 아들에 대해 비슷한 생각을 갖고 계시다. 세상의 많은 아버지들 때문에 나는 잠시 마음이 아팠다.

"상황이 벌어지면 몸이 먼저 간다"

황정란 씨는 서대문자활후견기관의 실무자가 된 뒤 많은 고민에 휩싸였다. 처음 시작하는 사업이어서 그 누구도 가르쳐 주는 이가 없었다. 어떻게 해야 잘하는 것인지, 이럴 때는 어떤 결정을 내려야 옳은지, 나이 어린 실무자들이 인생을 다 겪은 나이 든 분들과 관계를 맺는 일은 어떻게 해야 가능한지, 집에 가서도 온통 일에 관한 걱정뿐이었다.

"그러한 고민들이 나만의 문제가 아니라 실무자 모두의 문제라는 것을 알게 됐어요. 도대체 가능하지 않은 일을 정부가 추진하고 있다는 절망감과 실무자에 대한 열악한 대우 때문에 젊은 일꾼들이 계속 떠나는 걸 보면서 책임감을 느꼈어요. 실무자들의 대우에 관한 이야기를 하면 기관장들 중에서도 노동운동·빈민운동 했던 사람들은 '우리들은 예전에 활동비 없이 일했다. 당신들도 지역 활동가, 빈민 운동가의 정체성을 갖고 일해야 된다'고 강조해요."

나는 평소 풀지 못한 문제의 해답을 얻고 싶은 심정으로 황 씨에게 물었다.

"80년대의 헌신성을 강조하며 열악한 노동 조건을 당연하게 요구하는 선배들에게는 뭐라고 대꾸할 수 있을까요?"

황 씨의 대답은 뜻밖에 쉬웠다.

"본인은 지금 그렇게 살고 있지 않잖아요. 지금은 더 많이 누리며 살고 있잖아요. 사회적 약자를 위해 일하겠다는 좋은 뜻으로 들어왔던 젊은 실무자들이 떠날 수밖에 없는 상황은 옳은 게 아니에요."

그동안 고생할 만큼 하고, 상처받을 만큼 받은 황 씨가 계속 힘든 일에 뛰어드는 이유를 물었을 때 황 씨는 수줍은 듯 웃으며 답했다.

"상황이 벌어지면, 항상 몸이 먼저 앞에 가 있더라고요. 돌아서거나 구석에 피해 있는 것은 내가 아닌 것 같아요."

아버님, 당신은 훌륭한 딸을 두셨습니다. 편히 눈감으시기를 바랍니다.

2003. 10. 16.

• • •

황정란 씨는 2007년 2월 실업극복국민재단으로 자리를 옮겨 사회적기업지원팀 팀장으로 일하고 있다. 서대문자활후견기관과 같은 현장에서 일하는 것도 의미가 있지만 제도와 정책을 폭넓게 조망하고 현장을 지원하며 큰 그림을 그리는 일로 자신의 역할을 확대할 필요를 느껴서라고 한다. 그의 일은 제도·정책을 안착시켜 현장이 힘을 얻도록, 또한 나라 전체의 실업과 빈곤이 나아지도록 현장과 정부 기관을 잇는 다리 역할이라고 한다.

인쇄 골목에 사랑이 피어난다

'인쇄 노동자 취업알선센터' 일군 **최영현** 씨, "어려운 사람은 당신 가까이에 있다"

서울 을지로 인쇄 골목에 들어서면 언제나 마음이 설렌다. 1980년대 초, 그 암울한 시기에 유인물 원고를 품속에 감춘 채 그것을 인쇄해 줄 고마운 인쇄업자를 찾아 수천 개도 넘는 인쇄소들 사이를 헤집고 다니던 기억이 며칠 전의 일처럼 가슴에 되살아난다. 인쇄 잉크가 뿜어내는 그 골목 특유의 냄새를 맡으면, 그때 우리를 쫓던 수사 기관원들과 벌이던 숨바꼭질이 지금까지도 계속되고 있는 것처럼 느껴져 나도 모르게 오금이 저려 와 쓴웃음을 짓는다. 우리를 숨겨 준 그 고마운 인쇄업자들은 가끔 수사 기관이 발표하는 반국가단체 조직도에 '인쇄책'이라는 살벌한 직함으로 등장해 함께 곤욕을 치르기도 했다.

10년 동안 이사 열 번 넘게 간 사연

건물마다 층층이 다닥다닥 붙어 있는 인쇄소들이 마치 거대한 공룡의 신체 기관처럼 자신의 역할을 맡아 일사불란하게 움직이는 그 골목에서 인쇄 노동자 최영현(34) 씨를 만났다. "우리가 알게 된 지 얼마나 됐지?" 내

물음에 "한 4년쯤 됐다." 하는 그의 대답을 들으며 나는 마음속으로 흠칫 놀랐다. 어, 그것밖에 안 됐나? 그보다 훨씬 더 됐는 줄 알았는데……. 그와 만난 기간이 길게 느껴지는 건 그가 그동안 다른 사람들보다 더 많은 일을 했다는 뜻이다.

4년 전, '인쇄 노동자들의 대부'라는 말을 듣는 최창준 씨가 중심이 되어 운영하는 '인쇄 노동자 취업알선센터'에 처음 노동법 교육을 하러 갔을 때, 유난히 매서운 눈매에 깡마른 체구의 사내가 한 사람 있었다. 그가 바로 최영현 씨다. '저 사람과는 앞으로 오래 만나겠군.' 싶은 예감이 들었는데 역시 그랬다. 그 뒤 지금까지 인쇄 노동자들이 모이는 곳에는 그 한가운데 어김없이 최 씨의 모습이 있었다.

IMF 사태 이후 을지로 일대 인쇄 노동자들에게 적잖은 도움을 준 인쇄 노동자 취업알선센터와 '매킨토시 기술학교'는 최창준 씨와 최영현 씨가 없다면 불가능했을 것이다.

"취업알선센터를 운영하면서 보니까 사업주들은 대부분 경력자를 구하는데 취업을 원하는 사람들은 경력이 없는 경우가 많았어요. 매킨토시 컴퓨터 한 대 값이 700만 원쯤 할 때였는데, 아는 사람들을 수소문해 보니 세 대 정도 빌릴 수 있겠더라고요. 사무실 한쪽에 컴퓨터 세 대 놔두고 기술 있는 사람이 후배들 가르치며 그렇게 시작했는데, 혹시 매킨토시 컴퓨터 회사에서 지원받을 수 있는지 알아보기 위해서 갔더니 처음에는 확답을 못 주다가 '창고에 넣어 둔 옛날 것 몇 대 정도는 지원해 줄 수 있다'는 거예요. 일이 커진 거지요. 어찌어찌해서 프로그램도 어도비사에서 1년 동안 임대 지원을 받았어요. 마침 아는 사람이 회사를 정리한다고 책상과 비품들을 가져가도 된다고 해서, 사무실 한 곳을 계약했어요. 일요일에 최창준 형님하고 둘이서 일산에 사는 사람 트럭을 빌려다가 책상과 비품들을 엘리베이터도 없는 건물 5층까지 모두 끌어올려다 놨는데, 다음날 건물주가 계약을 취소하자는 거예요. 원래 들어오기로 한 사람이 긴가민가해서 안 들어올 줄 알았는데 들어온다고 했으니 나가 달라는 거예요. 찌는 듯이 더운 8월이었는데. 휴, 그 책상들을 또 하루 만에 다 들어 내렸어요. 온 동네를 최창준 형님과 둘이서 돌아다니다가 다른 사람한테 넘어가는 건물이 하나 나왔다고 해서 보증금도 없이 월세만 내고 들어갔어요. 엘리베이터도 없는 건물 7층이었지만 그래도 '남 등쳐 먹고 사기 치지 않으면서 뭔가 하려고 하니까 돌파구가 만들어지는구나' 그런 생각으로 뿌듯했지요. 사람들이 두세 달씩 기다려서 등록할 정도로 성황이었는데, 건물이 다른 사람에게 완전히 넘어가면서 또 문제가 생겼어요. 리모델링을 한다고 뚱땅뚱땅하는 가운데에도 우리는 교육했어요. 나중에는 건물 주인이 전기를 끊어 버리더라고요. 그래서 최창준 형님이 민주노동당에 가서서 '상가임대차보호법'에 기를 쓰고 매달리시는 거예요.

형님이 그때부터 '이거는 국가적인 문제다'고 강조했거든요. 일 끝내고 밤늦은 시간에 사람들이 찾아와 이렇게 배우려고 애쓰는데 어떻게 전기 선을 자를 수 있나. 정말 세상이 무섭다는 생각이 들더군요. 인쇄 노동자 활동에 참여한 지 10년 조금 넘는 동안 사무실 이사만 열 번 넘게 했어요."

"어려운 사람을 대상으로 고용을 창출해야 한다"

최영현 씨가 주변 동료들로부터 남다르게 받는 눈총이 하나 있다. 이상할 정도로 장애인 문제에 집착한다는 것이다. 일감이 생겨서 사람을 급히 불러 모아 손일을 시켜야 할 때 최 씨는 곧잘 장애인을 부른다. 장애인은 아무래도 일 속도가 떨어질 수밖에 없다. 그 일거리를 동네 아주머니들에게 '깔아 주면' 훨씬 빨리 끝날 수 있는데도, 최 씨는 군이 "자본주의 원칙에는 어긋나지만, 우리가 먹고살 정도만 된다면 어려운 사람을 대상으로 고용을 창출해야 한다."라고 동료들을 설득하면서 장애인에게 일을 맡기고 또 그 사람들의 인건비는 자기 몫을 떼어서라도 철저하게 챙겨 준다. 그 바쁜 와중에도 틈만 나면 장애인 관련 단체나 연구소에 찾아가 일을 거들고 틈틈이 수화를 배우러 다니기도 한다. 그 깊은 집착의 뿌리는 무엇일까?

　"중학교를 졸업한 뒤 집에서는 형편이 어려워 고등학교에 못 보내 준다고 했지만 몰래 시험을 치렀어요. 등록금하고 책값이 38만 원 나왔는데, 그 돈 만들겠다고 중학교도 졸업하기 전에 신발 공장에 취업했지요. 졸업식장에도 못 가고 열심히 일했는데도 등록금 마감 날까지 그 돈을 못 벌었어요. 그때 월급이 10만 원 남짓밖에 안 됐거든요. 신발 공장에 계속 있어서는 안 되겠다, 내 기술이 있어야겠다 싶은 생각이 들더군요. 인쇄

기술을 배우자 맘먹고 인쇄소에 취업해서 회사 옆 도서관에서 공부하며 학교 갈 준비를 했는데, 하루는 어느 병원 주보를 찍다가 고아원과 노인 수용 시설을 방문한 얘기를 읽었어요. 주소를 보니까 우리 집 바로 옆인 거예요. 그 길을 매일 다니면서도 전혀 몰랐던 거지요. 그래서 한번 가 봤는데, 아 엄청난 충격을 받았어요. 나도 못살지만 나보다 훨씬 더 어렵게 사는 사람들이 바로 옆에 그렇게 많이 살아가고 있다는 걸 까맣게 몰랐던 거예요. 팅팅 분 라면을 라면 따로, 국물 따로 해서 주는데 그 사람들에게는 그 라면조차도 모자라는 거예요. 음식을 절대로 남기지 않는 습관은 그때부터 생겼어요. 배가 좀 불러도 저는 다 먹어 치워요. 이 사회에 어려운 사람들이 나하고 아주 가까운 곳에 그렇게 많이 사는데도 나는 그걸 까맣게 모르고 살았구나, 공부는 나 말고 다른 사람들도 다 한다, 나까지 굳이 공부를 해서 얼만큼 가치 있는 인생을 살 수 있을까 고민하다가 그때 공부를 접었어요. 내가 신 나서 할 수 있는 일을 사람들과 어울려 함께하면서 살아가는 것이 가장 소중하다는 깨달음이 오더라구요.”

모범적인 사업장 한 군데

노동법을 붙들고 20년 넘게 살아온 내 앞에서 최 씨는 “노동법이나 사회를 보는 지식이나 능력은 세상을 살아가는 데 10퍼센트 정도밖에 영향을 주지 않는다.”라고 당당하게 말한다. “다른 사람에게 절실한 진실로 다가서면서 그 사람의 마음을 얼마나 움직일 수 있느냐가 더욱 중요하다.”라고 말한다.

최영현 씨는 최근 그동안의 활동을 잠시 접고 인쇄 현장으로 돌아갔다. 영세 하청 업체가 대부분인 인쇄 현장에 모범적인 사업장 한 군데를 제대로 만들어 그것이 널리 퍼지도록 해 보고 싶다는 것이 그가 세운 확실한 목표다. 현장을 떠나 있는 몇 년 동안 기계들이 많이 바뀌어서 새 기술을 익히느라고 내년 봄까지는 자신이 "어디로 튈지 모르는 상황"이라며 웃었다.

"지난 토요일에도 나는 저녁 7시까지 일했어요. 주 5일 근무제를 빨리 해야 한다고들 하지만, 영세 하청 업체 비정규직 노동자들까지 모두 한꺼번에 해야 돼요. 모두 같이 할 수 있으면 좋겠어요."

그렇게 말하면서 최 씨는 그날 오후 종묘에서 열리는 '비정규직 권리 보장 입법쟁취 전국노동자대회'에 참석하러 떠났고, 저녁 뉴스에서는 그 대회에 참석한 '근로복지공단 비정규직 노조'의 이용석 광주 지역 본부장이 분신했다는 소식이 들렸다. 최 씨의 꿈 '모범적인 사업장 한 군데'가 빨리 이루어지는 날은 언제일까……. 2003. 10. 30.

• • •

최영현 씨는 지금도 여전히 인쇄 노동조합 조합원으로 활동하면서 인쇄소 노동자로 일하고 있다.

열사의 나라, 파랑새는 있다

전태일기념사업회에서 민족민주열사·희생자추모(기념)단체연대회의로 몸 낮춘 **이형숙** 씨

2002년 초 전태일기념사업회 사무국장 이형숙(34) 씨로부터 "노동운동 선배들의 삶을 기록하는 자원봉사를 해 줄 수 없겠느냐." 하는 부탁을 받았다. 나는 "영광으로 생각하고 기꺼이 하겠다."라고 장담했지만, 올 여름까지 한 달에 한 명씩 모두 열다섯 명의 노동자들을 만나 이야기를 나누고 그 내용을 글로 정리하는 동안, 원고 마감 날짜를 제대로 지킨 적은 내 기억으로 딱 두 번뿐이다. 다달이 나오는 소식지 발행이 늦어지면 우편요금을 곱빼기로 물어야 한다는 사실을 나중에야 전해 듣고 어려운 재정 형편을 빤히 아는 나는 큰 죄책감에 시달리다가 "우편요금을 내가 부담하겠다."라고 제의했지만 김수정 간사한테 "그렇게 말씀하시면 안 되는 거 아시지요?"라는 엄중한 항의 편지를 받았을 뿐이다. 아, 나의 그 말은 얼마나 오만방자한 것이었는지……. 전태일기념사업회에 일생 동안 갚아야 할 큰 빚을 하나 남긴 셈이다.

좌절과 상처 뒤 다시 '꼬임'을 당하다

서울시청 앞 광장에서 열린 민주노총 주최 노동자대회에서 2년 여 만에 다시 화염병이 나타났다고 언론이 호들갑을 떨던 날, 시청 앞 한 식당에서 만난 이형숙 씨는 "우리는 논밭을 뛰어다니면서 전경들과 치고받고 화염병을 던지곤 했어요. 화염병이 논에 들어가지 않게 조심해야 한다고 서로 그랬던 기억이 나요. 지방에서 학교를 다녔거든요."라고 수줍게 말했다.

대학을 졸업한 뒤, 막내 이모에게 "우리 언니 이제 그만 좀 고생시켜라."라는 말을 들으며 끌려오다시피 서울로 올라왔다. 조직적으로 연결되는 사람이 없으면 집회 한 번 참석하기도 쉽지 않은 시대였다. 어떻게든 사회운동에 참여하고 싶다는 생각으로 '전국연합' 사무실에 전화를 하고 제 발로 찾아갔다.

"삼선교 쪽에 있는 사무실이었어요. 와 보라 해서 토요일 늦게 갔는데 문이 잠겨 있는 거예요. 나중에 내가 단체에 상근하면서 생각해 보니까 충분히 있을 수 있는 일인데, 그때는 그렇게 서운하더라고요. 실무자들이 그런 낯선 전화를 받으면 일단 '와 보라'고 하지 않겠어요?"

어릴 때 영세를 받은 이 씨는 구로공단 근처에 있는 성당을 찾아가 가톨릭노동청년회 활동에 참여했다. 나중에는 전국 본부 사무실에서 상근자로 일했다. 소상하게 밝힐 수는 없지만, 당시 가톨릭노동청년회는 가난하지만 보람 있는 노동자 개인의 삶과 노동의 신성성을 중요시하고 활동 범위가 교회를 벗어나지 않는 분위기가 점차 강조될 때였다. 신부님들과 부딪치면서 이 씨는 자신의 정체성에 관한 큰 좌절과 상처를 겪었다. 누구에게나 그런 시기가 있다. '이제 난 운동은 못 한다. 역량이 안 되는 인

아들과 함께 11월 9일 민주노총 주최 노동자대회에 참석한 이형숙 씨.

간이다' 라는 생각에 빠져 자취하던 옥탑방에서 여섯 달 동안 천장만 바라보고 아무 일도 안 했다. 그곳에서 이 씨를 끌어낸 이가 당시 전태일기념사업회 집행위원장이었던 정인숙 씨다.

"딱 한 달만 '영화전태일제작위원회' 사무실 지키면서 전화만 받으면 되는 아르바이트라고 해서 갔어요. 아무 직책도 없는 그냥 아르바이트였어요. 그렇지 않았다면 하지 않았을 거예요. 다시는 운동을 하지 못할 거라는 확신 때문에 절대로 꼬임 당하지 않을 자신이 있었거든요. 그런데 꼬임이 당해지데요. 아르바이트 끝난 뒤, 전태일기념사업회에 사람이 없으니 한번 해 보라는 거예요. 그냥 밀려서 그 일을 시작했지만……, 사실은 현장 조직 사람들을 다시 만나면서 뭔가 새로운 느낌을 받았기 때문이에요."

전태일 정신을 이용하는 자는 누구냐

1997년에 전태일기념사업회 일을 시작하면서 이형숙 씨가 만들기 시작한 월간 소식지 '사람세상'은 이 씨가 기념사업회를 떠난 올해 초까지 단한 번도 발행을 거른 적이 없다.

"영화 제작 후원했던 사람 주소가 2,500명쯤 남아 있었어요. 소식지 찍어 와서 우리가 직접 속지를 넣고 접어서 편지 봉투에 담았어요. 큰 서류봉투는 우편요금이 비싸니까. 도움 줄 사람 불러서 네 명 정도가 밤새 일했어요. 우리끼리 '야, 이걸 이렇게 무식하게 해야 되냐?'고 웃었어요. 매달 15일경에 그 작업을 했는데 얼마나 힘들었는지 제가 15일쯤에 전화를 하면 사람들이 다 싫어했어요. '15일쯤에는 기념사업회에 얼씬도 하지 말아야 한다'는 말이 나올 정도였어요. 어떤 날은 혼자 그 일을 하다가 방에 산더미처럼 쌓아 놓고 그 속에서 자기도 했어요."

처음에 책정된 인건비가 있었지만 생활비를 제대로 받지는 못했다. 이형숙 씨가 처음 기념사업회 일을 시작했을 때 한 달에 들어오는 후원회비는 고작 9만 원이었으니. 이런 썩을…… 하종강 너 같은 놈들은 그때 다뭐하고 있었냐? "인건비를 제때 받지 못한 기간이 모두 얼마나 돼요? 그만둘 때까지 계속 그랬어요?" 내 질문에 이 씨는 얼른 대답을 못했다.

"그래도 주변에 도와주는 사람들이 항상 있었어요. 문화 공연 한 번 하면 목돈도 들어오고……."

이형숙 씨에게 중요한 것은 돈이 아니었다.

"솔직하게 이야기할게요. 전태일 열사가 참 여러 사람한테 도움 주고 있구나 그런 생각이 들 때가 있어요. 특히 정치권으로 간 사람들……. 운동권이고 비운동권이고 기념사업회 관련 활동이 약력에 들어가는 시대잖아요. 노동 현장에 뿌리박아야 하는 전태일 정신과 대중적인 전태일 사이에서 기념사업회는 사업 조절이 힘들었어요. 예를 들어 전태일열사상을 국제적인 노동자상으로 했으면 좋겠는데……, 열사로 이어지는 것이 한국 노동운동 특징이라면 전태일 열사가 바로 그 상징이잖아요. 노동자들은 전태일 정신만 이야기할 뿐 그런 걸 살리지 못하는데, 다른 한쪽에서는 너무 정치적으로 이용하고……."

만일 우리 사회에서 정치인이 그렇게 분신을 했다면 진작 국제적인 상이 하나 만들어지고도 남았을 것이다.

올봄 이형숙 씨가 전태일기념사업회를 그만뒀다는 말을 처음 듣고 나는 '고생하던 이 씨가 이제 더 이상 감당할 수 없어 형편이 조금 나은 곳으로 갔으려니' 생각했다. 그런데 아니었다. 이 씨가 옮겨 간 민족민주열사·희생자추모(기념)단체연대회의는 전태일기념사업회보다 살림이 더 어려운 곳이다. 사람들은 그나마 상징적 명망이 있는 전태일기념사업회에서 그곳으로 옮긴 이 씨를 보고 "큰 집에서 살다가 작은 집으로 살림을 줄여 이사 간 것처럼 어려운 일을 했다."라고 한다. 그 이유가 궁금했다.

"전태일 열사 보상금 930만 원이 결정적인 계기가 됐어요. 이런 말도 안 되는 비상식적인 일을 바로잡으려면 기념사업회 안에서는 해결할 수 없다는 생각이 들었어요. 바깥에 나가서 다른 열사들 문제와 함께 전체적으로 풀지 않으면 안 되겠다 싶어서 옮긴 거예요. 추모제 하나 제대로 지내지 못하는 열사들이 많아요. 전태일 열사 곁을 떠났다는 생각은 해본 적이 없어요. 전태일 열사가 모든 열사들의 맏형이기 때문에 결국 전태일 열사 일을 계속하는 거예요. 8년 동안 제대로 못한 일을 더욱 잘되게 하기 위해 뭔가 딱 끊는 구분이 필요했던 것뿐이에요."

지극히 세속적인 질문을 나는 결국 또 하고 말았다.

"활동비는 나와요?"

"첫 달에 조금 받고 그 다음부터는 거의 못 받았어요. 받을 생각도 별로 없어요."

이런 사람이 요즘 세상에도 있다.

열사의 부모님들을 생각하면……

이형숙 씨는 열사 유가족들을 가장 많이 만나는 사람 중의 하나다. 한 달 사이 네 명의 노동자가 분신·자살하는 엄중한 시대에 열사 가족들은 어떤 생각을 할까?

"며칠 전에 '2004년 열사력(달력)'을 만들었어요. 열사들의 죽음을 기리는 이 일을 중단해야 되나 싶은 생각이 들더라고요. 우리 같은 단체가 없어져야 되는 거 아니냐고……. 오죽 가슴이 아프면 그렇게들 말하겠어요. 열사들의 부모님들은 돌볼 자식이 계속 남아 있는 거예요. 다른 자식의 죽음은 가슴에 묻으면 되지만, 열사 부모님들은 자식이 아직 죽은 게 아니에요. 명예회복도 해야 되고, 제대로 된 묘에 자식이 들어갈 수 있어야 되고……. 폭탄을 던진 독립투사들을 테러범이라고 하지 않듯, 열사의 죽음을 더 이상 자살이라고 하지 않는 세상이 왔으면 좋겠어요."

이형숙 씨가 건네준 커다란 열사력을 노동자대회 내내 옆구리에 끼고 다니는 동안, 나는 그 무게가 천근처럼 느껴졌다. 2003. 11. 13.

●●●

이형숙 씨는 민족민주열사·희생자추모(기념)단체연대회의 사무처장을 맡고 있다. 최근에는 민주화운동심의위원회가 장준하 선생을 비롯한 민주 열사에 대해 내린 '민주화운동 불인정' 결정을 철회시키기 위해 유가족 및 제단체들과 함께 농성 중이다.

"내가 문지기가 되어도 좋다"

중앙과 지방의 경계에서 중심을 잡고 있는 사람, 공무원 노동조합 국보 제1호 **정용천** 씨

세상사에 그리 밝지 않은 사람들이 공정거래위원회에 대해 갖는 의문은 우선 "그곳에서 일하는 사람들도 공무원일까?" 하는 것이다. 물론 그 사람들도 공무원이다. 그렇다면 "공정거래위원회에도 노동조합이 있을까?" 물론 그곳에도 노동조합이 있다. 그 다음에 나 같은 사람이 갖는 궁금증은 대개 "그 노동조합의 대표도 다른 노동조합들처럼 해고되거나 구속되고 징역을 살기도 할까."일 텐데 그에 대한 답 역시 "물론 그렇다."이다.

파면, 그리고 두 번의 구속

전국공무원 노동조합 중앙행정기관 본부장과 공정거래위원회 지부장을 겸하고 있는 정용천(44) 씨를 주변 사람들은 "공무원 노동조합 국보 제1호"라고 부른다. 그 이유는 정 씨가 공무원 노동조합과 관련해 파면당한 첫 번째 공무원일 뿐 아니라 두 번씩이나 구속되고 실형을 선고받은 드문 경력의 소유자라는 것과 무관하지 않다. 정부에서 굳이 정 씨를 골라 파면하고 두 번씩이나 구속할 수밖에 없었던 이유를 동료 활동가들에게

물어봤다.

"공무원 노동조합 조직을 중앙행정부처와 지방자치단체로 분리하겠다는 것이 지금 정부의 기본 방침입니다. 국가공무원과 지방공무원 조직을 분리해 서로 견제하는 체제를 갖춤으로써 노동조합 조직력을 약화시키겠다는 구상이지요. 그런데 그 중앙과 지방의 경계선상에 딱 서서 중심을 잡고 있는 사람이 바로 정용천 씨입니다. 노동조합 조직력 약화를 바라는 사람들에게는 정용천 씨가 가장 큰 걸림돌인 겁니다."

필자를 만나러 오면서 정 씨는 집에 세 권밖에 남지 않았다는 자신의 석사학위 논문 한 권을 전해 주기 위해 들고 나왔다. 논문의 제목은 "한국의 노사관계에 대한 정부 정책의 개선 방안에 관한 연구" 다.

"혹시 도움이 될까 싶어서 갖고 나오긴 했지만, 사실 이거 참 창피한 건데요. 그 논문 쓸 때는 정말 아무것도 몰랐어요. 논문은 하나 내야겠고……. 그래서 형식적으로 부랴부랴 쓴 거예요. 그때는 나도 노동자라는 생각을 하지 못했으니까. 순 엉터리예요. 하하……."

그러나 아무것도 모르는 사람이 어쩔 수 없이 형식적으로 쓴 논문의 주제가 왜 하필이면 '노사관계에 대한 정부 정책'이고 그 안에서 '노사관계의 본질과 유형' '한국 노사관계의 실태와 문제점' 등을 다루었겠는가 말이다. 공무원이 되기 훨씬 전부터 어쩌면 정 씨에게는 노동조합이 운명이었는지도 모른다. 정용천 씨는 공무원이 된 이유가 또 각별하다.

"제가 술이 아주 약합니다. 경쟁력이 떨어져서 일반 회사는 적성이 아니라고 생각했어요. 지도 교수님이 도와주서서 행정학 강의를 하면서 교수를 꿈꾸기도 했고, 사회학·법학·행정학을 공부했으니까 솔직히 고시에도 욕심이 있었지만, 그건 사실 좀 어렵잖아요. 서른 살에 군대에서 제대한 뒤 마지막 보루라고 생각하고 서른두 살에 행정직 7급 국가공무원

시험을 봤습니다."

정 씨는 공무원 사회 첫걸음을 1991년 12월 10일 경제기획원 예산실
에서 시작했다. 시쳇말로 '꽤 끗발 있는' 부서다. 경제기획원과 재무부가
재정경제원으로 통합되면서 구조조정이 시작됐다. 7급 시보들을 중심으
로 구조조정이 시행될 것이라고 해서 정 씨는 후배들을 위로하러 다니느
라 정신이 없었는데 구조조정 원칙이 갑자기 바뀌더니 나이가 많은 정 씨
가 구조조정 대상 1순위가 됐다. 감사원으로 추천이 들어왔지만 "다른 사
람 잘못을 주로 들추어내는 감사 업무는 체질에 맞지 않을 것 같아서" 마
다했다. 잠시 대기 발령 상태에 있다가 당시 경제기획원에서 국무총리실
산하로 옮긴 공정거래위원회에 다른 사람들보다는 빨리 자리 배정을 받
았다.

1995년 1월 25일자로 공정거래위원회에 발령받은 정용천 씨는 정말
소신껏 일했다. 당시 기업체에서는 "조사단이 오면 정용천 씨만 집중 관

리하라."라는 말이 나돌 정도였으니까……. 본래는 1994년에 승진 대상이었는데 조직 통폐합 때문에 2년 반이나 늦은 1996년 7월에야 6급으로 승진했다.

"그때는 저도 승진에 신경을 많이 썼지만 노동조합 활동하면서 인생관이 많이 바뀌었습니다. 지금은 김구 선생님이 '내가 문지기가 되어도 좋다'고 말씀하신 것을 정말 실감합니다. 내가 공정거래위원회에 기여할 수만 있다면 계속 6급 직원으로 있어도 좋습니다."

신출귀몰했던 투표의 추억

파면당한 정 씨는 자신이 일하던 정부 과천 청사에 공무원 신분증을 달고 들어갈 수 없다. 매일 출입증을 끊고 들어간다.

2002년 3월 23일 전국에서 올라온 공무원 대표들이 치밀한 군사작전 못지않은 신출귀몰함으로 고려대학교에 기습적으로 모여 치른 전국공무원 노동조합 출범식에서 정용천 씨는 초대 공무원 노동조합 임원을 선출하는 선거관리위원장 역할을 맡았다. 공권력 투입 등으로 선거가 제대로 이뤄지지 않으면 선거관리위원장이 비상대책위원장을 맡도록 정해져 있었고 실제로도 그렇게 됐으니, 정 씨가 명실상부하게 공무원 노조 출범의 총대를 멘 셈이다. 그날 경찰에 둘러싸인 공무원들이 팔을 내뻗으며 "폭력 경찰 물러가라!" 하고 끊임없이 외치는 모습은 많은 사람들을 한동안 숙연하게 만들었다.

"그날 저는 행사장인 고려대 대강당에 좀 늦게 도착했어요. 선거관리위원회 부위원장이 주로 회의를 진행했지요. 나중에 경찰들에게 붙잡혀 나오는데 어떤 동지가 '저 사람 비상대책위원장 맡은 사람이다. 빼내야 한다'고 학생들에게 알려 줘서 고려대생들이 달려들어 저를 빼냈습니다. 가능한 한 이른 시일 내에 초대 임원을 선출하기 위해 비상대책위원회를 두 번 소집해서 4월 3일에 지역별로 선거를 치렀는데, 아침에 운동하는 것처럼 모여서 투표하기도 하고, 노래방에서 노래하는 것처럼 모여서 투표하기도 하고…… 대부분 감시를 받고 있었기 때문에 그렇게 할 수밖에 없었지만, 그래도 사고 지부 하나 없이 마감 시각까지 완벽하게 전국에서 선거가 무사히 끝났을 때의 그 감격이란…… 정말 대단했습니다."

공무원 노조를 사회 발전의 대안으로

체포 영장이 발부된 상태에서 비상대책위원회를 이끌었던 정 씨가 없었다면 우리나라 공무원 노동조합은 그 출발이 한참 늦어졌을지도 모른다.

"파면당할 것은 그때쯤 이미 예상하지 않았나요? 공무원 신분이 박탈될지도 모르는데, 마음의 갈등은 없었나요?" 내 당연한 질문에 정용천 씨는 또 당연하다는 듯 답한다.

"공무원 노조의 당위성에 대한 신념이나 올바른 일을 한다는 믿음이 강했기 때문에 지도부에 있는 웬만한 사람들은 준비 과정에서부터 서서히 마음에 각오를 다졌습니다. 저만 그런 게 아니라 대부분 그랬을 거예요. 국가공무원과 지방공무원이 모두 함께하는 가장 이상적인 이런 조직은 세계적으로 없습니다. 중앙 부처 조직의 협상력과 지자체 동지들의 힘이 함께 발휘된다면, 조금 건방지게 들릴지 모르지만, 공무원 노조가 사회 발전의 대안이 될 수 있다고 확신하고 있습니다. 지금 정부가 마련하고 있는 공무원 노동조합 관련법은 그런 일을 전혀 할 수 없는 껍데기뿐인 법이어서 옳지 않습니다."

옆자리에 앉아 있던 전국공무원 노동조합 조직실장 겸 농림부 지부장을 맡고 있는 한성권 씨에게 정용천 씨에 대해 한마디만 해 달라고 부탁했다.

"내가 만일 파면당했더라면 저렇게 열심히 활동할 수 있을까, 그런 생각이 듭니다. 중앙·과천·대전 청사 이렇게 셋으로 나뉘어 있는 중앙 부처에서 지부로 전환하는 조직이 앞으로 속속 나올 텐데, 그 일들이 모두 정용천 본부장이 열심히 활동한 결과라고 보시면 됩니다."

지나가던 다른 동료가 또 한마디 보탠다.

"공정거래위원회라면 '경제 검찰'이라고 부를 정도로 힘 있는 곳 아닙니까? 그런 곳에서 얼마든지 편하게 살 수도 있는 사람이……."

정확하게 끝맺지 않은 그 다음 말을 채우는 것은 독자의 몫으로 남긴다.

2003. 12. 10.

• • •

2006년 2월 제3기 공무원 노조 집행부가 출범했지만, 정부의 탄압으로 공무원 노조 안의 갈등이 심화된 상태. 정용천 씨를 비롯한 많은 노조원들이 처음의 설립 취지로 돌아가 당시의 정신을 이어 가려고 고군분투 중이다.

"노동자들이여 공부합시다"

노동대학에서 필자를 기죽였던 **조태욱** 씨가 KT에서 어떤 엄청난 일을 해냈던가

내가 성공회대학교 노동대학 강좌를 신청했을 때 한 후배는 인터넷 게시판에 다음과 같이 항의하는 내용의 글을 올렸다.

"하종강 선배의 학구열은 열 번 칭찬해도 모자라지만, 지금은 배울 때가 아니라 앞으로 가르칠 내용을 준비해야 할 때다. 거기에 앞서 지금 당장 앞에 놓인 시급히 꺼야 할 불길도 너무나 많다. 미래를 여는 것은 배움이 아니라 연구와 토론을 통해서 가능하다."

후배의 문제 제기에 굳이 변명할 생각은 없지만, 노동대학은 제도권 교육과 그 격이 다르다. 지금도 공권력에 맞서 쇠파이프를 다듬거나 도로변 천막에서 농성을 해야 하는 노동자들이 내딛는 발걸음에 힘을 더하기 위해 체계적인 공부를 해 보자고 모인 곳이 노동대학이니까…….

지난 5월 '통신 공룡'이라는 말을 듣는 KT가 직원들을 상대로 불법적인 상품 판매를 함으로써 어마어마한 허위 매출 실적을 올렸다는 사실이 세상에 알려졌다. 이 일로 인해 KT는 통신위원회로부터 법률상 부과할수 있는 최고 금액인 29억 원의 과징금 처분을 받았을 뿐만 아니라 '같은 일이 재발할 경우 개인휴대통신 재판매사업 부문을 KT에서 분리 조치하

겠다.'라는 경고까지 받았다.

그 일이 세상에 알려지는 데 결정적인 공헌을 한 사람이 나와 노동대학 동기인 조태욱(43) 씨다. 나는 두 학기나 내리 낙제를 한 끝에 결국 수료를 포기했지만, 조 씨는 4학기를 모두 마치고 노동대학원에 다니고 있다. '대학원'이라는 다소 귀족스러운 이름 때문에 껄끄러움을 느낄 필요는 없다. 노동대학을 마친 노동자가 노동대학과 마찬가지로 한 학기에 20만 원의 등록금을 내고 '자본론'을 제대로 공부할 수 있는 곳이 바로 노동대학원이다.

자신이 다니던 회사에서 해고당한 뒤, 찌는 듯 더운 8월 한여름부터 찬바람 부는 12월까지 청와대와 정보통신부 앞에서 하루에 네 시간씩 1인 시위를 벌인 사람이 노동대학에서 가장 열심히 공부한 조태욱 씨라는 사실이 "노동대학이 자칫 한국 노동운동에 스토아학파를 양산하는 것이 아니냐."라는 세간의 우려를 씻은 듯이 없애 준다.

유년 시절 소주 한 병의 추억

오랜만에 조태욱 씨를 만났다. 언제나 그렇듯 내 관심은 사건보다 우선 사람이다. 어릴 적 이야기를 아무거나 기억나는 대로 해 달라고 부탁했다.

"가난했던 기억밖에 없어요. 등록금 내지 못한 학생들을 교감 선생님이 운동장에 집합시켜서 벌도 세우고 아이들마다 개별적으로 '너는 언제까지 낼 수 있냐?'고 물어봤어요. 나는 어머니가 항상 말씀하신 대로 '고추 다 말려서 팔면 내 준다 했다'고 답했습니다. 학교 끝나면 송아지 몰고 꼴 베러 다니는 것이 중요한 일과였어요. 내가 국민학교 다니면서 어미 소로 키운 송아지가 서너 마리는 될 거예요. 중학교 3학년 가을에 경

해고 이후 72일 동안 청와대와 정보통신부 앞에서 각각 두 시간씩 1인 시위를 벌인 조태욱 씨.

주로 수학여행을 갔지만 나는 돈이 없어 못 갔어요. 여행을 못 간 학생들은 1, 2학년 소풍에 억지로 함께 따라가도록 했는데 어머니가 아침에 선생님 드리라고 4홉짜리 소주 한 병을 주시는 거예요. 그런데 소풍 가서 보니까 다른 아이들은 모두 맥주를 선물하는 거예요. 좀 쪽팔리고 그래서 저는 못 드렸습니다. 집으로 오는 산길 소나무 숲 아래에서 그 소주를 다 마셔 버렸어요. 경주는 아직도 못 가 봤어요. 작년에 초등학교 6학년인 딸아이가 경주로 수학여행을 갔다 왔으니 대를 이어서야 경주 수학여행 꿈을 이룬 셈이죠.”

　내가 사람들을 만날 때마다 신기해하는 부분이 바로 이 지점이다. 올바른 뜻을 위해 자신의 경제적 불이익을 감수한 사람들이 어쩌면 하나같이 경제적으로 궁핍한 어린 시절을 보냈는지 말이다. 성경에 나오는 ‘돌아온 탕자’의 명제, “굶주림이 발길을 진리로 향하게 한다.”라는 말은 진리다.

소나무 숲에 혼자 앉은 소년이 해질녘까지 소주 한 병을 다 마시면서 무슨 생각을 했을까.

"왜 하필 조태욱이냐?"

지난 5월에 있었던 KT 허위 매출 사건의 경위를 조 씨는 그 배경부터 설명했다.

"이용경 사장이 해외 자본에 'KT 매출액 대비 인건비 비율을 2005년까지 15퍼센트로 낮추겠다'고 공개적으로 약속했습니다. 그러자면 매출을 대폭 늘려야 하는데 통신 시장이 거의 포화 상태라 쉽지 않으니까 직원들에게 전화 판매를 할당한 거죠. 친인척 우려먹는 것도 한두 번이지 계속 할당이 떨어지니까 직원들이 일단 자기 봉급으로 휴대전화를 사서 책상속에 넣어 놓았다가 필요한 사람 생기면 명의변경을 해 주곤 했습니다. 나중에는 회사가 믿을 수 있는 직원 한 사람 앞으로 가개통된 전화 수백 개를 때려 넣고 직원들이 할당된 전화를 팔면 거기에서 명의변경을 해 주는 식으로 운영했습니다. 법망을 피하기 위해 머리를 쓴 거죠. 한 사람만 잘 관리하면 되니까요. 그걸 언론에 누군가 제보했는데 언론사에서는 구체적인 자료가 필요하니까 저에게 요구했던 거예요. 회사에서 감사받을 때나 노동위원회 심문회의 때도 '왜 하필 조태욱이냐?' 자꾸 그걸 묻는데 아마 언론사에 제보한 사람이 '조태욱 씨라면 자료를 제공해 줄 거다' 그렇게 말했나 봐요."

그 제보한 사람은 조태욱 씨를 아주 제대로 봤다. KT의 통합고객정보 시스템 전산망은 접속한 직원의 근거가 고스란히 남는 시스템이다. 누가 언제 어떤 자료에 접근했는지 나중에 회사가 일목요연하게 파악할 수 있다. 자신이 자료를 제공했다는 것이 당연히 회사에 알려질 텐데 어떻게 그렇게 하기로 결정했을까?

"소문만 듣고 막연히 짐작하다가 확인해 보고 저도 깜짝 놀랐습니다. 1,000대도 넘는 전화가 한 사람 앞으로 가개통돼 있고 그 요금은 모두 감면됐을 뿐 아니라 개통될 때마다 전화 한 대당 10만 원 이상 판매 보상비도 지급됐을 테니, 회사 말아먹는 놈들이 바로 여기 있었구나, 정신이 번쩍 들더라고요. 직원들이 당장 고통을 당한다는 것뿐 아니라 몇 년 동안 그래 왔다면 경제적으로도 회사에 수천억 원의 손실을 입혔을 겁니다."

그 일 때문에 조 씨는 결국 8월 21일자로 해고당했고, 그 다음날인 22일부터 72일 동안 청와대와 정보통신부 앞에서 각각 두 시간씩 1인 시위를 벌였다.

큰일 당하니 여자가 더 대담하더라

조태욱 씨의 가족들은 이러한 일을 어떻게 생각할까?

"집사람에게는 바로 얘기했어요. 지난 '114 안내 분사 철회 투쟁' 때도 느꼈지만 큰일을 당하면 여자들이 더 대담해집니다. 아내는 제가 한 행동의 정당성에 대한 신뢰를 보이면서 오히려 저를 위로했어요. 민주노동당에도 가입해 활동하고 저와 같은 방향을 바라보기 위해 노력하고 있습니다. 너무 고마울 뿐이죠. 1인 시위를 할 때 많은 동지들이 휴가를 내서 결합했고 아내도 하루를 함께했습니다. 중학생, 초등학생인 아이들한테는 한라산에 등반 갔을 때 얘기했어요. 아빠가 이러이러한 일로 해고됐고, 청와대 앞에서 1인 시위를 하고 있다고……. 노동조합 지부장 할 때부터 아이들과 함께 집회에 다녔고 작년 광화문 촛불 시위에도 함께 갔습

니다. 5학년짜리 아들아이가 '아빠, 그럼 우리 생활은 어떻게 하는 거야'
라고 물어서 '큰 지장은 없을 거다'라고 했지요. 해고된 뒤, 전국에서 활
동하는 동지들이 십시일반 성금을 내서 도와주고 있어서 사는 데 크게 지
장은 없습니다. 집안 분위기 좋아요."

조 씨가 그런 일련의 결심과 행동을 하기까지 노동대학의 학습 과정이
영향을 끼쳤는지 물어보았다.

"결정적이지요. 제가 겪은 일도 결국은 국내 자본이 초국적 자본에 초
과 이윤을 보장하기 위해 무리한 경영을 하다가 터진 사건이라는 전체적
인 시각을 노동대학을 통해 갖출 수 있었으니까요. 자신을 맑고 투명하
게 함으로써 흔들림 없는 전망을 갖게 한 계기가 되었다고 말씀드릴 수 있
습니다. 혹시 로또 복권에 당첨되면 전국에 노동대학 같은 교육 기관을
많이 만들어서 책임 일꾼이 되고 싶습니다. 하하."

함께 웃으며 이야기를 끝냈지만 그 노동대학에서 낙제했다는 부끄러
움이 계속 내 뒤통수를 잡아끌었다. 그 불명예를 바로잡기 위해 다시 등
록을 해야 하나……. 2003. 12. 25.

● ● ●

조태욱 씨는 지방노동위원회에서 부당해고 판결이 나면서 2003년 12월 마지막 날에 복직되었다.
하지만 2005년 5월에 회사가 2차 징계를 했고, 조태욱 씨의 구제 신청은 3개월이 지나서 했다는
이유로 기각당했다. 다행히도 2006년 10월에 회사가 스스로 사면을 해 주어서 사건이 종결되었다.

4

"청계천 복원 사업은 단순히 하천을 복원하는 차원이 아니라
삶의 복원이라고 생각해요. 근대화의 일환으로 청계천이 복개되면서
그곳에 사는 사람들의 삶은 오히려 많이 소외됐어요. …… 가장 밑바닥에서
살아온 사람들이 다시 복원 사업을 통해 배제당하는 거죠.
노점상들이 그 대표적인 경우예요. 청계천이 다시 흐르듯 그분들의 삶,
따뜻한 정서, 문화가 흐를 수 있는 새로운 삶을 만들어 주는 것,
이것이야말로 진정한 청계천 복원이라고 생각하는데
지금 그렇게 진행되지 않고 있거든요."

2004. 01~2004. 02

"인간성도 세계관입니다"

청계천 주변 사람들 삶을 기록하는 **김순천** 씨의 '희망을 만들어 가는 인터뷰'

진보 생활 문예지 『삶이 보이는 창』(삶창)이 기획한 르포작가 교실의 첫 강좌가 나에게 맡겨졌다. 내가 감당하기에는 턱없이 무거운 주제 '르포문학이란 무엇인가—사실이 갖는 힘에 대해'로 내가 감히 강의를 할 수 있을 거라고 사람들이 기대한 이유는 아마 몇 년 전 전태일문학상을 수상했다는 경력과 『한겨레21』에 연재하고 있는 바로 이 원고 때문일 것이다.

부끄러운 강의, 기억할 만한 칭찬

'엎친 데 덮친다.'라는 말이 그렇게 들어맞을 수도 있을까? 그 강의 하루 전날에는 딱 한 시간밖에 자지 못했고, 이틀 전에는 고속도로에서 밤새도록 운전을 했다. 시간이 없어 점심을 걸렀더니 저녁 무렵에는 기어이 몸살감기가 온몸을 덮쳤다. 한 걸음 떼기도 힘겨운 상황이었지만 '누가 이기나 보자'는 각오로 이를 악물고 나섰는데, 강의 장소를 잘못 아는 바람에 마포역에서 애오개역까지 걸어야 했다. 애초 자신 없는 주제를 덥석 맡아 버린데다 30분이나 지각해 버린 강사가 그날 강의를 제대로 했

을 리 없다. 얼굴이 벌겋게 달아오르는 피곤함 속에서 되는 대로 주워섬기는 수밖에…….

그 강좌를 진행하는 김순천(39) 씨가 다음날 내게 편지를 보냈다.

"선생님 강의 참 좋았습니다. 배제당하고 무시당한 말들이 그렇게 생생하고 재미있고 건강하게 되살아나다니요. 선생님의 말들은 오랜 세월 사람들이 서로서로 말을 전하면서 자신의 존재를 확인하고 위로하고 생성했던 '전설이나 민담'과 닮았습니다. 선생님이 전하시는 노동자들의 말과 고통받는 사람들의 말은 '현대판 전설이나 민담'입니다. 있어도 없는 것처럼 취급당하고 숨겨지고 가려지고 잘라지는 말들을 살려 내고 있습니다. 선생님은 배제당한 말들을 전하는 '전령사'였습니다. 그 자리가 많이 힘든 곳이겠지요. 선생님 힘내시고 잘 견뎌 주세요."

자신의 부끄러운 강의에 대해 이렇게 정갈한 표현으로 극찬을 해 준 사람을 오래 기억하지 못한다면 그것은 인간에 대한 예의가 아니다. 그렇지만 그 이유 때문에 내가 김순천 씨를 만나야겠다고 마음먹은 것은 아니다. 글 쓰는 사람에 대한 이야기를 글로 정리하기란 정말 겁나는 일이어서 나는 이 쓴 잔이 내 앞을 비켜 가기를 바랐다. 그러나 김순천 씨가 얼마 전부터 청계천 주변 사람들을 만나 그들의 진솔한 삶을 기록하는 일을 시작했다는 말을 듣고 나는 쓴 잔을 더 이상 마다할 수 없었다. 더욱이 김순천 씨는 희망을 만들어 가는 잡지 『삶이 보이는 창』에 '사람, 사람들'이라는 인터뷰 기사를 2년 넘게 연재하고 있는 사람이다. 그는 그 방면에서 이미 나보다 훨씬 선배였던 거다. 내 강의에 대한 칭찬들은 고스란히 김순천 씨에게 돌려져야 할 몫이었던 거다.

정신적으로 교감하는 청계천 르포를 위해

청계천 르포 작업에는 교사, 시인, 연극인, 사진작가, 영상기술자, '삶창' 상근자 등 열 명 넘는 사람들이 참여하고 있다. 이 기사를 위해 사진을 찍던 날도 세운상가에서 퀵서비스를 하는 사람을 만났는데 모두 다섯 명이 찾아갔다. 청계천 주변에 살고 있는 사람들의 삶을 기록하겠다고 마음먹은 이유가 무엇일까?

"청계천이 언론의 스포트라이트를 받을 때는 사람들의 관심이 많았지만, 그렇게 한번 지나가고 끝이었어요. 일시적으로 호기심을 가졌다가 일단 욕망이 소비되니까 관심이 없어진 거지요. 일간지, 월간지 들마다 청계천 기사가 많았지만 내용의 깊이가 얕았어요. 내용의 깊이란 정서의 깊이예요. 정서적으로 교감해야 가능한 이야기들이 있고, 그게 진짜 소중한 삶이거든요. 청계천 복원 사업은 단순히 하천을 복원하는 차원이 아니라 삶의 복원이라고 생각해요. 근대화의 일환으로 청계천이 복개되면서 그곳에 사는 사람들의 삶은 오히려 많이 소외됐어요. 생계를 위해 아득바득 살면서 국가의 도움이 전혀 없이 살아온 사람들이에요. 문화적으로 뭘 누린다든지 이런 것 전혀 없이 가장 밑바닥에서 살아온 사람들이 다시 복원 사업을 통해 배제당하는 거죠. 노점상들이 그 대표적인 경우예요. 청계천이 다시 흐르듯 그분들의 삶, 따뜻한 정서, 문화가 흐를 수 있는 새로운 삶을 만들어 주는 것, 이것이야말로 진정한 청계천 복원이라고 생각하는데 지금 그렇게 진행되지 않고 있거든요."

사람들을 만나기는 쉬웠을까? 낯선 사람들에게 처음에는 어떻게 다가서는지 궁금했다.

"우리들이 다 돌아다녔어요. 가게에 들어가 물건 살 듯 이야기해 보면 잘 설명해 주시는 분이 있어요. 그러면 '저희가 사실은 이러저러해서…… 삶을 기록하고 싶다'고 말씀드리면 마구 화를 내면서 거절하는 사람도 있지만 응해 주는 분들이 있어요. 한 번 가서 안 되면 몇 번씩 찾아가기도 해요. 열 번 이상 만난 사람도 있어요. 광장시장에서 30년 넘게 사탕 파는 일을 해 오신 할머니한테는 몇 번씩 가서 사탕만 잔뜩 사 오기도 했어요."

김 씨가 이야기를 하다 말고 옆에 있는 청동 메뚜기 한 마리를 집어 들었다.

"이거 내가 고물 파는 분한테서 사온 거예요."

자세히 들여다보니 메뚜기 뒷다리 하나가 부러지고 없다.

"이런 물건은 값이 얼마나 돼요?"

"그냥 공짜로 가져가라는데 제가 2,000원 드리고 왔어요. 한번은 야마하 기타라고 좋은 거라고 그냥 가져가래요. 공짜는 싫다고 하니까 '그러면 1,000원만 달라'고 해서 제가 2,000원 드리고 가져왔어요. 와서 보니까 한국에서 만든 야마하예요. 얇은 한지에 그림이 그려져 있는 문짝을 주셔서 그 큰 것을 전철에 싣고 집에 온 적도 있어요. 요즘 우리 집에 가면 고물이 많아요."

김순천 씨의 청계천 르포팀은, 사람들이 거의 다 빠져나간 아파트에 갈 곳이 없어 계속 살아야 하는 상인, 황학동 시장의 '나까마'라고 불리는 고물상 중개인, 동대문 상가 큰 이불 가게의 직원, 방산지하상가 작은 가게 종업원과 그의 애인, 밀리오레 상가 관계자 등을 만났고, 앞으로는 청계천 복원 공사를 하는 건설 회사 간부 등 청계천 주변 여러 계층의 다양한 사람들을 두루 만날 예정이다. 특별히 기억나는 사람 이야기를 해 달라고 부탁했다.

"다방을 하는 아주머니가 계시거든요. 연세가 회갑이 지난 분이셔요. 굉장히 오래된 건물에 다방을 하나 얻어 하시다가 손님이 별로 없으니까 밑으로 내려와 노점상들처럼 장사를 하시거든요. 그분 말씀을 듣고 제가 많이 배워요. 먹고 자는 그 작은 공간에서 '내가 게슈타포들에게 쫓기는 『안네의 일기』처럼 살았다'고 말씀하시는 분이에요. 딸이 사위와 함께 맛있는 음식을 해서 그곳에 찾아왔을 때는 '천국에 있는 듯한 느낌이 들었다'고 말씀하세요. 내가 '아줌마는 마음이 참 순수하다'고 하니까 톨스토이의 '사람을 보는 일곱 가지 기준'에 대해 말씀하시는 거예요. 내 시각을 갖고 자기를 바라보지 말라고 야단맞았어요."

노점상 철거 현장의 바리케이드, 그 기분!

청계천 사람들의 가슴 아픈 사연을 여기에 내가 함부로 정리하는 것은 월권이다. 대신 김 씨의 청계천 취재 이야기 중 한 토막만 더 소개한다.

"노점상 철거한다고 해서 새벽에 가 봤거든요. 바리케이드를 쳤더라고요. 재료만 바뀌었을 뿐 옛날 우리가 바리케이드 앞에 섰을 때와 하나도 다르지 않은 거예요. 황학동 사람들을 만나러 두 번째 찾아갔는데, 그거리에 아무도 없는 거예요. 그날 새벽에 들이닥쳤던 거예요. 길이 다 파헤쳐지고, 아스콘이 다 뒤집히고, 가로수 다 뽑혀 있고……."

그 기분은 나도 안다. 아침나절까지 번듯하게 집이 들어서 있고 사람이 살고 있던 곳에 찾아갔다가, 마치 융단폭격이라도 맞은 것처럼 건물 잔해들만 수북이 쌓인 광경과 맞닥뜨렸을 때 등골을 훑고 지나가던 그 스산함이라니…….

작은 전기난로를 가운데에 놓고 김순천 씨의 긴 이야기를 들었다. 가사문학의 고향 담양 태생답게 김 씨의 입에서는 송순의 「면앙정가」(俛仰亭歌), 정철의 「성산별곡」(星山別曲), 「사미인곡」(思美人曲) 이야기가 술술 나왔고, 1983년에 대학에 들어가 1995년에 졸업하기까지 겪었던 숱한 곡절도 들었다. 그 긴 세월의 사연을 김 씨는 한마디 말로 마감했다.

"인간성도 하나의 세계관입니다."

그 인간성과 세계관으로 김순천 씨는 오늘도 청계천 사람들을 찾아간다. 2004. 01. 08.

●●●

청계천 사람들을 좇은 기록은 『마지막 공간』이라는 책으로 묶여 나왔고, 그 뒤 1년 정도의 작업은 『부서진 미래—세계화 시대 비정규직 사람들의 이야기』로 묶여 나왔다. 현재는 헌책방, 컴퓨터 게임 중독 등 사람들의 다양한 일상의 이면에 접근하는 작업을 하고 있으며, 문학이 더 낮은 곳으로 가야 한다는 생각을 실천하기 위해 청소년쉼터에서 10대 청소년을 위한 글쓰기 강좌를 준비 중이다.

산동네를 변화시키고 싶다

서울 봉천동 씩씩이 어린이집의 **박인해** 선생님, 그는 왜 아직도 가명으로 사는가

박인해(39)는 그의 진짜 이름이 아니다. 그런데 사람들이 모두 그를 그 이름으로 부른다. 그의 본명 '박미령'을 알고 있는 씩씩이 어린이집 엄마들도 그를 부를 때는 박인해 선생님이 더욱 익숙하다. 한국보육교사회 직원들이 나에게 소개해 주면서 일러준 이름도 박인해 선생님이었다.

한때 우리 사회 활동가들이 가명으로 활동하던 시기가 있었다. 남영동 대공 분실에 잡혀가 "아는 이름 하루에 300명만 불어" 따위의 조사를 받으며 작명소를 차리다시피 거짓 이름을 지어낸 것까지 모두 합하면 1980년대 우리 사회에서 가명으로 활동한 사람들은 줄잡아 수십만 명은 될 것이다. 그 수십만 명의 활동가들 중에서 아직까지 가명으로 활동하는 사람은 없다. 유독 박인해 씨가 아직도 그 이름을 사용하고 있다는 것은 그가 계속 현장에서 활동해 왔다는 뜻이다.

전태일은 남의 이야기가 아니었다

1988년 서울 서초동 비닐하우스촌 '꽃동네 놀이방'에 처음 교사로 들어

갈 때 선배 언니가 지어 준 이름 '박인해'(仁海)를 박 씨는 지금 봉천동 씩씩이 어린이집에서까지 15년 넘게 사용하고 있다.

혹시 학생운동 출신일까? 나는 천박스러운 궁금증을 참지 못하고 "대학은 다녔느냐?"라고 물었다.

"돈암동 산동네에서 성장기를 보냈어요. 그곳에서 중·고등학교를 모두 다녔지요. 84년에 고등학교를 졸업하고 대학 후기에 붙었는데, 아침에 어렴풋이 잠결에 들으니까 어머니가 등록금 빌리는 전화를 하고 계신 거예요. 일어나서 '내가 평소에 가고 싶었던 대학도 아니다. 집안 형편도 어려운데 군이 대학 갈 필요 있겠나. 포기하겠다'고 어머니께 말씀드렸지요."

동네가 재개발되면서 조합 사무실에서 아르바이트를 하고 있다가 선배 언니의 눈에 들었다.

"직장인들이 공부하는 모임이 있었어요. 『전태일 평전』을 읽다가 '나는 이게 내 생활이었다'고 말했어요. 중3 때 집이 그나마 더 기울었어요. 고등학교를 가야 하는데 등록금을 벌어야 되잖아요. 먼 친척이 청계천에서 봉제 공장을 하고 있어서 거기서 시다 일을 했어요. 방학 동안의 짧은 경험이었지만 쪽가위 들고 실밥 뜯는 일을 정말 했다니까요. 그곳에도 고개를 들 수 없는 2층 다락방이 있었어요. 『전태일 평전』에서 다락방 얘기 나오고 할 때 '나에게는 이것이 남의 일이 아니다'라고 말했어요. 선배 언니가 서초동 꽃동네 놀이방에서 같이 일하자고 하더군요."

아시안게임을 치르고 올림픽이 열리기 직전이었다. 사당동·철산동 등 서울 곳곳에서 철거당한 사람들이 '살 만하다'는 소문을 듣고 속속 서초동 꽃동네로 모여들었다. 처음에는 꽃을 재배하던 비닐하우스에 칸막이를 하고 담요를 덮고 온돌을 깔아 사람들이 들어가 살다가 나중에는 아예 나무 골조로 주거용 비닐하우스를 지어서 파는 사람들이 생겼다.

"비닐하우스라고 해서 처음에는 '훤히 들여다보이는 곳에서 사람들이 어떻게 살까?' 그런 생각을 했어요. 그렇게 들어가서 그곳에서 햇수로 7년을 살았어요."

문을 닫으면 대낮에도 컴컴한 3.5평 놀이방에서 두 명 혹은 세 명의 교사가 스무 명이 넘는 아이들을 돌봤다. 봄에 들어온 아이들이 처음에는 발을 서로 맞대고 양쪽에 나란히 누워서 낮잠을 자는데, 겨울이 되면서 아이들이 자라

발을 서로 비껴서 포개고 잠을 잤다. 교사는 앉아 있을 자리도 없어서 아이들이 잠을 깰 때까지 문 앞에 쪼그리고 있어야 했다. 그 고생했던 이야기를 하면서도 박인해 씨는 아이들 걱정을 한다.

"그때 생각하면, 아이들한테 참 미안한 게 많아요."

놀이방이 끝나면 곧 이어서 저녁에는 초등학생과 중학생들을 대상으로 공부방을 시작했다. 밤에는 부모회를 만들어 활동했다. 동네 사람들이 의심 섞인 눈초리로 바라보기도 했다. 다 큰 처녀가 아이들을 보러 들어왔다고 하는데 딱히 그런 것 같지는 않고, 도대체 뭐하는 사람인가……. 그러다가 차츰 신뢰가 쌓여 주민자치회가 만들어질 때는 놀이방 교사가

자치회 총무를 맡기도 했다. 동네 사람들과 일거수일투족을 같이하면서 자연스레 떼려야 뗄 수 없는 관계가 됐다.

아이들에게 위로받으며 일했던 시간

서초동에서 겪었던 일 중에서 특별히 기억나는 일을 설명해 달라고 했다.

"특별히 기억나는 사건이라기보다, 그냥 제 청춘을 그곳에서 다 보냈어요. 스물네 살에 들어가서 서른 살에 나왔으니까……."

그래도 하나만 이야기해 달라고 졸랐다.

"동네에 비상이 자주 걸려요. 비닐하우스촌은 재개발 지역과 달리 언제 철거반이 들이닥칠지 모르는 무기한 철거 지역이거든요. 중요한 상황이 벌어졌을 때 놀이방 이모들이 오지 않으면 동네 분들이 불안해하세요. 아이들을 놓고 나갈 수밖에 없는 긴박한 상황이 터졌어요. 지금도 이 얘기하면 다른 보육 교사들이 '너희들은 교사로서 그런 말하면 안 된다'고 하는데, 아이들한테 단단히 부탁을 하고 나갔다 왔지만 아이들이 교사도 없이 노니까 어땠겠어요. 굉장히 긴장된 상황에 있다가 밥은 해 줘야 해서 돌아왔는데, 정말 너무 힘들더라고요. '이모가 나가서 엄마들하고 동네 일 하다가 왔는데, 너희들이 이렇게 많이 어질러 놓고 있으면 이모가 더 힘들다' 그런 말을 했어요. 그 다음날도 똑같은 상황이 벌어져서 애들한테 또 죄를 짓고 나갔지요. 밥하러 돌아왔는데, 불이 꺼져 있고 애들 소리가 안 들리는 거예요. 아, 큰일 났다. 애들이 다 어디로 가 버렸나 보다, 식은땀이 쫙 흐르더군요. 아이들한테만 맡기고 나가면서 늘 불안해하던 일이 드디어 터졌구나 싶었어요. 그런데 문을 딱 여니까 아이들이 그림같이 완벽하게 방을 정리해 놓고 벽에 나란히 붙어 앉아 있는 거예요. 이모가 내려올 시간이라는 걸 알고 '깜짝 놀래 주고 싶었다'면서 기다리고 있었어요. 그때 눈물 진짜 많이 났어요. 네다섯 살밖에 안 된 아이들이었는데…… 아이들한테 우리가 그렇게 위로받으면서 일했어요. 지금도 그 아이들 얘기하면 그 느낌이 이렇게 와요."

박 씨는 가슴을 지그시 눌렀다. 그렇게 시작한 일을 박 씨는 지금까지 봉천동 씩씩이 어린이집에서 15년 넘게 하고 있다. 그 긴 세월 동안 박인해 선생님을 이 길에서 내려서지 않도록 계속 붙들어 온 기둥은 무엇일까?

"가난이 대물림되는 사회잖아요. 아무리 열심히 살아도 불행을 벗어나기가 점점 어려워지는 사회가 되고 있잖아요. 아이들이 자라는 환경을 변화시키지 않으면 현재의 상태를 벗어나는 것이 갈수록 불가능해져요. 우리가 노력해서 아이들이 처해 있는 현재의 상황을 벗어날 수 있도록 바꿔 내지 않으면 안 되겠다. 그래서 부모님들도 변화시켜야 하고, 지역도 변화시켜야 하고…… 그것이 지금 지역에서 활동하는 많은 보육 교사들이 중심에 갖고 있는 생각이에요."

매년 최고 연봉액을 경신한다?

씩씩이 어린이집은 봉천동 지역에 있던 씩씩이 놀이방, 재롱둥이 아가방, 봉천동 애기방 이렇게 세 개의 시설이 통합하면서 1997년에 문을 열었다. 세 개의 시설이 본래 "다른 집이면서도 같은 집 분위기"여서 통합할 때 지분을 따진다는 등 세속적 문제가 하나도 발생하지 않았다. 시설장인 '책임 교사' 직책은 교사 세 사람이 2년 임기제로 돌아가면서 맡는다. 기득권을 오래 누리면 전횡의 부작용이 발생할 수 있다는 우려 때문에 가장 민주적이고 합리적인 방법을 생각해 냈다. 겨우 자급자족이 되고 있다고는 하지만 내가 보기에 그것은 1980년대의 헌신성에 기초한 교사들의 낮은 생활비 때문에 가능한 일이다. 그래도 박인해 씨는 "매년 최고 연봉액을 경신하고 있다." 하며 웃는다. 요즘 세상에도 이렇게 사는 사람들이 있다.

2004. 01. 28.

• • •

박인해 선생님을 포함해 네 명이서 운영하는 씩씩이 어린이집은 그때와 크게 달라진 것이 없다. 여전히 2년 임기제로 책임 교사를 맡고, 연봉액은 계속해서 갱신되고 있다.

속기사는 왜 깜짝 놀랐을까

'비상식적인' 기존 정치에 대한 서울시의회 **심재옥** 의원의 '상식적인' 도전 이야기

민주노동당 지구당 사무실 같은 곳에 찾아갈 때는 항상 마음이 무겁다.
나는 일찍이 포기해 버린 삶을 아직도 사는 사람들이 모여 있는 곳이니
까……. 이른 아침 사무실에 나와 청소하는 일부터 시작해 홍보물을 만들
거나 발송하고 집회에 나가 피켓을 들거나 서명을 받는 온갖 일들을 하는
그 사람들에게 "한 달에 얼마나 받느냐?"라고 함부로 물어보다가는 '내가
당신들처럼 돈 때문에 세상을 살아가는 사람처럼 보이오?' 하는 눈총을
받게 될지도 모른다.

"엄마한테서는 냄새가 나"

서울시의회 심재옥(39) 의원을 만나러 가면서 내 어깨가 잔뜩 움츠러든 것
은 추운 날씨 탓만이 아니라 그런 자격지심 때문이었다. 공덕동 굴다리
앞 허름한 건물 4층에 자리한 민주노동당 서울시 지부 사무실 앞에 올라
서니 문에 종이가 한 장 붙어 있다.

"하종강 선생님, 누추한 곳을 방문해 주셔서 감사합니다. 『한겨레21』

사진기자님도 어서 오세요. 민주
노동당 서울시 지부 상근자 일동."

이렇게 작은 마음 씀씀이에도
울컥 목젖이 젖는 여린 마음을 내
심 부끄러워하고 있는데, 나만 그
런 것이 아니었다. 조금 뒤에 사
무실에 들어선 류우종 사진기자
도 "이런 일은 처음이에요. 제가
사진으로 찍었습니다."라며 무척
감격한 얼굴이다.

그동안 심재옥 씨를 보면서 내
가 느꼈던 인상부터 자신 있게 말
했다. "어린 시절에 어렵게 살지
는 않았지?" 내 짐작은 보기 좋게
빗나갔다.

"무척 어렵게 살았어요. 내가 바로 결식아동이었어요. 그게 고생이라
는 생각도 없이 당연히 그렇게 사는 것인 줄 알고 자랐어요. 내가 세 살 때
아버지가 돌아가셔서 딸만 넷인 살림을 어머니가 온통 책임지셨지요. 식
당 일을 주로 많이 하셔서 어머니의 옷에는 항상 비릿한 냄새가 배어 있
었어요. '엄마한테서는 냄새가 나' 그렇게 말했다가 어머니가 부끄러워
하면서 얼굴이 빨개지신 적이 있는데, 한참 자라서야 그게 참 철딱서니
없는 짓이었다고 후회했어요. 챙겨 줄 사람도 없이 하도 굶어서 '나는 아
마 서른 살 되면 병들어서 죽을 거야' 그런 생각하면서 살았다니까요."

충남 서천 장항에서 어린 시절을 보내고 대학에 진학하느라고 서울로 왔다. 식품영양학을 선택한 것은 취직이 잘되는 학과였기 때문이다.

"도시락 회사에서 영양사로 일했는데, 아주 열악했어요. 식단 짜고 칼로리 계산하는 일 말고 시장 보는 일부터 설거지까지 온갖 허드렛일을 다 했어요. 일이 몰리는 주말에는 마흔여덟 시간을 쉬지 않고 일했는데 전무란 사람이 '너는 지금 일을 배우는 과정이다. 우리가 돈도 받지 않고 가르쳐 주는 것이니 고맙게 생각하며 일해야 한다'고 항상 강조했어요. 나중에 노동법 공부하면서 '언젠가 이 사람을 찾는다면 내가 한번 혼내 줘야지' 생각했지요. 땟국이 잔뜩 묻은 영양사 가운을 집에 놔뒀는데, 하루는 어머니가 오셨다가 그걸 보시고 가슴 아파서 우셨대요. 평생 식당 일을 하시면서 자기 딸은 고생시키지 않으려고 했는데……. 엄마가 그 옷을 빨면서 그렇게 펑펑 우셨대요……."

말을 미처 마치지 못한 심 의원은 허겁지겁 일어나 커피를 타러 가는 척했고, 류우종 기자와 나는 눈을 마주치지도 못한 채 잠시 동안 딴청을 피워야 했다.

격무로 다리 관절이 아파져 그 일을 계속할 수 없었다. 잠시 쉬다가 초등학교 '잡급직 과학 실험 보조원' 일을 시작했다. 타이핑을 시키는 교장 선생에게 "나는 과학 실험 보조원이지 타이피스트가 아니다."라고 따져 결국 교장이 사과를 한 일도 있다.

"어떻게 하면 일에 대한 자부심도 갖고, 상사한테 짓눌리지 않으면서 행복하게 살 수 있을까 하는 생각이 간절했어요. 퇴근길에 최루탄 공격을 당하는 시위대를 만나면 약국에서 휴지를 사다가 나눠 주고 그러다가, 신문에 난 요만한 광고를 보고 '청년학교'라는 곳에 스스로 찾아가 등록을 했는데……."

내가 말을 끊고 물었다.

"혹시 어느 신문이었는지 기억나요?"

심 의원이 지체 없이 답했다.

"당연히 『한겨레』지요."

묘한 동류의식으로 슬그머니 웃음이 나오는데 심 의원이 덧붙였다.

"한홍구 선생님을 그때 처음 거기서 뵈었어요."

이래서 세상은 살맛이 난다.

그곳에서 만난 사람들과 함께 구로 지역에서 노동 야학 활동을 했다. 그 '울림 야학'이 나중에 노동자종합학교로 탈바꿈할 때, 심 씨는 과학 실험 보조원으로 월 7만 원쯤 받으며 한 푼 두 푼 모은 20여만 원을 몽땅 그 공간을 마련하는 데 털어 넣었다. 학교에 사표를 내고 노동자종합학교 일에 전념하기로 했다. 세속적인 기준으로는 도저히 이해되지 않는 결단이었으리라. 나는 묻지 않아도 답을 뻔히 아는 질문을 했다. "그때부터 어렵고 눈물 나는 생활의 연속이었지?"

달달 떨면서 받은 돈 1만 원

"직장도 없어 보이는 애가 만날 꼬질꼬질해서 다니니까 한번은 가리봉 거리에서 만난 언니가 '너 왜 이렇게 사니……' 펑펑 울면서 1만 원을 주는 거예요. 받아야 하나 말아야 하나 망설이다가 달달 떨면서 그 돈을 받았어요. 차비가 없어서 한 시간도 넘게 걸어다닐 때였거든요."

세상 사람들에게 지금 물어보자. 심 씨가 그때 한 결단이 그의 인생에 보탬이 되었는가, 아니면 손해가 되었는가? 우리 사회에는 유익했는가, 아니면 해로웠는가?

그 뒤 심 씨는 경제단체노조협의회(경제노협), 전국전문기술노동조합연맹(전문노련), 전국공익·사회서비스노동조합연맹(공익노련)의 조직 담당 간부를 두루 거쳐 전국공공운수사회서비스노동조합연맹(공공연맹) 여성국장 및 정치국장을 하다가 서울시의회 102개 의석 중 유일한 민주노동당 의원으로 진출했다.

노동조합 상급단체 간부 시절, 내가 아는 심재옥 동지는 남성 간부들에게 존경 반, 두려움 반의 대상이었다. 여성 문제에 대해 무지한 활동가들은 심 동지의 날카로운 비판을 피해 갈 수 없었다. 그 무렵 고속도로 휴게소에서 우연히 나를 만난 심재옥 씨가 "하 소장님, 안녕하세요?" 간단히 인사를 하고 지나치자 우리 일행 중 한 사람이 "심 국장이 저렇게 깍듯이 인사하는 것을 보니, 소장님 정말로 훌륭하신 분이군요. 나는 심재옥 씨가 세상의 모든 남자들을 다 우습게 보는 여성인 줄 알았는데, 소장님 다시 보입니다."라고 말했을 정도였으니…….

서울시의회 의정 활동을 하면서 심 의원은 숱한 화제를 뿌렸다. 내가 보기에 세간의 그 화제들은 '비정상적이고 비상식적인' 기존 정치에 대한 '정상적이고 상식적인' 도전의 결과다. 서울대공원 청소 용역 노동자, 장애인 이동권, 지하도상가관리조례, 서울시농업기술센터 존폐, 청계천 복원, 재건축조례, 성미산 살리기, 학교급식조례에 관한 활동들뿐 아니라 오갈 곳 없는 중국 동포의 국적 취득을 도운 일 등 의회 안팎의 많은 활약 중에 단 하나도 이곳에 제대로 옮기기에 너무 버겁다.

최우수의원의 '영예'도 초라하다

궁금한 이들은 인터넷에서 검색해 보거나 심 의원의 홈페이지를 찾아가 보기를 권한다. 경제정의실천시민연합이 실시한 서울시 의원 102명에 대한 1년 동안의 평가에서 심재옥 의원이 최우수의원으로 선정된 것을 언론들은 '영예'라고 보도했지만, 비상식적인 정치에 대한 그의 상식적인 도전이 얼마나 값진 것인지 아는 사람들에게는 그 영예가 오히려 초라하다.

의회 속기사들은 높은 책상 위에 기계를 올려놓고 그 위에서 손작업을 한다. 노동자 건강 문제에 남다른 관심이 있다고 자부하는 나도 텔레비전에서 수없이 그 장면을 봤지만 그냥 지나쳤다. 심재옥 의원은 속기사에게 "팔이랑 어깨 안 아파요?" 그렇게 묻는 사람이다. 속기사가 답했다.

"병원에 다니고 있어요. 그런 것 물어보는 사람은 처음 만나요."

25년 동안 허울 좋은 노동운동을 했다는 내가 부끄럽다. 2004. 02. 11.

● ● ●

심재옥 의원은 임기를 마치고 2006년 1월부터 민주노동당 최고위원을 맡고 있다. 동시에 지방자치위원회와 학교급식특별위원회를 맡아 민주노동당의 지역 조직들이 그 지역의 책임 있는 조직이 될 수 있도록 의제를 발굴하고, 정책을 지원하고 교육하는 등의 활동을 하고 있다. 특히 시의원의 경험을 살리고 있는 일은 학교급식특별위원회인데, 이는 지속적으로 관심을 쏟고 있는 빈곤 문제와 관련되어 있어 더욱 많은 에너지를 쏟고 있다고 한다.

이 세상은 당신들이 움직인다

본능적 정의감이 핏속에 흐르는 노동자들과의 만남, 그 못다 한 이야기

『한겨레21』로부터 기사 연재를 처음 부탁받았을 때 "어떻게 나에게 그런 고마운 기회를 줄 생각을 했느냐?"라고 묻는 내게 고경태 팀장이 해준 설명은 간단했다.

"잘 쓰시잖아요."

그 뒤 두 번째 기사를 쓰고 나서 "이번에는 비운동권에서도 한번 찾아보세요."라고 고 팀장이 슬쩍 던졌던 말이 이 기사를 쓰는 2년 8개월 동안 내가 『한겨레21』로부터 받은 참견의 전부다.

나는 그 단 한 번의 지적조차 제대로 반영하지 못했다. 이틀이 멀다 하고 전국을 싸돌아다니는 사람이 제대로 해내기에는 처음부터 어려운 일이었다. 원고에 쏟은 정성과 수준으로 따진다면 나는 진즉 잘렸어도 아무 할 말이 없다.

내가 만나는 사람들을 정하는 기준은 비교적 간단했다. 가족이 아닌 다른 사람의 행복을 위해 자신의 손해를 감수해 본 경험이 있는 사람, 우리 사회의 모순된 억압 구조를 더욱 공고히 하는 데 기여하지 않는 사람, 운동권 안에서조차 중심에 우뚝 서 있지 않은 사람, 투쟁 대열의 끄트머리

쯤에 겨우 참여했다가 전투경찰에 쫓겨 골목에 숨어 두려워 떨었던 사람, 아무도 인정해 주지 않고 화려한 조명을 받을 일도 없지만 진정한 우리 사회의 주역인 사람······.

그래서 가장 대표적으로 갈등의 대상이 된 사람이 단병호 위원장 같은 이다. 그동안 인터뷰를 위해 만난 사람들 중에서 세상에 널리 알려진 유명한 이는 이소선 어머니 정도가 유일했다.

"정의감은 학습의 결과가 아니라 진화돼 온 본능적 특성"이라는 것이 최근의 연구 결과라는데, 내가 만난 사람들은 그 본능적 정의감이 핏속에 흐르는 사람들이었다.

"젠장, 찾아오면 누가 반가워한대?"

녹음해 온 내용들을 다시 들으면서 아무리 줄여서 원고를 정리해도 매번 정해진 분량의 몇 배가 넘었다. 감히 견줄 수 없지만, 비전향 장기수 김선명 선생님이 "어느 한쪽을 고르는 것이 아니라, 다른 한쪽을 버리는 것이 바로 선택"이라고 말씀하신 교훈은 진리다. 버릴 내용을 선택할 때마다 손발이 잘려 나가듯 안타까웠다.

용산역 30미터 철탑 농성의 주인공 이종선 씨가 했던 이야기 중에 다음과 같은 내용이 빠진 것이 두고두고 아쉬웠다.

"새벽에 기차가 미끄러지듯이 역 구내로 들어오는 모습을 탑 위에서 내려다보면 얼마나 멋있게 보이는지 모르실 거예요. 아, 내가 바로 저 기차를 움직이게 하는구나, 그런 뿌듯한 생각으로 새벽마다 일어나서 한두 시간씩 기차가 움직이는 걸 넋 놓고 내려다보곤 했어요. 먼동이 틀 무렵, 기차가 선로를 따라 들어오는 모습이 얼마나 멋진지 모르실 거예요."

동일방직 해고 노동자 출신 알짜배기 농사꾼 안순애 씨 부부는 거의 매일 서울에 올라와 자유무역협정 비준 관련 집회에서 경찰의 물대포와 맞서 싸우느라고 정신이 없다. 여의도 근처를 지날 때마다 안순애 씨의 말이 자꾸 생각난다.

"채소 값이 떨어질 때는 밑도 끝도 없이 떨어져. 그런데 올라갈 때는 일정 수준 이상으로는 절대로 안 올라. 예를 들어 고추가 6,000원까지 올랐다, 그때는 정부에서 '큰일 났다'고 반드시 중국산 고추를 수입해 풀어서 가격을 잡아요. 떨어질 때는 한없이 떨어지고, 올라갈 때는 일정한 한계 이상 안 올라가고……. 이런 불합리가 어떻게 가능한지 내 꼴통으로는 이해가 안 된다니까……."

며칠 전, 안 씨에게 전화를 해 "한번 찾아가지도 못해 미안하다."라고 했더니 "젠장, 찾아오면 누가 반가워한대?"라고 대뜸 받아친다. 그 성질머리는 여전하다.

한사코 인터뷰를 마다했던 사람들

내가 만난 사람들은 모두 인터뷰를 한사코 마다했다. "나 그럴 만한 사람이오."라고 처음부터 내대는 사람은 단 한 명도 없었다. 한혁 씨는 너무 완강하게 거절한 것이 미안했던지 나중에 내게 보낸 편지에 이렇게 적었다.

"수련회에서 설거지 등 갖은 뒤치다꺼리를 도맡아 하던 친구가 있었습니다. 각종 행사 사진들 어느 곳에서도 그 녀석을 찾을 수가 없더군요. 간혹 그 녀석이 출연한 장면이래야 친구들이 사진 찍느라 온갖 폼을 다 재며 서 있는 한쪽 귀퉁이에서 설거지를 하다가 우연히 잡힌 모습 정도였습니다. 저는 세상엔 두 종류의 사람이 있다는 생각을 했습니다. '사진

노동자 집회에 참석한 저자 하종강 씨(앞줄 왼쪽에서 두 번째).

에 찍히는' 사람과 '사진에 찍히지 않는' 사람. 혹여 사진에 찍히는 일이
나 자리를 탐하며 살진 말자, 누구도 기억하지 못하지만 그가 있었기에
가능했던 세상을 만들어 가는 삶을 살자고 다짐했습니다. 소장님께서
'왜 사진 찍히는 걸 싫어하느냐?'고 물으셨을 때, 건방 떤다고 혼날 것
같아서 차마 드리지 못했던 말입니다. 죄송합니다."

"나 도와주는 셈치고 한 번만 만나 달라." 거듭 부탁하면 사람들은 대
개 자신이 지금 하고 있는 일이 세상에 조금이라도 알려지기를 바라는 마
음으로 응했다. 그러나 내 기사의 관심은 언제나 '사건' 보다 '사람'에 맞
춰져 있어서 그 바람은 무시당할 수밖에 없었고, 당사자를 알고 있는 주
변 사람들은 나에게 "그의 활약이 너무 간단히 생략됐다."라고 불평했다.

서울시의회 민주노동당 의원 심재옥 씨의 경력들 중에서 노동단체의

간부를 두루 거쳤음을 단 몇 줄로 뭉뚱그려 버렸지만 그 사연도 책 한 권
은 너끈히 된다.

"1998년에 동아엔지니어링 노조 신길수 위원장이 조합원들의 체불 임
금을 받지 않는 대신 고용을 보장받기로 회사와 합의했어요. 그 뒤 정부
의 일방적인 결정으로 퇴출 기업에 포함되면서 조합원들은 고용 보장은
커녕 퇴직금과 체불 임금도 제대로 못 받고 쫓겨나게 된 거예요. 이분이
너무 괴로운 나머지 야산에서 엽총으로 머리를 쏴 자살했어요. 유서에 '노
동자는 경영에 단 한 번도 참여해 볼 수 없는데, 그 책임을 다 져야 한다.
노동자의 생존권을 너무 무시하지 말아 주십시오'라고 쓴 채……. 꽤 많
은 나이에도 집회에서 늘 연맹 깃발을 들던 분이었어요. 그 뒤로 저는 하
루에 세 번씩 머리띠 매고 싸웠어요. 목소리가 이렇게 나빠진 것도 다 그
탓이에요. 원래는 예뻤죠(웃음). 그런 일들을 겪으면서, 자본의 손아귀에
서 놓여날 수 없는 보수 정당들에 기대할 것은 없다, 우리 스스로 사회적
힘이 되고 정치적 힘이 돼서 길바닥에서 머리띠 매고 하는 우리의 얘기를
생 날것 그대로 국회에서 할 수 있어야 한다고 깨달았어요."

부안군농민회의 조미옥 씨는 기사가 나간 며칠 뒤 『한겨레』에 "핵쓰레
기 폐기장 유치를 반대하는 부안군민들의 규탄 집회에서 머리를 깎은 한
여성이 울음을 터뜨리고 있다."라는 설명과 함께 가슴 철렁하게 만드는
사진이 실리더니, 요즘 핵폐기장반대투쟁 선봉에 서서 여념이 없다. 조
미옥·김재관 씨 부부를 나에게 소개했던 김진원 씨는 일찌감치 수배돼
"성당밥 먹은 지 벌써 8개월째"라고 안부를 전한다.

내가 전혀 만날 수 없는 사람들도 있었다. 불굴의 의지를 가진 활동가
가 아니라, 망설이면서 노동운동에 끼어들었다가 그 경험을 평생 동안 짐
으로 안고 살아가는 사람들, 그 활동 때문에 고통받으면서 열등감 속에

살고 있는 사람들, 우리의 활동 범위 밖에 있지만 여전히 역사의 주인인 사람들을 만나는 데는 실패했다. 어쩌다 어렵게 만나도 자신이 남에게 알려지는 것을 허락하지 않았다. 비정규직 노동자들을 많이 만나지 못한 것은 그 때문이다. 가까운 동료나 친척에게조차 자신의 직업을 감추고 살아온 사람들에게 차마 카메라와 녹음기를 들이댈 수가 없었다.

부족한 글에 대해 "늘 그렇듯 삶의 진정성이 보인다."라고 극찬해 준 어느 독자편집위원의 말을 가슴에 새기며 이 연재 글을 끝맺는다. 내가 만났던 예순여섯 명의 노동자들에게, 인터뷰 약속을 받았으나 미처 찾아가지 못한 사람들에게, 내 활동 범위 밖에 있어서 만날 수 없었던 사람들에게, 지금까지 글을 읽어 준 독자에게 평생 갚아야 할 빚만 잔뜩 늘었다.

2004. 02. 26.

본문 사진 저작권 목록

『한겨레21』 박승화 기자 19쪽, 25쪽, 79쪽, 91쪽, 118쪽, 128쪽, 194쪽, 267쪽, 323쪽.
『한겨레21』 류우종 기자 187쪽, 213쪽, 234쪽, 272쪽, 290쪽, 297쪽, 316쪽, 328쪽.
『한겨레21』 이용호 기자 69쪽, 103쪽, 122쪽, 148쪽, 254쪽.
『한겨레21』 김진수 기자 219쪽, 261쪽, 284쪽, 303쪽.
『한겨레21』 김종수 기자 98쪽, 159쪽, 177쪽, 200쪽.
『한겨레21』 이정용 기자 84쪽, 109쪽.
전태일기념사업회 135쪽.
그림패 둥지 237쪽.